내 안에
또 다른 내가 있다

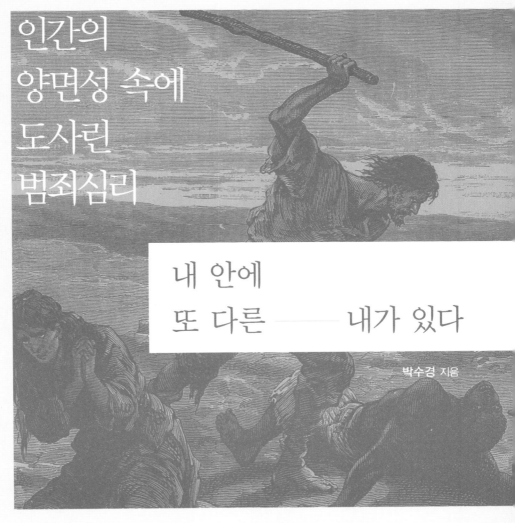

가연 심리학 시리즈 1 | 범죄심리

인간의
양면성 속에
도사린
범죄심리

내 안에
또 다른 ——— 내가 있다

박수경 지음

인간 의식 속 이성적인 자아의 그늘에는
비이성적이고 도착적인 또 다른 자아가 도사리고 있다

가연

이 책을 읽는 분들에게

　최근 TV에서 범죄 관련 프로그램들이 앞 다투어 방영되고 있는 것 같습니다. tvN「알쓸범잡」처럼 사건의 이면을 프로파일러들과 들여다보는 방송이 있는가 하면, SBS「꼬리에 꼬리를 무는 그날 이야기」처럼 스토리텔러들이 사건 당사자의 입장에서 당시 상황을 되짚어보는 방송이 있습니다. 모두 범죄 자체보다는 범죄심리에 주목했다는 차원에서 시청자들의 호응을 이끌어낸 콘텐츠라고 할 수 있습니다. 필자는 이렇게 사건 이면에 흐르는 피해자와 가해자의 심리에 관심을 갖는 게 최근 새롭게 등장한 하나의 사회현상이라고 생각합니다. 많은 시민들이 매스컴을 통해 크고 작은 범죄 뉴스를 접하면서 사건의 본질이 단순히 행위보다는 뒤에서 그러한 범죄를 낳게 추동한 심리에 있다는 인식의 전환이 일어났다고 여겨집니다. 바로 이러한 지점에서 인간의 내면에 도사리고 있는 또 다른 나에게 주목하고 있습니다.

올더스 헉슬리Aldous L. Huxley의 소설 『멋진 신세계(1935)』는 범죄가 완전히 통제된 미래의 세계를 그리고 있습니다. 오랜 전쟁 끝에 거대한 세계정부가 들어서면서 지상에 새로운 질서가 확립됩니다. 더 이상 고통도 눈물도 없습니다. 모두가 소마라는 약물을 통해 절정의 행복감을 맛보며 살아갑니다. 처음부터 인공 부화실에서 유전자 조작으로 사회계급이 결정된 채 태어나기 때문에 모든 사람들은 각기 속한 처지와 분수에 만족합니다. 계급에 따라 주어지는 충분한 배급과 사회적 대우는 이상적이고 안정적인 사회구조를 양산해 냅니다. 한 사람이 다른 한 사람에게 평생 예속되어 있는 결혼제도 같은 건 더 이상 존재하지 않으며, 누구나 자신의 성욕을 억압할 필요도 이유도 없이 자유롭게 성관계를 통해 즐길 수 있기 때문에 그 흔한 성범죄조차 없습니다. 아이들의 양육과 교육은 전적으로 국가가 책임지기 때문에 사교육도 경쟁도 다툼도 없습니다.

톰 크루즈 주연의 영화 「마이너리티 리포트(2002)」에는 범죄가 발생하기 이전에 잠재적 범죄자를 체포하여 범죄율이 0%인 가상의 미래가 등장합니다. 이런 세계가 과연 유토피아인지 디스토피아인지 잘 모르겠지만, 범죄예방관리국Pre-crime에서 범인 검거 및 체포를 담당하는 팀장 앤더튼은 예지력을 가진 세 명의 예언자들의 지시에 따라 사건이 일어나기 5분 전 범죄현장에 귀신 같이 들이닥쳐 범죄를 미연에 방지합니다. 앤더튼은 살인이 일어나기 직전에 유리창을 깨고 들어가 살인자―엄격히 말하면, 살인미수자―를 '살인예비죄'로 붙잡아 교도소에 가둡니다. 영화를 보면서 '살인 의도를 가진 용의자를 미리 알았다고 해서 범죄를 저지르지도 않은 그를 과연 체포할 수 있을까?'하는 상황윤리적 문제가 내내 머릿속에서 떠나지 않았지만, 범죄심리를 연구하고 상담하는 전문가의 한 사람으로서 꽤 흥미롭게 봤던 기억이 있습니다.

영화에서처럼 범죄가 없는 세상이 온다면 어떨까요? 헉슬리의 소설에 등장하는 소마라는 약물이 존재한다면 인간은 정말 아귀다툼 없이 평온하고 행복한 삶을 살게 될까요?(역설적이게도, '소마'는 그리스어로 '육체'란 뜻입니다) 소설과 유사한 주제를 다룬 「데몰리션맨(1993)」이나 「이퀼리브리엄(2002)」 같은 영화가 그리는 미래는 한결같이 인간의 정서를 부정적인 것, 폭력적인 것으로 간주하

고 통제하거나 억압하려는 기제를 가지고 있는 세상입니다. 그도
그럴 것이 서양철학은 인간의 자연스러운 감정을 외부의 자극에 의
해 내 이성을 마비시키는 정념passion으로, 사랑이나 증오, 두려움 같
이 지극히 인간적인 정서조차 욕정을 일으켜 범죄로 빠지게 하는
주범으로 보아왔습니다. 따라서 어떤 마음의 동요도 정념도 없는
지극히 이성적인 상태, '아파테이아'를 인간이 얻을 수 있는 쾌락의
정점으로 추구했던 것이죠. 그 이면에는 범죄를 인간의 감정이 일
으키는 것으로 바라본 인간관이 뿌리내리고 있었습니다.

  하지만 인간의 모든 감정을 억누르고 제어하여 범죄가 그치고
만인이 행복한 유토피아가 온다는 발상은 지극히 평면적인 인간 이
해에 불과합니다. 인간 의식의 이면에는 무의식이 존재하고, 이성
적인 자아의 그늘에는 비이성적이고 도착적인 또 다른 자아가 도사
리고 있습니다. 따라서 감정은 억제하고 끊을 수 있는 것, 태워 없
애거나 지워버릴 수 있는 게 아닙니다. 내면의 이중성을 인정하고
조화를 이루어가는 것만이 온전한 인간, 인간다운 인간으로 살아갈
수 있는 유일한 방법입니다. 이 책은 인간 내면의 이중적 심리를 파
헤친 인문서입니다. 범죄심리를 깊이 있게 다루고 있지만, 사실 인

간이 가진 보편적인 심리의 이중성을 더 면밀하게 살피고 있는 책입니다.

　우리들의 인생이란 너와 나의 만남으로부터 시작되기 때문에 인간답게 살려면 인간관계 자체를 빼고 말할 수 있는 부분이 거의 없습니다. 이에 수많은 심리학자와 석학들은 인간관계의 중요성에 대하여 연구하고 다양한 이론과 가설, 주장들을 내놓았습니다. 그러나 그러한 주장에도 나름 한계가 있습니다. 전문가들이라도 좋은 인간관계 또는 상처받지 않는 처세술과 관련된 처방들만 늘어놓아 내 본연의 양가적 심리를 다 들여다보지 못했던 거죠. 우리는 이제 더 이상 범죄 피해와 가해의 심리가 좋은 말씀이나 한두 마디 조언으로 해결할 수 없는 부분임을 인정해야 합니다. 종교적인 관점에서 사랑과 용서 역시 인간을 변화시키는 게 맞지만 범죄심리는 하나의 증상이기 때문에 사랑의 힘만으로 사람을 변화시킬 수 없다는 점 역시 받아들여야 합니다. 필자는 왜곡된 인간관계로 고통 받고 살아가는 피해자와 가해자의 심리, 그리고 이들을 조사하고 심문하는 사법기관에 일하는 분들의 심리 역동의 결과가 자신의 무의식적 습관과 성격 형성에 어떠한 영향을 미치며 치유의 심리와 복수의 심리가 어떻게 전개되는지에 초점을 맞추어 이 책을 집필했습니다.

필자가 오랜 시간 심리상담을 하며 만났던 피해자나 가해자도 가장 알고 싶어 했던 것은 범죄의 메커니즘보다는 인간의 심리에 대해서였습니다. 사법기관에 일하는 관계자들도 사건의 진실을 밝히기 위해 무엇보다 범죄자와 피해자의 심리를 알고 싶어 했습니다. 범죄심리는 심리학이나 상담학을 전공하지 않은 분들이 설명하기 힘든 영역입니다. 반드시 인간의 심층적인 심리에 대해 전문적으로 공부하고 오랜 임상 경험으로 많은 내담자들을 거친 전문가에게 치유적 도움을 받아야 합니다. 감정을 들여다보는 것에 서투른 분들이 이러한 왜곡된 인간관계를 섣불리 해결하려고 감정적이고 위협적인 방법을 쓰다가 관계를 더 악화시키는 우를 범하곤 합니다. 필자는 책에서 우리의 이중적 본성을 그대로 직시하고 범죄심리를 심층적으로 이해하며 범죄의 가해자와 피해자가 되지 않기 위한 심리의 원리들을 빠짐없이 적었습니다. 절도나 공갈 같은 생활 범죄로부터 폭행과 살인 같은 중범죄에 이르기까지 범죄심리의 기원과 작동 기제를 낱낱이 해부했습니다. 각 장의 마지막에는 우리 모두 행복한 삶을 살아가기 위해 반드시 알아야할 범죄심리의 구조를 도표로 정리했습니다.

  올바로 사는 사람에게는 법이 필요 없고, 지혜로운 사람에게는 충고가 필요하지 않습니다. 하지만 올바른 원칙을 가지고 지혜로운 사람이 되어 다른 이의 충고가 필요 없는 상태로 사는 사람은 현실적으로 그리 많지 않습니다. 이 책은 범죄심리를 전문적으로 상담해온 그간의 경험을 토대로 새로운 생활양식과 인간이해를 제시하고 있다고 자부합니다. 부디 이 책으로 자신의 내면에 어두운 자아와 화해하고, 동시에 밝은 자아를 끌어내는 모험이 독자들 모두에게 있기를 바랍니다.

검은들길에서

박수경

DR.JEKYL

THE TRANS

"GREAT GOD

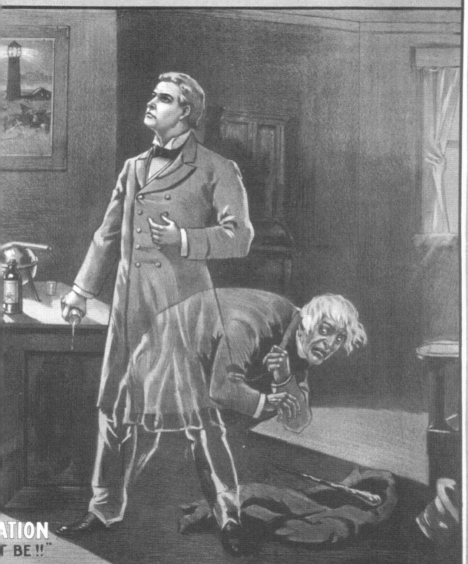

and MR. HYDE

ATION

T BE !!"

Contents

이 책을 읽는 분들에게 ● 5

chapter *1*

내 안의 또 다른 나와 마주하는 이야기 ● 19

범죄심리의 새로운 접근을 위한 프롤로그

1. 범죄자는 어떤 존재인가 ● **25**

2. 범죄자는 나쁜 사람인가 아픈 사람인가 ● **31**

3. 누가 피해자이고 누가 가해자인가 ● **39**

4. 죗값이 죗값일까? ● **47**

chapter *2*

그는 어떻게 다가오는가 ● 55

내면의 이중성에 대한 기본적 이해의 과정

1. 범죄와 환경의 상관관계 ● **61**

2. 어떻게 살 것인가? ● **71**

3. 인생을 이끌고 가는 건강한 마음 ● **75**

4. 인간관계와 범죄 ● **83**

　– 음주를 통한 회피 ● **85**

　– 성적 비행을 통한 회피 ● **89**

　– 절도를 통한 회피 ● **93**

chapter *3*

소리 없이 다가오는 무의식의 왜곡 ● 99

미약하게 존재하는 범죄의 태동

1. 정서적 문제의 변형으로 인한 정신증상 ● **105**
  – 우울증으로 인한 문제와 범죄 ● **107**
  – 소외감으로 인한 문제와 범죄 ● **112**
  – 불안장애로 인한 문제와 범죄 ● **115**
  – 강박장애로 인한 문제와 범죄 ● **119**
  – 공황장애로 인한 문제와 범죄 ● **123**
  – 나르시즘으로 인한 문제와 범죄 ● **125**
  – 왜곡된 성심리로 인한 문제와 범죄 ● **129**
2. 정서적 상처와 치유의 중요성 ● **133**

chapter *4*

무섭게 돌변하는 무의식의 공포 ● 143

제어불능으로 치닫는 범죄의 증식

1. 누적된 정서적 문제의 위험성 ● **149**
2. 중독의 위험성 ● **157**
3. 환청과 환각의 문제점 ● **165**
4. 폭력과 분노조절장애 ● **171**
5. SNS의 익명성 뒤에 숨은 폭력 ● **179**
6. 왕따와 마녀사냥 그리고 군중심리 ● **187**

Contents

chapter 5

다양한 모습으로 존재하는 내 안의 또 다른 나 ● 199

일상을 파고든 범죄의 이면

1. 악의 등급이 존재할까? ● 205
2. 사이코패스와 소시오패스 ● 211
3. 전문가와 사기꾼의 차이 ● 223
4. 정통과 이단의 차이 ● 231

chapter 6

이성 앞에서 날뛰는 또 다른 나의 광기 ● 241

성심리와 범죄심리의 상관관계

1. 심리의 차이인가, 강자와 약자의 차이인가 ● 247
2. 정서적 스트레스와 성범죄 ● 255
  − 아동 대상 성범죄 ● 256
  − 청소년 대상 성범죄 ● 259
  − 근친상간 ● 261
3. 제비와 꽃뱀의 차이 ● 269
4. 소유와 집착, 그리고 데이트폭력 ● 277

chapter 7

나에게 또 다른 나는 어떤 존재인가 ● 289

심리적 측면에서 바라본 이중성의 긍정적 기능

1. 인간의 성숙을 위한 내 안의 또 다른 나 찾기 ● 295
2. 착함 콤플렉스에서의 해방 ● 303
3. 건강한 이기주의의 필요성 ● 309
4. 나를 알고 상대를 안다는 것은? ● 313

chapter 8

내 안의 또 다른 나를 인정하고 다스려라 ● 323

법과 마음과 범죄의 이상적 관계 맺음

1. 법과 마음 사이 ● 329
2. 예방과 치유를 위한 범죄심리 이야기 ● 333
　　– 경계선성격장애 ● 334
　　– 연극성성격장애 ● 336
3. 최고의 범죄예방은 마음의 건강 ● 339

나가는 글 ● 345
부록 _ 성격 유형 테스트 ● 350

❖ 에드바르 뭉크(Edvard Munch, 1863~1944)의 「절규(Skrik, 1893)」. 노르웨이 오슬로 국립미술관 소장.

chapter **1**

—

내 안의 또 다른 나와 마주하는 이야기

범죄심리의 새로운 접근을 위한 프롤로그

사랑에는 늘 어느 정도 광기가 서려있다.
그러나 광기에도 항상 일정한 이성이 있다.
―프리드리히 니체―

빅토리아 시대의 종말을 고하듯 스
코틀랜드 출신의 소설가 스티븐슨Robert Louis Stevenson이 1886년 발표
한『지킬 박사와 하이드 씨』는 인간이 평소에 가지고 있는 내면의
이중성을 그로테스크하게 그려내 영국 사회에 커다란 충격을 주었
다. 소설이 발매되자마자, 선과 악이라는 근대적 이분법을 조롱하
듯, 뭇 사람들의 존경을 한 몸에 받는 지킬 박사와 사회의 암적 존
재로 치부되는 불한당 하이드가 동일한 인물이라는 문학적 설정에
사람들은 경악했다. 작품의 완성도와 상관없이 기괴하고 엽기적인

가십거리를 찾았던 중산층 독자들, 살롱에서 테이블을 마주 보고 앉은 여인에게 들려줄 대중문학이 필요했던 남성들, 유한계급의 지적 만족을 채워줄 이야깃거리로 도배된 서점가의 한량들은 스티븐슨의 이야기에서 이후 20세기를 지배하게 될 새로운 문명의 경향성을 읽었다. 그것은 바로 인간의 '광기'였다.

스티븐슨은 추리소설이라는 장르를 이용하여 하이드는 지킬의 또 다른 일면에 불과하며 우리가 그토록 자랑스러워하는 교양과 미덕, 고상한 체면과 알량한 선행조차 인간 내면에 도사리고 있는 불법과 무뢰, 제어할 수 없는 광기와 후안무치의 욕정이 굴절된 또 다른 사회적 가면과 다르지 않다는 메시지를 담았다. 이런 소름 끼치는 설정은 자신이 만든 약물을 먹고 하이드로 변해가는 자신의 모습을 바라보는 지킬의 심정에 고스란히 드러난다.

> "거울 속 흉측한 형상을 볼 때 나는 혐오감을 전혀 느끼지 못했고 오히려 뛸 듯이 반가웠다. 이 역시 나 자신이 아닌가. 그것은 자연스럽고 인간적인 존재로 보였다. 내 눈에는 거울에 비친 이 영상이 정신적으로 더 활기차고, 지금까지 내가 내 것이라고 습관적으로 부른 불완전하고 분열된 생김새에 비해 더욱 완전하고 통일된 모습으로 보였다."
>
> 『지킬 박사와 하이드 씨의 기이한 사례(창비)』, 102.

범죄자의 모습에서 통일된 나를 발견한다? 거울을 보고 자기 분열적인 이해를 보이는 주인공 지킬의 모습이 뭔가 쉽게 이해되지 않는다. 그러나 역사를 조금만 더듬어 들어가 보면 다양한 인간관의 변곡점들을 쉽게 찾아낼 수 있다. 과거 19세기까지 서구를 지배했던 인간관은 이성적이고 합리적인 인간이었다. 동물과 인간을 가르는 첫 번째 기준이 바로 인간의 이성이었다. 이성과 합리성이 근대성의 키워드가 된 것도 그런 연유에서다. 『국부론』의 저자 애덤 스미스 역시 인간이 '개인의 이익'이라는 합리적인 의사결정을 통해 경제활동에 임하고 모든 사람들이 일사분란하게 자신의 이익을 위해 뛸 때, 소위 '보이지 않는 손'이 시장경제를 굴러가게 한다고 주장했다. 그런 인간을 경제적 인간homo economicus이라고 하는데, 이런 합리적인 인간관은 20세기 중반 케인즈가 등장할 때까지 세계 경제학을 주도했다.

그런데 지킬과 하이드는 이런 흐름에 물음표를 던졌다. 지킬은 거울을 바라보고 말한다. "인간은 너희들이 생각하는 것만큼 그렇게 합리적이지 않아." "어떻게 보면 동물이 인간보다 더 합리적일지 모르지."라고. 지극히 생존본능에 입각해 살아가는 동물은 스미스가 상정한 자신의 이익을 위해 달려가는 인간을 더 닮아 보인다. 프랑스의 사회철학자 모렝Edgar Morin은 인간과 동물을 가르는 기준

은 이성이 아닌 광기가 되어야 한다는 의미에서 호모 사피엔스의
길항관계로 호모 데멘스$_{homo\ demens}$(광기의 인간)를 제시했다.

범죄자는
어떤 존재인가

국내 프로야구를 조금 안다는 사람치고 고故 이호성 선수의 살
인사건을 모르는 이가 없을 듯하다. 1990년대 초반, 현 기아 타이거
즈의 전신인 해태 시절 2년 연속 골든글러브를 수상할 만큼 야구선
수로 한 시대를 풍미했지만, 동거녀와 세 딸을 엽기적으로 살인하
고 도주하다 자살로 인생을 마감한 비운의 스타였다. 화려하게 선
수생활을 마치고 금의환향하여 그간 벌었던 재산을 예식사업에 투
자했을 때만 해도 인생 2막을 열어가는 제법 성공한 체육인으로 스
포트라이트를 한 몸에 받던 그였다. 고향 순천에서 이씨가 운영하
던 웨딩문화원의 연간 매출액이 한때 80여억 원에 달하고 직원이

70명에 이르렀다고 하니, 나름 사업적 수완도 있었던 것 같다.

　　하지만 그의 불행은 짧은 장밋빛 성공과 바로 맞닿아 있었다. 경험과 정보, 자본이 부족한 상황에서 실내 화상경마장 사업에 무리하게 뛰어들었던 게 몰락의 시발점이었다. 도박에 가까웠던 야심찬 투자는 수십억 원의 빚을 남긴 채 실패로 돌아갔고, 결국 100억이라는 초대형 부도를 내며 인생의 내리막길을 걸었다. 당시 그를 취재한 모 잡지 기자에게 이씨는 "운동선수만 하다 보니 물정을 너무 몰랐고 사회경험이 없어 아무나 쉽게 믿었던 게 화근이었다."고 심정을 밝혔다. 여기서 멈추었다면 얼마나 좋았을까? 하지만 그는 브레이크가 고장난 폭주기관차처럼 자멸의 길을 내달렸다. 채무관계로 알게 된 동거녀가 빚 독촉을 하자 이에 앙심을 품고 그녀와 그녀의 세 딸을 차례로 살해한 것. 심지어 그녀의 딸 중 현장에 없었던 첫 째는 전화로 제3의 장소로 불러내어 둔기로 살해하는 잔인함도 보였다. 결국 경찰이 포위망을 좁혀오자 한강에 투신하여 생을 마감하고 말았다.

　　보통 우리는 이씨의 사건을 통해 인간 내면의 추악한 죄악성을 들여다보고 치를 떤다. 내연녀를 살해하기 전, 그녀의 통장에서 1억 8천만 원을 인출하여 자신의 여러 계좌에 분산시켜 입금한 주도면밀함에서 가증스러운 범죄자의 민낯을 보게 된다. 이 사건에 달린 댓글을 보면, '잘 죽었다.' '찢어죽일 놈'과 같은 혐오적 발언 일색이다. 하지만 이씨와 내연녀의 관계가 처음부터 이렇게 악한 관계는 아니었을 것이다. 경제적 위기와 불안감이 둘 사이의 관계를 파탄으로 끌고 갔을 뿐이다. 아무리 선하고 도덕적인 사람이라고 해도 인간관계에서 버림받을지 모른다는 불안감은 자신의 전 존재를 위협하고도 남는 무시무시한 괴물과도 같다. 문제는 우리 안에도 이씨와 같은 폭력성이 잠재되어 있으며 불안한 감정과 상황이 지속되면 스스로를 지키기 위한 방어기제로 언제든지 그 폭력성이 튀어나올 수도 있다는 점이다. 마치 지킬 속에 잠자고 있는 하이드처럼.

과연 범죄자란 어떤 존재일까? 전통적으로 그리스도교에서는 죄를 원죄sin와 범죄crime로 나누어왔다. 원죄는 인간이면 누구도 예외 없이 가지고 태어나는 본성상의 죄를 말한다. 고대 이스라엘의 위대한 왕 다윗조차 이러한 본성상의 죄를 자백했다. "내가 죄악 중에 출생하였음이여, 모친이 죄 중에 나를 잉태하였나이다."* 원죄는 인간이 보편적으로 갖는 일종의 신분이나 지위를 의미하기 때문에 바깥으로 드러나지 않는다. 그래서 사회규범에 비추어 문제 삼

---

*「시편」, 51편 5절

거나 처벌할 수 없다. 보통 그리스도교가 말하는 구원은 궁극적으로 이 원죄를 해결한 상태를 의미한다.

반면 범죄는 인간이 살면서 행동으로 짓는 죄를 총칭한다. 보통 인간관계 사이에서 발생하는 모든 죄가 여기에 해당한다. 비행, 나태, 비방, 거짓, 사기, 강간, 살인 등 모두 다 열거하기에도 벅차다. 이 죄는 원죄와 달리 행위로 드러난 잘못이므로 일정한 법에 따라 처벌할 수 있다. 『성서』에 등장하는 '십계명'은 이런 죄악을 다스리는 데 사회가 필요로 하는 가장 초보적 수준의 보루다. 학창시절 배웠던 고조선의 팔조금법이나 고대 바빌로니아의 함무라비 법전을 떠올리면 이해가 쉽다. '눈에는 눈, 이에는 이'로 요약되는 동해복수법同害復讐法이 인간의 문명만큼 오래되었다는 사실만 보더라도, 범죄가 인간사회에 항존하는 위협이었음을 알 수 있다. 보통 사회가 말하는 정의와 법치는 기본적으로 이러한 범죄를 다스린 상태를 의미한다.

"우리 모두가 죄인이다." 성당이나 교회에 가면 종종 듣는 수사修辭다. 모르긴 몰라도, 여기서 말하는 '죄인'은, 앞서 말한 것처럼, 생득적으로 원죄를 지닌 사람sinner이지 직접 죄를 저지른 범죄자criminal는 아닐 것이다. 여기서 필자가 죄의 근거를 나눠서 의미의 제한을 두는 건 인간이 모두 죄인이라는 종교적 고백을 하려는 게 아니다. 인간관계를 맺고 사는 사람이라면 일상에서 누구나 범죄자의 가능성이 있다는 사실을 말하고 싶을 뿐이다. 인간은 처음부터 범죄자로 태어나는 게 아니다. 범죄자의 자격, 죄악의 혈통, 죄인의 씨앗 같은 건 없다. 이씨를 두둔하고 싶지는 않지만, 경제적인 상황이 그렇게 극단적인 수준까지 그를 몰아가지 않았다면, 어쩌면 지금쯤 그는 고향에서 유력한 사업가로 만인의 존경을 받고 있을지 모른다. 우린 누구나 범죄를 저지를 수 있다. 원죄가 아닌 범죄가 우리의 일상 속에 언제고 비집고 들어올 수 있다. 그래서 우리에게 필요한 건 구원이 아니라 정의다. 서로 다른 심리를 알고 이해하면서 서로 배려하고 살아가야 한다.

영화 「신과 함께―인과 연(2018)」을 보면, 성주신(마동석)이 "세상에 악한 사람은 단 한 사람도 없다. 다만 악한 상황만 있을 뿐"이라고 말하는 대목이 나온다. 정말 그렇다. 상황을 이해하기 전에 죄의 판결은 있을 수 없다. 일반적으로 실정법이 말하는 범죄는 사람이 사람에게 가하는 잘못된 행위를 가리킨다. 때로 법이 너무 느슨해서 요리조리 법망을 피해갈 수도 있고, 때로 법이 너무 엄격해서 사회 구성원 대부분을 준범법자로 만들 수도 있다. 흔히 우리가 규정하는 '범죄'라는 정의에 사회구조적인 함의가 있다는 뜻이다. 범죄가 성립하려면 죄 이전에 법이라는 체계가 세워져 있어야 하며, 그 법이 지탱하는 사회가 앞서 존재해야 한다. 우리가 사회 속에서 하나의 일원으로 살고 법이 우리 앞에 존재하는 한, 우린 누구나 범죄의 가능성에서 자유로울 수 없다. 이 점은 사회활동을 하는 모든 사람들이 깊이 고민해야할 주제다.

범죄자는 나쁜 사람인가
아픈 사람인가

범죄자는 어떤 존재일까? 영화 「폭력의 역사(2005)」는 범죄자에 대해 평소 우리가 갖고 있는 오해와 편견을 여과 없이 보여주고 있다. 미국 어느 한적한 시골, 국도를 지나가는 여행자들이 가끔씩 들르는 경우 말고는 거의 외부인의 발길이 닿지 않는 작은 마을에서 조그만 레스토랑을 운영하던 중년 남성 톰(비고 모르텐센)은 어느 날 식당에 들어와 행패를 부리는 두 명의 무장 강도를 능숙한 솜씨로 제압하고 살해한다. 평소 두 아이의 다정한 아빠이자 성실한 생활인으로 촌구석에 박혀 평범한 일상을 보내던 톰은 이 사건을 계기로 '자랑스러운 모범시민'으로 지역 신문과 매스컴을 타게 된다.

자신은 지극히 평범한 소시민이라며 겸손하게 손사래를 치는 톰을 동네 사람들은 악한에게서 마을을 구한 영웅으로 떠받든다.

그런데 지역사회의 이런 요란한 칭송이 단란했던 그의 가정과 평온했던 일상에 돌이킬 수 없는 파문을 일으키게 된다. 평소 개미 새끼 한 마리 죽이지 못하던 온순한 남편이 간단히 피스톨을 빼앗아 괴한들을 쏴 죽인 것에 아내(마리아 벨로)는 놀라움을 넘어 낯섦을 느낀다. 얼마 지나지 않아 한쪽에 의안義眼을 끼고 얼굴이 심하게 일그러진 갱단 부두목(에드 해리스)이 부하들을 이끌고 톰이 운영하던 레스토랑에 들이닥치며 아내의 이런 느낌이 단순한 육감이 아니었음을 확인시켜준다. 식당 한편에 앉아 조식을 먹으며 커피를 칭찬하던 부두목은 톰에게 "조이, 잘 있었나?" 안부를 묻는다. 그리고는 다짜고짜 자신의 눈을 가리키며 "니가 철사로 후벼 파서 날 이렇게 만들었다."며, 사람 죽이는 솜씨가 여전히 녹슬지 않았다고 말한다. "사람을 잘못 보셨네요." 톰은 고개를 가로저으며 한사코 자신은 조이가 아닌 톰이라며 몸을 사린다. 이에 부하들은 톰의 가족을 위협하며 아내를 인질로 잡으려고 시도한다.

이때까지만 해도 영화는 정황상 부두목이 살해당한 자신의 부하들의 복수를 하고자 톰을 찾은 것으로 이야기를 몰아간다. 영화

중반까지는 이 갱단과 톰 사이에 어떤 폭력의 상관관계가 있는지 명시적으로 보여주지 않기 때문이다. 후반부에 가서야 톰이 사실 그의 형(윌리엄 허트)이 두목으로 있는 뉴욕의 유명한 조직폭력집단의 전직 행동대장이었음이 밝혀진다. 어떤 계기 때문인지 영화는 자세히 설명해주지는 않지만, 톰, 아니 조이는 피로 얼룩진 자신의 과거를 청산하고 신분을 세탁해 아무도 자신을 찾을 수 없는 시골로 숨어들었던 것이다.

하지만 악의 계보는 그를 조용히 살도록 호락호락하게 놔두지 않았다. 신분이 노출되어 더 이상 소시민으로서의 삶을 살 수 없다고 판단한 톰(조이)은 자신의 형(리치)을 찾아 조직으로 되돌아간다. 처음에는 반갑게 동생을 껴안고 격하게 맞아주던 형 리치는 결국 본색을 드러내게 된다. "조이, 십 수 년 간 널 찾았다." 동생의 배신으로 자신의 리더쉽에 타격을 입었고 조직이 많은 어려움을 겪었다며, 급기야 자신의 혈육인 조이를 살해하려는 리치. 각성한 조이는 죽음의 문턱에서 형을 죽이고, 혈혈단신으로 그의 부하들을 모두 제거하여 다시는 자신을 찾을 수 없도록 사실상 조직을 와해시켜버린다. 영화의 압권은 단연 마지막 장면이다. 무사히 조직의 보스이자 자신의 형을 제거하고 귀환한 톰은 피로 물든 손을 씻고 다시 평온한(?) 일상 속에서 아내와 두 아이와 함께 오붓한 저녁 식사를 갖는다.

필자에게 영화 제목 '폭력의 역사'는 중의적으로 다가왔다. 좁게는 범죄자의 전과기록, 넓게는 폭력적인 인류의 역사를 말하는 것 같지만, 사실 영화는 특정한 범죄자, 폭력성을 내재한 한 인간이 갖는 되돌릴 수 없는 경향에 대해 말하고 있다고 느껴졌다. 학교에서 왕따를 당하면서도 늘 온순하기만 했던 톰의 아들이 위기에 빠진 아빠를 대신해 총을 들고 갱단의 부두목을 살해하는 장면은 그래서 필자에게 매우 강렬하게 다가왔다. 그토록 벗어나고 싶었던 폭력의 그림자가 아들에게서 다시 발현된 것. 폭력의 대물림은 거부할 수 없는 운명이며, 가계家系를 타고 흐르는 낙인이 되어버린 셈이다. 이런 전제가 필자를 매우 불편하게 했다.

유전학이나 진화심리학 이론을 통해 범죄자의 생물학적 원인을 따지는 TV 다큐멘터리나 영화는 대부분 특정 연쇄살인마를 지목하여 그의 가계에 흐르는 범죄의 성향을 추적하고 이를 엽기적인 범죄의 주된 원인으로 규정한다. 한마디로 '범죄자의 더러운 피'가 흐르는 사람이 따로 있다는 암시를 주고 있는 것. 이렇게 범죄자를 우리와 다른 존재로 대상화하여 타자他者로 만든다. 이를 심리학적으로 악마화라고 한다. 상대를 악마화해서 자신의 존재를 확보하려는 시도는 사실 누구에게서나 발견된다. 하지만 범죄자는 처음부터 범죄자로 태어나지 않는다. 인간들은 누구나 교도소 담장 위를 위태롭게 걸어가는 존재다. 잘못 발을 헛디뎌 삐끗하면 교도소 담장 안으로 떨어지고, 용케 균형을 유지하면 바깥 사회에서 정상인으로 살아갈 수 있다. 범죄에 있어서 우리는 주변인이면서 경계인이다. 필자가 범죄자에 대한 새로운 정의를 요청하는 이유가 바로 이것이다.

> 악마화(demonization)는 특정 대상을 단순히 비판하는 데서 그치지 않고, 도덕적, 종교적, 유사과학적 논리를 동원하여 처벌을 당연한 것으로 용납하게 하는 행위를 말합니다. 이 과정에 따라 악마로 지목된 대상은 신체적, 정신적 징벌을 감당해야 하며, 심지어 그를 자유롭게 죽일 수도 있다는 주장으로까지 발전합니다. 역사적으로 마녀사냥이나 히틀러의 인종청소, 반유대주의, KKK 등 다양한 형태로 표출되어온 악마화의 심리적 기제에는 타자를 악마로 규정하므로 스스로 그 형벌에서 면제되었다는 위안과 자위가 숨어 있습니다.

그렇다면 범죄자는 어떤 존재일까? 그들은 '나쁜' 사람이기에 앞서 '아픈' 사람이다. 정서적으로 아픈 사람들, 인간관계 속에서 상처 받은 인간들, 사람에게 실망하고 나 자신에게 실망한 존재들이 범죄자로 진화한다. 나쁜 사람보다 아픈 사람이 선행한다. 나도 얼마든지 아픈 사람, 즉 범죄자가 될 수 있다. 범죄자 스스로도 자신이 아픈 사람임을 인정하고 치유의 필요성을 느껴야 한다. 처벌을 받는 것으로서 죗값을 치렀다고 합리화해선 안 된다. 반드시 자신의 무분별한 범죄로 인해 피해자가 발생했고 자기 자신의 새로운 삶과 타인의 행복을 위해서라도 반드시 치유가 필요하다는 사실을 수용해야 한다. 그래야 자신을 사랑하고 그만큼 타인을 사랑할 수 있다. 사실 틀어진 인간관계는 사회 어디서나 발견된다. 그것이 회사가 됐든 군대가 됐든, 교회가 됐든 공동체가 됐든, 소통의 단절, 괴롭힘, 따돌림에서 오는 인간관계의 어려움에서 자유로운 집단은 찾아보기 힘들다. 따라서 범죄자에 대한 새로운 정의가 필요하다. 범죄자는 나쁜 사람, 교정이 필요한 사람, 처벌을 받아야할 사람이기에 앞서 아픈 사람, 치료가 필요한 사람, 자활을 배워야할 사람이다.

범죄자에 대한 기존의 이해	범죄자에 대한 상담의 이해
나쁜 사람 (=격리가 필요하다)	아픈 사람 (=관계가 필요하다)
교정을 받아야할 사람 (=감시가 필요하다)	치료를 받아야할 사람 (=상담이 필요하다)
벌을 받아 마땅한 사람 (=처벌이 필요하다)	자활을 배워 마땅한 사람 (=학습이 필요하다)

그간 대한민국 법무부는 처벌에 방점을 찍어 재소자들을 관리해왔다. 반면 선진국들의 사례를 보면, 처벌 이전에 상담을 통해 적절한 심리 치료와 자기 이해를 돕는 교육사업에 강조점을 찍고 있다. 더불어 출소 이후 사회와 함께 자활을 돕는 여러 프로그램들을 병행하여 범죄자가 우리와 같은 사람이며, 한 가족으로 사회를 구성하는 인격적 존재라는 점을 부각시키고 있다. 범죄자는 교정에 앞서 치료가, 처벌에 앞서 자활이 필요한 존재다. 이제 우리도 범죄자에 대한 인식에 변화가 필요하지 않을까? 오랜 기간 재소자들을 만나오면서 가장 먼저 느낀 감정 중에 하나는 국가와 기관이 이들을 처벌하려고만 했지 치료하려고 하지 않았다는 아쉬움이었다.

범죄자는 나쁜 사람이기에 앞서 아픈 사람이다!

다만 범죄의 재발과 방지를 위하여 범죄자 스스로 자신에 대한 인식의 변화가 필요하다. 실제 상담 사례에서도 스스로 죄의식에서 벗어나지 못하고 부정적인 감정들을 잊기 위해 더 흉악한 범죄를 일삼는 내담자들을 만나보았다. 재소자들 중에서도 범죄심리에 대한 이해가 부재한 상태에서 출소 후 정상적인 인간관계에 복귀하지 못할 때 심리적 압박감을 호소하는 경우가 많다. 결국 늘 불안한 삶을 이어가다가 다시 범죄의 늪에 빠지게 되어 자신뿐만 아니라 주변 사람들에까지 피해를 주게 된다. 범죄 가해자의 심리 상담에서 제일 중요한 것은 사건에 대한 잘못을 깨닫고 그것을 통해 인생의 지혜를 찾으며 자신을 더 사랑할 수 있도록 자존감을 키워 주는 작업이다. 이러한 깨달음이 없이 자존감을 찾는 것이란 그를 더 큰 악마로 키우는 꼴이 될 수 있기 때문이다.

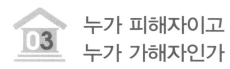

누가 피해자이고 누가 가해자인가

우리는 때때로 누가 피해자이고 누가 가해자인지 그 경계가 모호한 경우를 종종 만난다. 2010년, 서초동 소년법정에서 일어난 사례도 그러한 경우의 하나다. 당시 서울 가정법원 김귀옥 부장판사는 오토바이를 훔쳐 달아나다 걸려 재판에 넘겨진 전과 14범의 가출 비행소녀(16세)에게 정식 소년보호시설 감호 위탁 대신 이례적으로 불처분 결정을 내렸다. '법정에서 일어나 외치기'로 벌을 대신한 것. 어떻게 이런 일이 가능했을까? 김 판사는 고개를 푹 숙이고 담담히 판결을 기다리고 있는 여학생에게 요구했다. "앉은 자리에서 일어나 나를 따라 힘차게 외쳐봐. 나는 이 세상에서 가장 멋있게 생겼다." 재판정은 술렁였다. 예상치 못한 요구에 고개를 들고 재판장을 잠깐 바라보던 여학생은 잠시 머뭇거리다가 나지막한 목소리로 "나는 이 세상에서…"라며 천천히 따라 하기 시작했다. 그러자 김 판사는 "이번에는 더 큰 소리로 따라하라."며 이렇게 주문했다. "나는 이 세상에 두려울 것이 없다, 나는 이 세상에서 혼자가 아니다, 나는 무엇이든 할 수 있다." 영문도 모른 채 큰 목소리로 따라하던 여학생은 "이 세상에서 혼자가 아니다."라고 외칠 때 결국 참았던 눈물을 터뜨리고 말았다. 14건의 절도, 폭행을 저질렀기에 아무리 미성년자라 해도 죄가 가볍지 않았다. 길거리에 치이는 그렇고 그런 비행청소년, 누가 보더라도 소년원 행이었다.

그런 여학생에게 누가 신경이라도 쓰겠는가? 하지만 김 판사는 차디찬 법조문을 무미건조하게 읊조리는 대신 먼저 그 여학생이 그럴 수밖에 없었던 저간의 배경과 맥락을 따스한 가슴으로 읽었다. 그 여학생이 그렇게 비행청소년으로 전락할 수밖에 없었던 과거는 김 판사에게 충격이었기 때문이다. 주변의 증언에 따르면, 그녀는 어려운 가정환경에도 불구하고 반에서 상위권 성적을 유지하며 장래 간호사를 꿈꾸던 발랄한 학생이었다고 한다. 홀어머니에게 다정다감하고 착한 딸이기도 했다. 그러나 원치 않던 불행이 그녀에게 닥쳤다. 귀가 길에 남학생 여러 명에게 집단 폭행을 당하면서 그녀의 삶이 송두리째 바뀌었다. 그녀는 자신 앞에 가로 놓인 운명을 거스르지 못했다. 학교를 겉돌기 시작했고, 심지어 비행청소년들과 어울리며 크고 작은 범행을 저지르기 시작했다. "여러분, 이 여학생은 가해자로 재판정에 왔습니다. 그러나 이렇게 삶이 망가진 그녀에게 누가 가해자라고 말할 수 있겠습니까? 이 아이의 잘못의 책임이 있다면, 여기에 앉아있는 여러분과 우리 자신입니다. 이 여학생이 다시 세상을 긍정적으로 살아갈 수 있는 유일한 방법은 잃어버린 자존감을 우리가 다시 찾아주는 것뿐입니다." 김 판사의 판결은 재판정을 쩌렁쩌렁하게 울렸다. 이윽고 김 판사는 울고 있는 여학생에게 말을 건넸다. "이 세상에서 누가 제일 중요할까? 그건 바로 너야. 이 사실만 잊지 말거라. 마음 같아서는 꼭 안아주고 싶지만, 너와 나 사이에는 법대가 가로막혀 있어 이 정도 밖에 할 수 없어 미안하구나." 하면서 여학생의 손을 잡았다.

간음하다 남성들에게 현장에서 잡혀온 이름 모를 여자에게 예수는 "너희 중에 죄 없는 자가 먼저 돌로 치라."고 했다. 옷이 벗겨진 채 길거리에 내팽개쳐진 여자에게 "나도 너를 정죄하지 아니하노니 가서 다시는 죄를 범치 말라."고 선고한다.[*] 분명 여학생은 범

---

[*] 「요한복음」, 8장 7절, 11절.

죄를 저질렀다. 그녀는 자신이 저지른 죄에 대한 응분의 처벌을 감수해야 한다. 하지만 그녀를 과연 가해자라고만 할 수 있을까? 김 판사의 주장처럼, 어쩌면 그 여학생을 그렇게 길거리로 내몰았던 우리가 도리어 가해자는 아니었을까? 필자가 소년원에 수감된 청소년들을 상담해보면, 이와 같이 개인적으로 안타까운 사례들을 종종 마주하게 된다. 역기능 가정에서 성장하며 어쩔 수 없이 범죄의 영향력 아래에 놓일 수밖에 없었던 그들이 이렇게 감호소에 갇혀 벌을 받을 게 아니라 도리어 그들을 그렇게 괴물로 만든 부모와 주변 어른들을 감옥에 가둬야하는 게 아닌가 하는 생각에 머리가 어지러웠던 경우도 있었다. 때로는 우리가 가해자라고 규정한 그들이 도리어 피해자가 아닐까?

　　필자의 상담소를 찾았던 여성 P씨(40대 초)도 이런 근본적인 질문을 하게 했다. 60년대 만원 버스에 오른 어느 앵벌이가 읊조리는 레퍼토리처럼, 대뜸 "조실부모하여..."로 시작하는 그녀의 자기 소개에 필자는 기구한 사연이 많은 여자란 걸 직감적으로 느꼈다. 필자를 찾아오기 5년 전, 첫 번째 결혼생활에 실패하고 낙담 중에 지인의 소개로 용하다는 한 무속인을 찾아가면서 그녀의 인생에 어두운 그림자가 드리우기 시작했다. 하는 것마다 되는 일이 없고 뜻대로 인생이 풀리지 않던 P에게 무속인은 "아이구, 불쌍해라.

내가 네 부모 노릇을 해주겠다."고 접근했다. 친엄마처럼 느껴졌던 무속인에게 그녀는 무장해제하고 마음을 줬다. 이후 P는 급격히 그 무속인과 가까이 지내며 크고 작은 인생의 고민들을 풀어놨고, 심지어 그 무속인이 소개해준 남자와 재혼까지 하게 됐다. 이후 무속인은 그녀에게 굿판을 벌이고 점도 봐주며 복채를 받았는데, 그 액수가 상상외로 커서 상담하던 필자도 놀랐다. 평소 작게는 백만 원, 많게는 천만 원, 이렇게 뜯어간 돈이 P가 나중에 정신을 차리고 합산을 해보니 1억 5천만 원에 이르렀다. 이건 아니다 싶어 무속인과 관계를 끊고 새로운 삶을 살려고 했다.

이후 P는 아는 동생의 강권에 못 이겨 동네 교회를 가게 됐다. 사람과 사람의 관계에서 오는 따뜻한 정에 굶주려 있던 그녀는 당시 여성 목회자가 담임하던 그 교회에 정기적으로 출석하기 시작했고, 그 목회자는 이런 P에게 접근하여 "무속인에게 뜯긴 돈을 받아주겠다."고 꼬드겨 헌금을 강요했다. 주일마다 교회를 가면 "기도를 해라." "안찰을 받아라." 하면서 이백만 원에서 오백만 원, 이렇게 받았다. 그렇게 P가 헌금으로 낸 돈이 도합 8천만 원에 이르렀다. 나중에 돈이 마르자 자신의 이름으로 마이너스통장까지 만들어서 대출금까지 헌금으로 바치기까지 했다. 무속인에게 뜯긴 돈을 받아내기는커녕 목사에게도 같은 수법으로 당하자, 교회를 찾는 일도 뜯하게 됐다. 새벽기도회고 주일예배고 빠지지 않고 열심히 출석하던 그녀가 몇 주 나오지 않자, 목사는 그녀의 집까지 심방을 왔고, P는 그 자리에서 기도를 받고 은행에 같이 가서 돈을 찾아 주기도 했다.

결국 이도저도 아닌 곳에서 돈만 뜯기고 아무런 희망을 찾지 못하자 인터넷을 검색해서 필자의 상담소까지 찾게 되었다. 상담소에 와서는 "이런 게 있는 줄 몰랐다."고, "진즉에 알았다면 이런 사기사건에 휘말리지 않았을 거"라고 말하며 펑펑 울었다. 결국 상담을 통해 필자의 솔루션을 받았고, 마음의 평화를 얻어 비록 더디지만 심리적 문제들을 하나씩 해결해나갔다. 하지만 무속인과 종교인에게 뜯긴 피해금액은 민사소송을 통해 해결해야 하는 문제로 남았고 끝내 받을 수가 없었다. 둘 다 복채나 헌금으로 받았다고 둘러댔기 때문이다. P만큼 필자도 안타까웠다.

그런데 필자가 하고 싶은 얘기는 다음부터이다. 필자는 P의 행동 중에 부자연스럽고 이상한 점을 하나 발견했다. P는 상담소를 찾을 때마다 필자에게도 금품을 주려고 했다. 필자가 극구 사양해도 소용없었다. 그녀는 살면서 주변으로부터 위로를 받는 데에 너무 익숙해져 있기 때문인지 상담소에도 자꾸 선물을 사가지고 왔다. 이런 행동에서 필자는 그간 P가 벌인 행동의 전모를 가늠할 수 있었다. 그녀는 누군가에게 필사적으로 위로를 받으려고 했고 주변에 마땅한 적임자가 없으면 상대를 바꿔가면서 위로를 구했다. 더 무서운 건 그 과정에서 돈이 들어간다는 무의식이 자연스럽게 형성되었다는 사실이다. 그녀의 관점에서 위로와 물질을 치환한 것이다. "난 위로를 받아야 해. 그런데 공짜로 위로를 받을 순 없으니 물질을 바쳐야지." 이게 P의 정확한 정서상태였다. 어떻게 보면 무속인과 목사도 처음에는 순수했을 것이다. 분명 돈을 먼저 갖다 바친 건 P였을 테니까 말이다. 나약한 인간에게 있어 가장 큰 독은 위로다! 모든 소설가나 작가는 위로를 그럴듯하게 포장한다. 문제는 그렇게 위로를 통해 다시 힘을 얻고 정상궤도를 찾으면 그나마 좋은데, 그렇지 못하면 위로에 중독된다는 점이다. 이렇게 위로의 마음과 피해의식은 동전의 양면과 같다. 인간관계에서 자신을 보호하고 상대도 보호해 줄 수 있으려면 범죄심리를 바라보는 관점부터 바뀌어야 한다. 범죄는 하나의 증상이다. 반드시 전문가를 통해 치유의 기회를 가져야 한다. 내 마음이 아프면 타인의 선행도 왜곡할 수 있다. 피해와 가해 사이에 지킬과 하이드가 있다. 대체 누가 피해자이고, 누가 가해자일까?

대체 누가 피해자이고 누가 가해자일까?

죗값이 죗값일까?

앞서 언급한 김귀옥 판사가 내린 판결은 두고두고 회자되는 명판결에 속한다. 전문적으로 사람의 마음을 만지는 일을 하는 필자 역시 김 판사의 용단을 보고 뭉클했다. 하지만 이렇게 피의자의 마음을 들여다보고 상처를 보듬을 수 있는 판결을 현실 속에서 자주 기대하기란 여간 힘든 일이 아니다. 실정법은 피의자의 마음이 어떻게 작용했든 상관없이 그가 저지른 죄의 결과만 보기 때문이다. 그래서 수사관들은 증거에 의해 결과만 조사한다. 물론 정상참작이라는 부분이 없지 않으나, 법조문이나 판례에 비춰 죄질에 대한 정해진 형량이 있기 때문에 현대법의 구조 상 법정에서 김귀옥 판사와 같은 관대한 처분을 내리는 게 거의 불가능하다. 김 판사의 판결을 두고도 여학생에게 죗값으로 보호감호를 내리는 대신 법정에서 크게 외치기로 대신했다니 대번 적절한 형량이냐 되묻는 이들도 적지 않다.

피의자는 마음으로 호소하는데 수사관들은 그 이야기를 들어주지 않는다. 마음의 상처가 있든 없든 행위와 결과에 일정한 책임을 져야한다고 말한다. 자신의 억울한 심정이 상대에게 공감되지 않을 때 피의자들은 2차 상처를 받게 된다. 우리가 알다시피, 장발장은 지독한 가난으로 조카들이 수 주일을 쫄쫄 굶는 걸 눈뜨고 볼 수 없어 가게에서 빵을 훔치다가 붙잡혀 5년을, 홀로 남겨진 조카들이 걱정되어 네 번이나 탈옥을 시도하다가 도합 19년이라는 가혹한 형기를 살았다. 은촛대를 훔쳤지만 자신을 용서해준 미리엘 주교의 자비에 감복하여 더러운 과거를 뉘우치고 파리에서 새로운 삶을 살려고 하지만 번번이 사복경찰 자베르는 신분을 세탁한 장발장을 잘도 찾아낸다. 필자가 장발장이라면, 이쯤해서 좀 억울할 수도 있겠다 싶다. 독지가로 거듭나려고 발버둥 치는 자신을 필사적으로 뒤쫓는 자베르 형사가 왠지 밉게도 느껴진다. 그가 생각한 장발장의 죗값은 대체 얼마였을까?

오늘날 수사기관들의 입장은 일벌백계를 통해 범죄자의 행동이 교정될 것이라는 관점에서 죄와 벌의 무게를 따진다. 필자도 오랫동안 청소년범죄상담관으로 있었지만, 결국 그 애가 그 애고, 한 번 온 애가 또 온다. 쉽게 말해, 교정이 안 된 것이다. 수사의 처벌로 범죄의 뿌리를 뽑을 수 없다. 신체적으로 벌은 줄 수 있겠지만, 근본적으로 재소자의 마음으로 들어가서 범죄의 원인을 발견하고 제거할 수 없다. 장발장을 바꾼 건 자베르의 추궁이 아니라 미리엘 주교의 이해였다. 범죄자들에 대해 처벌에 앞서 치료의 인식을 먼저 가져야 하지 않을까? 물론 처벌은 받아야 한다. 나무에 박힌 못을 뽑아도 구멍은 남듯, 죄를 제거해도 죄의 흔적은 남는다. 행위에 대한 판결은 하되 '사회봉사 50시간'보다는 '심리 치료 3개월'이 어떨까? 봉사도 좋지만, 자신의 심리를 먼저 근본적으로 들여다보는 게 교정에 더욱 필요하지 않을까?

사회봉사 50시간보다는 심리 치료 3개월이 더 낫다

죗값을 치른다는 건 교도소 사방 안에 들어가 콩밥을 먹고 몇 년을 갇혀 사느냐의 문제이기 이전에 자신의 범법행위를 철저하게 후회하고 반성하는 과정, 그 속에서 스스로의 행동을 교정하고 재범하지 않으려는 결단을 내리는 자세이다. 그리고 적절한 심리상담을 통해 자신의 의식과 무의식을 들여다보고 학습을 통해 행동을 교정하는 데까지 나아가는 것이다. 우리나라 형사소송법을 보면 모든 게 절차법이다. 절차와 과정도 길고 복잡하며, 그 와중에 경찰서에 '오라' '가라' 까다롭게 되어있다. 이 과정에서 피의자들은 심적 부담을 갖는다. 솔직히 일반인들은 그것만으로도 '내가 다시는 이런 일을 하지 말아야겠다.' 다짐하는 경우가 많다. 법원에서 자신 앞으로 내용증명만 날라 와도, 모월 모일 나오라는 출두명령서만 떨어져도 덜컥 겁이 나고 스스로를 돌아보게 된다. 그 과정 중에 반성하고 느끼는 것이다. 하지만 그것으로는 부족하다. 진정한 심리치료가 병행되지 않았기 때문에 그 문제에서 벗어나지 못하고 허우적대다가 다시 범죄를 저지르는 악순환에 빠진다.

또 한 가지, 우리가 죗값에 대해 고민해야 할 것은 검찰과 경찰을 비롯한 우리나라 사법기관이 현실적으로 피의자를 무죄추정의 원칙에서 대하지 않는다는 점이다. 법전과 현실의 괴리는 의외로 크다. 사법기관이 범죄를 재구성하고 혐의를 조사하는 과정 중에 피의자를 인간적으로 대접할 거라고 기대해서는 안 된다. 현장에 있다 보면, 사건이 터지고 경황도 없는데 스스로 억울함과 비통함 속에 빠져 있는 피의자에게 경찰이 취조과정에서 너무 가혹한 압박을 가하는 경우를 왕왕 보게 된다. 이렇게 뜻밖의 비인간적 대우를 받는 과정에서 피의자는 두 번 상처를 받게 된다. 아직 죄가 확정된 것도 아닌데 마치 벌을 받고 있는 재소자인양 대한다. 자존심이 강한 피의자의 경우에는 포털사이트에 수갑을 찬 자신의 사진만 떠도 참을 수 없는 굴욕감을 호소하기도 한다. 인터넷에 소위 신상이 털리고 SNS를 타고 빠르게 퍼진다. 심한 경우, 피의자의 가족까지 이름과 전화번호, 주소가 공개되어 말할 수 없는 고통을 겪기도 한다. 대법원에서 무죄 판결을 받았던 홍가혜 씨의 경우도 방향 없이 혼란만 가중시켰던 경찰의 초동수사와 일부 언론들의 무분별한 흠집 내기로 인해 인터넷상에서 '허언증 환자'내지 '관종'이라는 끔찍한 인격살해를 당해야 했다. 뒤늦게 모 스포츠신문은 홍씨에 대한 자사의 악의적인 보도가 오보였음을 인정하고 홈페이지에 사과문을 실었다. 그럼에도 그녀는 죄가 확정되지 않았는데도 범죄자 취급을 받았고, 실지로 목포교도소에서 3개월 동안 수감생활을 하기도 했다. 한 프로그램에서 홍씨는 당시 스트레스로 자궁경부암에 걸리기까지 했다고 밝혔다.

결국 한 번의 범죄가 또 다른 범죄로 이어지는 이유는 마음의 상처가 치유되지 않았기 때문이다. '벌을 줄 것인가, 치유의 기회를 줄 것인가?' 조사를 시작하면서 이 질문을 던지면 얼마나 좋을까? 판결이 내려진 다음에 치유의 기회를 줘봤자 소 잃고 외양간 고

치는 격이기 때문이다. 범죄의 과정은 한 사람에게 인생 최대의 위기가 될 수 있다. 경찰서를 한 번 간 다음, 교도소를 한 번 더 가고, 그 다음에 정신병원으로 곧장 직행하는 경우도 자주 봤다. 죗값이라는 명목 하에 범죄자를 사회에서 도태시켜 버린다. 이 길은 자멸하는 길이다. "권력에는 두 가지 종류가 있다. 하나는 처벌의 공포로부터 얻어지며, 다른 하나는 사랑의 행위로부터 얻어진다. 사랑에 기반한 권력은 처벌의 공포로 얻어진 권력보다 천 배나 더 효과적이고 영구적이다." 아힘사(비폭력)를 통해 영국의 압제에서 인도를 해방시킨 마하트마 간디의 말이다. 법과 벌을 다루는 분들이 한 번쯤 깊이 새겨봐야 할 말이 아닐까? 왜냐면 인간의 내면에는 지킬과 하이드가 함께 있기 때문이다. 이제 다음 장부터 인간의 이중성을 바탕으로 범죄심리를 내밀하게 들여다보자.

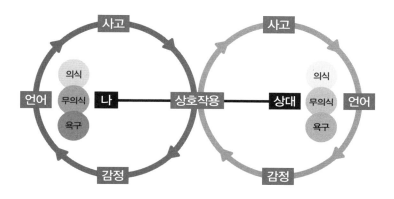

인간은 사회적 동물입니다. 태어나면서부터 생존을 위해 부모와 최초의 인간관계를 맺고 몸과 마음이 성장하면서 친구 및 배우자, 동료들과 사회적 관계를 맺게 됩니다. 사람은 사람과 관계를 맺으며 인간미를 배우고 보다 인간다워집니다. 안타깝게도 관계는 긍정적 관계뿐 아니라 부정적 관계도 있습니다. 어떤 대상을 만나느냐에 따라서 인간적이었던 사람이 악마가 되기도 하고 유순했던 사람이 악랄한 사람으로 돌변하기도 합니다. 상대방에 대한 이해와 배려가 없는 일방적이고 강압적인 인간관계에서는 결국 관계가 악화되고 갈등과 의심, 폭력, 잔소리, 불만, 분노 등이 표출될 수밖에 없습니다. 피해와 가해의 관계가 형성되고 나면 인간의 존엄성을 상실한 채 원망과 복수심이 형성되며, 인간관계의 단절 및 파괴는 결국 범죄로까지 이어집니다. 모든 사람들의 관계에서 일어나는 갈등에는 서로의 입장에서 긍정적 의도를 갖고 있을 수 있습니다. 그러나 서로 다른 심리를 모른 상태에서 갈등을 해결하려고 했다가 상대의 반응이 예상과 빗나갈 때 불안해진 자아가 자신을 지키기 위하여 자신의 의도와는 다르게 하이드의 모습이 되어 잔혹한 말과 행동을 표출하게 됩니다. 피할 수 있었던 범죄가 서로의 존재를 위협하는 무서운 양상으로 확대되기도 합니다.

❖ 앙리 루소(Henri Rousseau, 1844~1910)의 「사육제의 밤(Carnival Evening, 1885)」. 미국 필라델피아 미술관 소장.

chapter 2

그는 어떻게 다가오는가

내면의 이중성에 대한 기본적 이해의 과정

이성의 인간과 광기의 인간 사이에는 공통의 언어란 존재하지 않는다.
—미셸 푸코—

미국 오클라호마를 비롯하여 중남부 지역에 넓게 분포했던 북미 인디언 체로키 부족 내에서 전해 내려오는 유명한 이야기가 있다. 오래전부터 체로키 부족은 삶의 지혜를 할아버지가 손자에게 가르치며 전수한다고 한다. 어느 날 한 늙은 할아버지가 손자를 무릎에 앉혀 놓고 말한다. "애야, 모든 사람 안에는 두 마리의 늑대가 살고 있단다. 두 마리의 늑대는 치열하게 싸우지. 한 늑대는 악하단다. 이 늑대는 분노와 질투, 용서하지 않는 마음, 교만, 후회, 분노, 열등, 거짓, 게으름, 두려움으로 똘똘 뭉

처져 있어. 반면 나머지 늑대 한 마리는 착하단다. 이 늑대는 사랑과 친절, 겸손과 절제, 희망과 용기, 끈기와 인내를 가진 늑대란다. 이 두 마리의 늑대가 우리 마음 안에서 끊임없이 싸우고 있어." 할아버지의 이야기를 듣고 있던 손자가 잠시 생각에 잠기더니 입을 열었다. "할아버지 그럼 어떤 늑대가 이겨요?" 할아버지가 빙긋 웃으면서 말했다. "그야 네가 먹이를 주는 늑대지."

여러 세대를 걸쳐 내려온 전설이다 보니 결말이 다른 여러 가지 버전이 존재하지만, 두 마리 늑대에 대한 체로키 부족의 전설이 우리 내면에서 계속 진행되는 싸움, 즉 우리의 어두운 면(악한 늑대)과 밝고 고귀한 면(선한 늑대) 사이의 갈등을 비유적으로 말해주는 것만은 분명하다. 대부분 우리는 어느 한 쪽이 이길 것이라고, 아니 이겨야 한다고 생각한다. 하지만 우리는 양쪽의 늑대가 전부 필요하기 때문에 조금씩 양식을 나누어 주어야 한다. 어쩌면 이 이야기는 열린 결말을 지향하고 있는지 모르겠다. 할아버지는 손자에게 답을 정해주지 않는다. 어떤 늑대가 더 유용한지, 어떤 늑대가 불필요한지도 가르쳐주지 않는다. 다만 할아버지는 평소 관심을 가지고 먹이를 주면서 마음 속 늑대를 살찌우라고 조언한다.

이번 장에서는 법과 범죄의 관계 이전에 인간의 양면성에 대해 생각해 보자. 인간의 심리에 좋은 게 있으면 나쁜 게 있는 법이다. 좋은 것에 나쁜 것이 들어 있고, 나쁜 것에도 좋은 것이 함께 들어 있다. 세상에 완벽한 선은 존재하지 않듯, 완벽한 악 역시 존재하지 않는다. 중요한 건 내 마음에 어떤 늑대가 우위에 있는가 하는 이해다. 선한 양심이 더 웃자라면 나는 긍정적이고 원만한 인간관계를 끌어낼 수 있을 것이다. 그렇다고 내 안에 악한 마음이 없어지는 건 아니다. '내가 대체로 선하다.'는 것과 '내게 악이 없다.'는 건 치환될 수 없는 명제다. '인간은 선한가, 아니면 악한가?'라는 질문은 처음부터 잘못됐다. 인간은 나약한 존재다. 인간은 선하고 동시에 악하다. 이 말이 언뜻 '동그란 네모' 같은 언어도단으로 느껴질 수 있겠지만, 인간의 내면에 지킬과 하이드가 함께 있다는 것은 부정할 수 없는 사실이다. 인간은 상황의 노예로 산다. 상황이 인간을 이기고 어거한다. 그래서 예로부터 "죄는 미워하되 사람은 미워하지 말라."는 말이 있는지도 모른다.

범죄와 환경의 상관관계

인간의 본성은 무엇인가? 선한가, 악한가? 서구 윤리철학 분야에서 일찍이 인간의 본성을 두고 여러 가지 이론들이 끊임없이 제기되어왔다.[*] 인간의 본성이 본디 선하다고 주장하는 이들이 있는가 하면, 인간은 철저하게 사악하다고 주장하는 이들도 있다. 『리바이어던』을 쓴 홉스는 이기적이고 본능적인 인간의 본성을 두고 '인간은 인간에게 이리homo homini lupus'라는 유명한 말을 남겼다.

---

[*] 서양뿐만 아니라 고대 중국철학에서도 이 문제는 대단히 중요한 주제였고, 상당한 이론적 역사가 쌓여있다. '인의예지'를 통해 성선설을 주장한 맹자나 공평한 법치와 공권력의 이유로 성악설을 주장한 순자도 이와 같은 맥락에서 논의될 수 있다.

세상은 만인의 만인에 대한 투쟁이기 때문에 서로 물어뜯고 죽이기 전에 사회계약을 통해 강력한 법을 세우고 그 법을 통한 안정을 추구해야 한다는 말이다. 이에 대해 『에밀』을 쓴 로크는 인간은 태어날 때 선과 악 그 어떤 것에도 영향 받지 않았고 마음은 하얀 도화지와 같다고 주장했다. 인간의 본성은 소위 아무 것도 쓰이지 않은 '텅 빈 서판tabula rasa'에 불과하기 때문에 인간이 선천적으로 타고나는 본성의 영향이 적다고 봤다. 그 서판에 누가 어떤 그림을 그리느냐에 따라 당사자의 운명이 바뀐다. 따라서 인간은 후천적인 노력이나 환경에 따라 얼마든지 새로운 존재로 거듭날 수 있고 새로운 삶을 살 수 있다. 그의 주장은 사회진보세력들의 사상적 기반이 되어 많은 사회적 변화를 주도해온 교육론이자 인간론으로 발전되었다.

이처럼 본성nature이냐 환경nurture이냐를 두고 다양한 이론들이 쏟아져 나왔다. 여기서 서양철학사를 일별하여 이런 다양한 주장들이 지니는 이론적 근거와 한계를 장황하게 설명하고 싶은 마음은 없다. 다만 인간은 환경의 동물로 주변 인물과 상황에 지배를 받는 존재라는 사실을 강조하고 싶을 뿐이다. 인간이 얼마나 외부 환경에 영향을 받는 존재인지 잘 알 수 있는 실험이 있다. 우리에게 '스탠포드 감옥실험'으로 잘 알려진 실험은 같은 대학 심리학 교수였던 짐바르도Philip Zimbardo가 주도했던 사회심리학 연구과정 중에 발생했다.* 이 실험은 앞서 1963년 예일대 심리학 교수였던 밀그램 Stanley Milgram에 의해 행해진 '전기충격 실험'과 함께 20세기 후반 가장 논란이 많았던 심리실험 중 하나로 꼽힌다. 1971년, 짐바르도 교수는 스탠포드대학 지하에 임시로 감옥 세트장을 만들어 놓고 지역신문에 '교도소 생활이 인간심리에 미치는 영향에 대한 연구'라는 제목의 구인광고를 통해서 실험참가자를 모집했다. 이로 인해 1차적으로 70명이 지원했고, 그 중에서 정신과 면접과 기초적인 성격검사, 각종 범죄나 마약 관련 전과 등을 토대로 최종적으로 24명을 추려냈다. 이 과정에서 실험을 설계했던 짐바르도 교수가 가장 신중을 기했던 부분은 최대한 참가자들의 성격과 직업, 배경에서 드러나는 이질성을 최소화하고 최대한 균등한 조건을 갖춘 인물을 골라내는 일이었다. 그래야 보다 정확한 실험 결과를 얻어낼 수 있다고 판단했기 때문이다. 짐바르도 교수와 그의 동역자들은 이러한 과정을 통해 최종 선발된 24명을 임의대로 두 그룹으로 나누고 각기 역할을 부여했는데, 한 그룹에는 재소자 역할을, 다른 한 그룹에는 교도관 역할을 맡겼다. 물론 역할을 선발하는 기준은 철저하게 무작위적이었고, 각 개인의 성격이나 직업은 전혀 고려대상이 되지 않았다.

---

* 스탠포드 감옥실험을 주제로 다큐멘터리와 상업영화가 여러 편 제작되었다. 최근 2010년 「익스페리먼트」라는 제목으로 폴 쉐어링 감독이 영화로 제작했다. 꼭 한 번 보시기 바란다.

사회심리학자 스탠리 밀그램은 나치의 유대인 학살을 통해 드러난 '악의 평범성'을 실험으로 입증해보고 싶었습니다. 그는 환경에 따라 어떠한 개인이라도 이러한 폭력적 성향을 드러낼 수 있다고 믿었고, 전기충격기를 통해 피실험자가 생면부지의 상대를 얼마나 잔인하게 학대할 수 있는가 체계적으로 보여주었습니다. 이 실험으로 인간은 집단심리나 복종의 심리를 통해 권위에 순응하여 얼마든지 악을 행할 수 있음이 밝혀졌죠. 논란이 많았던 그의 실험은 나중에 『권위에의 복종(Obedience to Authority)』이라는 저서로 출판되기에 이르렀습니다. 하지만 그의 실험은 비인간적 처사에 대해 많은 사회적 논란을 일으켰고, 안타깝게 예일대 교수직을 그만두어야 했습니다.

학예회 때 흔히 맡겨지는 역할놀이쯤으로 여겨질 법한 이 실험은 이후 연구자들의 예상과 전혀 다른 방향으로 흘러갔다. 만 하루가 흐르자, 재소자 역할을 맡은 이들이 집단 난동을 부리기 시작했다. 짐바르도 교수는 난동을 대처하는 교도관들의 행동을 관찰하고 소스라치게 놀랐다. 장난으로 비춰질 수도 있었던 이들의 역할이 메소드 연기를 방불케 했는지 교도관들은 무차별적으로 소화기를 뿌리며 재소자들을 벽으로 몰아냈고, 문을 따고 들어가 곤봉과 주먹으로 마구 때리기 시작했던 것. 훗날 이 실험에 참가했던 사람의 증언에 따르면, 이날 스탠포드 감옥에서의 체벌은 과거 나치수용소에서 벌어졌던 참혹한 인권 유린의 현장을 보는 것과 같았다고 한다. 폭동과 그에 대한 진압을 계기로 교도소의 상황은 급변하게 되고, 급기야 실험 5일째로 접어들면서 일부 교도관이 죄수들을 성적으로 학대하기 시작했다. 각 사방에 양철통을 던져주고 거기다 대소변을 보라고 강요하여 금세 실험실 안은 분뇨 냄새와 재소자들의 울부짖음으로 가득 찼다. 보다 못한 교수는 기존의 설계대로 진행되지 않자 2주일을 예상했던 실험을 6일 만에 중단하고 말았다. 짐바르도 교수는 스스로도 믿기 힘든 실험 결과를 이후『루시퍼 이펙트』라는 제목으로 출간했고, 전모가 학계에 보고되면서 큰 충격과 파문을 일으켰다.

처음부터 악마는 없다. 악마가 될 상황만이 존재할 뿐. 필자 역시 상담가 이전에 인간이기 때문에 중심을 잃을 때가 있다. 상황에 너무 몰입하다 까딱하면 문제의 늪에 빠지게 된다. 상담가는 제3지대에서 내담자의 의식과 무의식 안에 똬리를 틀고 있는 여러 가지 감정과 정서의 실타래를 정확히 들여다보고 메스보다 더 날카로운 해결책을 제시해야 한다. 이때 의욕이 너무 앞선 나머지 상담가가 자신과 내담자 사이에 가로 놓인 심연을 가로질러 상대의 진영으로 너무 깊이 들어가다 보면 그에게 과도한 감정이입을 하게 되어 정확한 분석이 어려워지게 된다. 이를 심리학에서는 **역전**이라고 한다. 영화「더 셀(2000)」을 보면, 상담가의 내담자 동화가 얼마나 무서운 결과를 낳는지 제대로 보여준다.* 여성을 납치, 살해하고 그 시

---

* 인도 출신 타셈 싱 감독의 데뷔작으로, 상담학을 전공하거나 심리학에 관심이 많은 분들이라면 반

체를 인형처럼 하얗게 표백해서 갖다버리는 악명 높은 연쇄살인범을 찾기 위해 FBI 특수요원 피터(빈센트 본)가 심리학자 캐서린(제니퍼 로페즈)을 찾아가면서 이 영화는 시작된다. 피터는 캐서린에게 상담가와 내담자의 정신을 서로 연결하는 특수기계장치(!)를 이용하여 용의자 칼의 의식세계로 들어가 실종된 여성의 은닉처를 찾아달라고 한다. 고도로 훈련된 심리전문가 캐서린은 수사원들에 의해 이미 체포되었지만 혼수상태에 빠진 칼(빈센트 도노프리오)의 무의식으로 들어가 흩어진 단서의 퍼즐들을 찾으려고 애쓰는데, 더 깊은 무의식의 심층으로 들어갈수록 칼에게 연민을 느끼고 점차 그를 동정하게 된다. 문제는 무의식의 기층에서 소년이었던 칼을 만나게 되면서 캐서린은 단순한 이해의 차원을 넘어 그의 무의식 세계에 동화되고, 급기야 그의 정신적 조종까지 받기에 이른다는 설정이다.

상담의 초절정 고수였던 캐서린조차 넋 놓고 있다 보면 가끔씩 내담자의 아우라에 빠지는 우를 범하는데, 상담 초보이거나 이제 막 상담학을 전공하는 대학원생들이라면 오죽하겠는가? 만에 하나 상담가 자신도 현재 내담자가 들고 온 문제와 유사한 경험을 했

드시 찾아서 감상해야할 영화다. 수려한 영상뿐 아니라 전공자가 아니라면 묘사할 수 없을 만큼 전문적으로 재현한 범죄자 내면의 중층 의식과 무의식에 대한 묘사는 참고할 만하다.

지만 스스로 해결책을 찾지 못하고 있다면, 상담가가 내담자의 정서에 이리저리 끌려 다니기 쉽다. 이럴 경우, 상담은 즉시 종료되어야 하고 다른 상담가에게 슈퍼비전을 받아야 한다. 아무리 상담가라 할지라도 일정한 내적 문제를 안고 있을 수밖에 없으며, 취약한 정서를 보유하고 있는 지대가 내담자에 의해 지속적으로 자극을 받게 될 때, 역전이가 일어날 위험성도 다분하다. 그래서 상담가는 타인을 상담하기 이전에 먼저 자신의 트라우마를 해결해야 한다. 필자역시 내담자의 정서에 동화되지 않기 위해 매일 상담 내용을 일지로 남긴다. 그 일지를 면밀히 검토하면서 스스로 중심을 잡는다.

다시 원점으로 돌아가서 짐바르도 교수의 실험을 이해할 때, 우리는 두 가지 단서에 주목해야 한다. 첫 번째, 실험이 보여주고 있는 바와 같이 인간 내면에 잠재된 가학성은 특정 조건 아래서 얼마든지 발현될 수 있다는 점과, 두 번째, 그 실험을 진행했던 짐바르도 교수조차 실험의 설계자이기에 앞서 은연중에 피실험자들과 함께 그러한 가학성을 드러낸 주체였다는 점이다. 후자는 짐바르도 교수의 실험이 조작되었다고 주장하는 책들조차 간과하고 있는 부분이다. 그의 실험이 조작된 거짓말이라면 도리어 실험을 주도하면서 보여주었던 가학성과 피실험자들을 대했던 그의 악랄함, 자신의 신념에 의해 실험의 모든 과정을 교묘하게 꾸며낸 주도면밀함이 그가 저서에서 밝힌 루시퍼 이펙트(악마 효과)가 되어 실험의 정당성을 입증해주고 있다.

정치철학자 아렌트Hannah Arendt는 나치 친위대장으로 전후 아르헨티나에 숨어 살다가 붙잡혀 이스라엘 전범재판에 회부된 아이히만을 보고 『예루살렘의 아이히만』이라는 저서를 남겼다. 책에서 그녀는 평소 상상했던 악랄한 악마의 모습과 달리 너무도 평범하고 가정적이기까지 했던 그의 모습에 '악의 평범성'이란 개념을 주장했다. 홀로코스트와 같은 역사 속 악행은 광신자나 반사회성인격장애자들이 아니라, 국가에 순응하며 자신들의 행동을 보통이라고 여기는 다수의 지극히 평범한 사람들에 의해 행해진다고 그녀는 주장했다. 열차로 유럽 각지에서 유대인들을 수용소로 이송하는 책임을 맡았던 1급 전범 아이히만 역시 재판 중에 끊임없이 "나는 괴물이 아니다."라고 주장했다. 그 과정에서 여섯 명의 정신과 의사도 아이히만을 정상으로 판정했고, 그를 정기적으로 방문하던 성직자는 그가 '매우 긍정적인 사고를 가진 사람'이라고 생각했다. 아렌트는 그가 많은 이들의 예상과 달리 유대인에 대한 광적인 증오를 가진 악마도 아니었고, 열광적인 반유대주의 세뇌교육을 받은 무지렁이도 아니었다고 적었다. "그가 행한 모든 일은 그가 법을 준수하는 시민으로서 인식한 만큼 행동한 것이었다. 그는 경찰과 법정에서 계속 반복해서 말한 것처럼 의무를 준수했다. 그는 명령을 지켰을 뿐만 아니라 법을 지키기도 했다."* 그래서 그녀의 마지막 주장에서 인간은 얼마든지 무서워질 수 있고, 내면의 어두운 자아를 광폭해질 수 있다는 사실을 다시 확인하게 된다.

> "그는 자신을 완전히 통제하고 있었다. 아니 그 이상이었다. 그는 완전한 자기 자신의 모습을 하고 있었다. 그의 마지막 말로 남긴 기괴한 어리석음보다도 이 점을 더 분명히 증명할 수 있는 것은 없을 것이다. 그는 자신이 신을 믿는 자라고 분명히 진술하면서 자기는 그리스도교인이 아니며 죽음 이후의 삶을 믿지 않는다는 점을 일반적인 나치스 식으로 표현하기 시작했다. .... 이는 마치 이 마지막 순간에 그가 인간의 연약함 속에서 이루어진 이 오랜 과정이 우리에게 가르쳐 준 교훈을 요약하고 있는 듯했다. 두려운 교훈, 즉 말과 사고를 허용하지 않는 악의 평범성을."
>
> 『예루살렘의 아이히만』, 349.

---

* 『예루살렘의 아이히만(한길사)』, 김선욱 역, 209.

어떻게
살 것인가?

　　인간은 몸과 마음을 함께 가지고 살아가는 존재이기 때문에 둘을 모두 알아야 한다. 근대 이전부터 몸에 대한 학문은 지속적인 발전을 거듭해왔다. 인간의 몸을 탐사한 레오나르도 다빈치 이전에 이미 유럽에 해부학적 지식이 널리 유포되어 있었고, 의학이 발달하기 이전에 이미 특정 질병들에 대한 병인과 치료제가 알려져 있었다. 그러나 마음에 대한 학문은 인류에게 미답지나 마찬가지다. 마음에 대한 탐구는 근대에 들어서며 본격적으로 이뤄졌다고 말해도 과언이 아니다. 프로이트가 인간의 정신 속에 무의식의 존재를 밝혀내며 심리학은 비약적인 성과를 내기 시작했다. 이후 심리학은 철학의 하위분과에서 독립하여 독자적인 학문으로써의 영역을 구축했다. 비록 유럽에서 발달한 대륙심리학과 대서양을 건너간 미국 심리학이 서로 다르지만, 크게 심리학이라는 우산 아래에서 보면, 인간의 마음을 연구한다는 방향에 있어 같은 궤적을 갖고 있다.

오랜 기간 동안 상담 현장을 지켜오며 느끼는 아쉬움들이 있다. 몸에 대해서 그렇게 신경 쓰면서 더 중요한 마음에 대해서는 왜 그렇게들 인색한지 모르겠다. 그 좋다는 40평대 대궐 같은 펜트하우스 아파트에 살면서도 마음이 무너져 생에 아무런 희망의 끈을 찾지 못하고, 하늘 아래 맛있다는 온갖 산해진미를 먹으면서도 정서적 고통과 우울감으로 그 맛을 제대로 느끼지 못하는 이들이 너무도 많다. 내 입으로 들어가는 건 원료며 성분이며 꼼꼼히 따지며 삼키는데, 정작 내 마음으로 들어가는 건 그것이 내 정서에 어떤 유해한 소용돌이를 일으킬지 전혀 고민하지도 않고 넙죽 받아들인다. 그 나쁜 기억을 오랜 상담을 통해 애써 끄집어내어 버려도 한두 달 만에 다시 만나면 어느새 감정의 쓰레기통에서 그걸 주워 다가 신주단지 모시듯 가슴에 품고 아파하는 내담자들이 많다.

우리는 누구나 남녀노소 지위고하를 막론하고 인간의 본질적인 심리를 이해하고 있어야 한다. 그 안에서 거개의 모든 세상의 문제들에 대한 해법을 찾을 수 있다. '인간이란 무엇인가?' 수많은 철학자들과 종교인들이 고민하고 궁리한 물음에 현대 심리학은 '마음'이라고 답한다. 인간은 '몸 그리고 마음'이다. 물리로 대변되는 세상의 이치가 우리 몸과의 관계라면, 정신으로 대표되는 마음의 논리는 우리가 지닌 몸이 어떤 원리로 작동하는지 그 궁극적인 심리에너지와 관련이 있다. 몸이 성장하면서 마음도 성장해야 한다. 몸은 시간이 흐르면 자연스럽게 성장하지만, 마음은 시간의 누적과 무관하게 성장이 더딜 수도 있다. 물론 우리의 육체도 영양가 많은 음식과 각종 비타민, 충분한 수면, 적절한 운동이 동반되어야 고르게 성장하겠지만, 우리의 정신은 이보다 더 세심한 관찰과 수련을 통해 이끌어져야 한다. 무엇보다 이걸 학교에서 가르쳐야 한다고 본다. 학창시절, 미적분과 기하학은 배워도 정신건강과 상담은 듣지 못한 채 매년 수많은 학생들이 사회로 쏟아져 나온다.

범죄로부터 나를 보호하고 사람 사이의 갈등을 피하며 남과 조화를 이루며 살기 위해서는 인간의 심리에 대한 기본 지식을 가지고 있어야 한다. 초 · 중 · 고 교육과정에서 국 · 영 · 수를 배우듯, 인간심리에 대한 기본적인 이론과 실습을 가르쳐서 성폭력, 왕따, 갑질 등 다양한 사회문제들을 예방할 수 있다. 필자와 오랜 기간 교류하며 지내는 내담자들이 손을 붙잡고 가장 많이 하는 이야기가 이런 것이다. "소장님, 정말 이런 건 학교에서 배워야 합니다." "심리를 알아야 대부분의 사회문제를 해결할 수 있을 거 같아요." 어찌된 영문인지 우리는 인생에서 제일 중요한 것을 제일 마지막에 배운다. 심리는 교양이 아니다. 필수다! 인간관계에서 이해와 배려는 무작정 참고 억압하는 게 아니라 서로 다른 입장과 정서를 이해하고 아는 것에서 출발한다.

심리는 교양이 아닌 필수

인생을 이끌고 가는 건강한 마음

　　인간의 심리는 몸과 마음의 교감을 통해 얻어진 결과물이다. 이름만 대면 누구나 아는 어떤 유명한 전문가가 TV에 나와서 몸과 마음을 분리해 심리를 따로 봐야한다고 말하는 걸 본 적이 있다. 소스라치게 놀랐다. 아직까지 데카르트의 코기토 에르고 숨cogito ergo sum을 좌우명으로 삼고 계신가 보다.* 마음을 종교나 철학으로 충당해서도 안 되지만, 마음을 몸과 유리된 어떤 심리학적 실재로 놓고 봐서도 안 된다. 인간을 삼일 굶겨 보면 돌도 빵으로 보인다. 사

---

* 코기토 에르고 숨: "나는 생각한다. 고로 존재한다." 데카르트의 방법적 회의를 통해 얻어낸 철학적 제1명제를 일컫는 라틴어 경구.

막에서 예수가 40일 금식한 뒤 가장 처음 받은 유혹이 "이 돌들이 빵으로 변하게 하라."였다. 모든 마음의 병은 몸과 유기적인 관계가 있고, 모든 몸의 병 역시 마음과 유리된 채 일어날 수 없다. 몸 가는데 마음 가고, 마음 가는데 몸도 따라간다. 심리가 옳은 사람은 세상의 삼라만상을 올바르고 있는 그대로 정직하게 본다. 심리가 비정상적인 사람은 세상도 비뚤어지게 본다. 모든 부부갈등이나 범죄 역시 서로 다른 심리를 모르고, 또 볼 줄 몰라서 일어난다. 몸이 아픈 사람은 마음에 행복을 느낄 여유가 없다. 반면 마음이 아픈 사람에게 몸의 안락함이 무슨 소용일까?

사람이 진짜 행복하려면 물질도 필요하다. 기초생활수급자가 진정으로 행복할까? 어느 통계를 보니, 정부에서 수당이나 지원을 받는 차상위계층이나 기초생활수급자가 그렇지 않은 이들보다 현 복지정책에 더 불만이 많다고 한다. 언제나 받아도 부족함을 느끼기 때문이다. '왜 돈을 좀 더 안 주나?'하는 마음이 스스로 물질의 부족을 절감하게 만든다. 매슬로우의 욕구피라미드에서 가장 기본적인 단계가 해결되어야 일도, 관계도 잘 만들어갈 수 있다. 몸이 정상적이지 않을 때 판단력은 흐려지지만, 몸이 건강하면 나가서 일하고 돈 벌고 싶어진다. 그렇다고 물질이 풍족하다고 다 행복한가 하면 또 그렇지도 않다. 뉴질랜드를 '우울한 천국'이라고 하는

데는 다 이유가 있다. 그 나라에서 상담을 진행할 기회가 있었는데, 그곳 한 관계자가 "우리 국민들은 70%가 우울증에 걸렸다."고 말하는 것을 들은 적이 있다. 과장된 말이겠지만, 그곳 내담자들을 만나면서 그렇다고 또 아무 근거 없는 말은 아니라고 생각이 든다. 복지가 잘 뒷받침된 나라지만, 삶이 불만족스러운 이유는 무엇일까?

크고 작은 비행을 저질러 소년원에 수감된 청소년들을 만나 보면, 많은 경우 집안이 매우 부유한 경우가 많다. 부모들이 물질적으로 풍족한데도 범죄에 빠지는 경우다. 집안 거실 냉장고만 열어도 더 맛있고 비싼 디저트가 넘쳐나는데도, 편의점에서 몰래 초코우유를 훔치다가 걸린다. 집에서 한 달에 백만 원이 넘는 용돈을 받는 여고생이 백화점도 아니고 길거리 잡화상 매대에서 만 원짜리 '짝퉁' 귀걸이를 슬쩍 하다가 현행범으로 잡힌다. 그런 집안을 가만 살펴보면, 대부분 부모들이 맞벌이인 경우가 대부분이다. 방과 후 집에 돌아와도 아들은 늘 혼자였다. 대궐 같이 큰 집에 덩그러니 남겨져 혼자 밥 먹고 혼자 노는 법을 익혔다. 엄마 아빠가 죄책감이 들 때마다 아들에게 용돈을 줬다. 물질로 해결하려고 했다. 돈과 아들을 치환한 것. 사랑을 받지 못하는 사람은 왜곡된 정서에 매몰된다. 점차 아들은 비뚤어지기 시작했다. 심심함을 해결하는 것이 그에게 가장 큰 숙제였다. 집에 여자애들을 하나둘 데리고 오고 돈으로 친구들을 샀다. 그러다 사고를 쳤고, 결국 소년원에 가고 말았다. 필자가 그 학생을 면담할 때 소식을 듣고 엄마가 달려왔다. "니가 뭐 부족한 게 있어서 이런 짓을 했어?" 엄마는 윽박지르기에 바쁘다. 그런데 부모는 아들의 마음을 몰랐다. 도리어 아들은 엄마에게 따진다. "엄마가 나에게 해준 게 뭐야? 엄마는 내 마음을 몰라!" 마음이 채워져야 그 다음이 가는 것이다.

반면 서울대 수석 입학한 학생을 인터뷰 하면 꼭 반대로 말한다. 부모는 "우린 아들에게 잘 해준 거 하나 없는데 기특하게 지가 알아서 공부하고 합격해서 고맙다."고 눈시울을 닦는다. 반면 아들은 "엄마 아빠가 저한테 너무 많은 걸 해줘서 늘 고맙다."고 말한다. 가만 보면, 이런 집은 보통 가난하다. 필자가 상담했던 한 학생도 이와 비슷한 케이스였다. 집은 그리스도교 집안으로 무척 가난했는데, 부부가 금슬이 좋았다. 엄마는 없는 형편에 어떻게 해서든 아들을 하나라도 더 가르쳐주고 싶었다. 다른 집은 전집으로 사주는데 변변한 책 한 권 못 사주고, 남들은 철마다 유명 브랜드의 옷이며 운동화를 사주는데 자신은 변변한 롱패딩 한 벌 사 입히지도 못했다고 옆에서 우시는 어머니를 보며 같은 부모로서 찡했다. 그 와중에 부모가 잘한 게 하나 있었다. 엄마는 꼭 동네 도서관에 아들의 손을 잡고 가서 매일같이 옆에서 책을 읽어줬다고 한다. 학원 한

번 못 보내줬고, 과외 한 번 못 시켰지만, 언제나 엄마와 함께 아들은 공부를 했고 그렇게 엄마랑 도서관 갔던 게 즐거운 추억으로 남아 있었다.

조금 다른 얘기지만, 일본에는 3대 이상 세대를 이어가는 노포老鋪들이 많다. 어느 날 필자는 그 중에서 한 유명 스시집에 관한 다큐를 흥미롭게 시청했다. 바로 오노지로가 운영하는 도쿄의 스시집인데, 명성에 걸맞은 사통팔달 목 좋은 시내 중심가에 자리한 으리으리한 레스토랑이 아닌 지하철을 갈아타는 간선역 지하 한 귀퉁이에 위치한 좁고 허름한 식당이었다. 이 식당을 평생 지켜온 오노지로는 미슐랭이 인정하는 훌륭한 스시를 내놓는다. 하루에 정해진 테이블만 예약을 받고 준비한 식재료가 동이 나면 문을 바로 닫는다. 철저한 관리 때문에 일본을 찾는 미국을 비롯한 각국의 정상들은 이 집을 꼭 한 번 들른다고 한다.

필자는 여기서 오노지로의 장남이 아버지 밑에서 수석 조수로 있는 것을 눈여겨봤다. 딱 봐도 아들의 아버지 사랑이 장난 아니었다. 아들은 존경의 염念으로 아버지를 대했고, 아버지의 존재만으로도 아들은 안정감을 얻는 것 같았다. 또 아버지는 기꺼이 가업을 잇는 아들을 자애롭게 보듬는다. 자신의 지식과 기술을 아낌없이 전수하려고 노력한다. 바로 이런 방식이 정상적인 인간관계에서 나오는 법이다. 아버지의 성실이 성취를 만들고, 아버지와 아들의 부자유친이 효를 낳고, 아들의 존경심이 또 다른 성취를 이어가는 선순환적 관계. 오노지로의 식당이 성공할 수밖에 없는 이유다.

하지만 우리는 그와 반대로 악순환적 관계도 주변에서 종종 본다. 자신의 성공, 자기의 욕구가 제일 우선하다 보니, 가정이고 효심이고 돌아볼 겨를이 없다. 입신양명을 위해 하루를 정신없이 뛰어다니며 성공의 사다리에 오른다. 그나마 '돈 벌어서 부모님께 효도해야지.' 자위해보지만 그것도 잠시뿐 매일 전쟁과 같은 일상에 허우적거리며 앞만 보고 달려가기 바쁘다. 이렇게 거꾸로 사니 정신을 차리고 보면 이미 부모는 돌아가시고 가정은 다 깨어져 버린다. 가정생활도 마찬가지다. 애정관계에서 행복한 대화가 이어지고 그것이 경제적 안정으로 이어져 가장인 남자에게 책임감을 선사한다. 남자는 가정을 부양하기 위해 열심히 뛰지만 지치지 않는다. 하지만 애정 없이 책임감부터 갖게 되면 돈만을 위해 아등바등 뛰게 되고 그런 부부가 나눌 수 있는 대화는 '돈' 밖에 없게 된다. 가정은 휴식처가 아니라 전쟁터로 돌변하고, 남편과 아내는 서로를 탓하며 공방만을 이어간다.

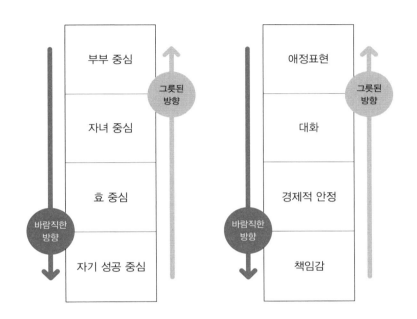

04 인간관계와 범죄

종편계의 스테디셀러 프로그램 「나는 자연인이다」를 본 적이 있다. 방송사가 발굴해낸 주인공들은 대부분 산속에 얼기설기 거처를 짓고 사회와 단절된 채 홀로 살아간다. 먹거리는 사시사철 산과 들에서 나는 채소와 열매, 물고기와 들짐승으로 해결한다. 개중에 입산한 지 3년차 신참(?)도 있었지만, 도시에 살고 있는 가족들과 생이별한 지 햇수로 10년이 다 되어가는 이들도 많았다. 화면에 그려진 소위 '자연인'의 일상은 도시인의 그것과 많이 다르다. 강에서 개구리 잡아 구워먹고 들에서 쑥 캐서 먹고 산에서 약초 따서 술 담가 먹는 삶이 호젓하다 못해 궁상맞게 보인다. 그런데 주인공들은 하나 같이 파안대소 하며 "지금이 인생에서 가장 행복하다."고 말한다. 왜 그럴까?

프로그램의 본래 의도와 상관없이 필자는 이들이 MC에게 던지는 자신의 이야기에 집중했다. 자연인들의 전직은 다양하지만 공통점이 하나 있었다. 대다수는 인간관계에 상처를 받아 세상을 등지고 산속에 들어온 케이스였다. 중병에 걸려 건강을 회복하기 위해 입산했거나 사업이 망해 어쩔 수 없이 산에 들어간 경우도 있었지만, 많은 사례들이 '사람이 무서워서' '사람에게 실망해서' '사람이 싫어서' 자연인으로 산다고 응답했다. 그들 스스로 자발적 격리를 선택한 것이다.

오해하지 말기 바란다. 필자의 말은 이들이 잠재적인 범죄자라는 의미가 아니라 이만큼 인간관계의 단절이 만들어내는 정서적 상처가 크다는 뜻이다. 어찌 보면, 가족 다 내팽개치고 자신의 내적 평정을 위해 산에 숨어들어가는 게 너무 이기적인 행동처럼 보이기도 한다. 오죽하면 그랬을까 이해가 안 되는 건 아니지만, 그들이 심리를 이해하고 상담을 통해 근본적으로 문제를 극복했다면 어땠을까 하는 아쉬움이 남는다. 보통 사람들은 자신의 내면의 문제에 집중하지 못하고 상처와 갈등의 원인을 바깥에서 찾으려고 한다.

그 대표적인 예가 음주와 도박이다.

음주를 통한 회피

감당하기 힘든 외적 충격이나 과도한 스트레스를 받으면 인간은 최면상태와 유사한 정서에 빠진다. 이는 과적된 스트레스를 본인이 가지고 있는 정신 에너지를 총동원해서 해결하느라 몸과 마음이 분리되는 현상으로, 이를 두고 시쳇말로 '정신줄 놓는다.'고 말한다. 정신의학자들에 따르면, 이는 마치 최면에 걸린 상태와 같은 행동을 유발한다고 한다. TV 예능 프로그램에서 최면술사가 참석자에게 최면을 걸어 특정한 행동을 요구하면 하라는 대로 다 따라하게 된다. 양파를 사과라고 말해주면 최면에 걸린 사람은 양파를 우적우적 맛있게 씹어 먹기도 한다. 2주 이상 우울한 상황에 놓여있는 경우 역시 최면상태에 빠진 것과 같다. 음주운전으로 면허까지 취소되고 상담소에 와서 상담 받는 이들과 이야기해 보면, 내내 '술 먹고 대리 불러 가야지.'라고 생각했다가도 어느덧 정신을 차리면 수십 km 운전하고 있는 자신을 발견하고는 소스라치게 놀랐다고 말한다. 운전도 습관적으로 하는 것이지 의식을 가지고 하는 게 아니다. 머릿속에 온통 스트레스를 안고 있을 때, 스스로 최면상태에 들어가 돌이킬 수 없는 범죄를 저지르게 된다.

멀리 갈 것도 없다. 나름 세계에서 야구를 제일 잘 한다고 자부하는 사람들만 모인다는 미국 메이저리그에서 주전 3루수로 뛰고 있는 강정호 선수의 사례를 보면 잘 알 수 있다. 2016년 12월 2일 새벽 2시 45분, 강씨는 휴식기에 귀국하여 강남 모처에서 술을 마시고 모 외제차 회사에서 협찬 받은 차량을 운전하고 가다가, 삼성역 인근 횡단보도 가드레일을 들이받고 경찰의 추적에 붙잡혔다. 그의 운전은 흡사 레이싱카를 모는 운전자의 그것과 유사했다. 당시 블랙박스를 확인하면 인명피해가 나지 않은 게 천만다행일 정도였다. 이 사건으로 검찰은 강씨를 벌금 1,500만 원에 약식기소 했으나 여론을 의식한 법원은 정식재판에 넘겼고, 이후 징역 8개월에 집행유예 2년이라는 중형을 선고했다. 문제는 그가 대한민국에서 선고를 받고 2년간 미국 취업비자를 받지 못하게 되었다는 점이다. 다급해진 그의 소속 구단은 사장까지 나서 강씨의 비자 발급을 위해 백방으로 뛰었으나 결국 최근 두터워진 자국의 비자심사를 뚫지 못했다. 유명 선수에서 일순간 범죄자로 전락하게 된 강씨의 심리적 요인에는 무엇이 있을까?

야구선수들 사이에서 꿈의 무대라 불리는 곳에서 화려한 스포트라이트를 받는 선수로, 정말이지 남부러울 게 없던 그가 왜 이런 어처구니없는 일을 저질렀을까? 현실적으로 생각해 볼 때, 4년간 연봉으로만 대략 118억 이상을 버는 그가 사건 당일 대리운전 비용 2만 원을 아끼려고 자신의 이미지와 커리어를 나락으로 빠뜨렸을 리가 없다. 강씨를 직접 상담하지는 않았지만, 지금까지 많은 유사 동종 사례들을 맡아 분석한 오랜 경험에 비추어 볼 때, 필자는 혈중 알코올농도 0.084%의 만취상태에서도 그로 하여금 대담하게 운전 대를 잡도록 만든 건 바로 그의 무의식에서 작동한 최면의 기제였 다고 생각한다. 음주운전으로 필자를 찾아온 많은 내담자들을 면밀 히 살펴보면, 그들 사이에 공통점이 하나 있다. 자기 자신도 운전을 하고 있다는 사실을 의식하지 못했다는 점이다. 사고를 내고 정신 을 차리고 보니 자신이 운전대를 잡고 있더라는 것이다. 이런 의식 구조는 그의 음주운전이 단순히 술을 많이 마셔 심신미약의 상태에 서 우발적으로 저지른 범죄가 아님을 말해 준다. 그는 지인과 술을 마실 때마다 상습적으로 운전대를 잡았고 아무 사고 없이 무사히 지나간 기간 동안 음주운전을 당연시했다. 그는 과거에도 이미 두 차례나 음주운전에 걸린 전력이 있었기 때문에 이번 사건으로 졸지 에 삼진아웃제의 적용 대상이 되고 말았다. 법정에 출두하던 그가 취재진 앞에서 "여러모로 죄송하고 앞으로 제가 야구로 보답할 일 밖에 없을 것 같습니다."라는 발언을 해서 뒤늦은 후회를 했지만, 전 국민의 공분을 피해갈 수는 없었다.

    최근 만취상태에서 음주운전을 해 동승한 두 명의 동료를 졸지에 사망에 이르게 한 뮤지컬 스타 박해미 씨의 남편 황민 씨도 이와 유사한 경우다. 황씨는 사고 당시 혈중알코올농도 0.104%의 상태에서 자신의 스포츠카를 몰며 속칭 '칼치기'로 불리는 곡예 수준의 운전으로 강변북로를 시속 167km로 질주하다가 앞서가던 25t 트럭을 뒤에서 그대로 들이받았다. 블랙박스에는 당시 그날의 상황이 고스란히 저장되어 있었다. 대체 그는 무슨 배짱으로 그런 무모한 행동을 했을까? 황씨는 소위 정신적 **블랙아웃**을 경험했다. 과중한 업무, 인간관계에서 오는 스트레스, 각종 일상의 문제들이 그를 그렇게 몰고 갔던 것이다. 사고 이후, 당시 술자리에서 벌어졌던 여러 이야기들이 매스컴에 보도되면서 필자는 황씨가 만취상태에서 운전대를 잡은 이유를 더욱 이해하게 되었다. 엄밀한 의미에서 음주운전은 그의 정신상태를 보여주는 거울이었던 셈이다.

> 블랙아웃(blackout)은 음주를 통해 발생하는 전반적인 기억력 장애를 일컫는 전문용어입니다. 보통은 혈중알코올농도에 따라, 판단과 감정을 조절하는 대뇌, 운동 기능을 조절하는 소뇌, 기억을 담당하는 중뇌의 순서로 뇌기능에 마비가 오며, 만취상태에서 의식하지 않았던 행동들이 돌출적으로 튀어나오게 됩니다. 문제는 대개의 음주운전의 경우 이런 심신미약의 상태에서 운전대를 잡는다는 점입니다.

성적 비행을 통한 회피

음주뿐만 아니라 성적 비행 역시 인간관계에서 상처를 받고 이를 도피하려는 이들이 종종 빠지는 범죄 중 하나다. 공용화장실이나 지하철 내에서 여성의 특정 신체부위를 몰래 촬영하거나 만지는 범죄가 이와 같은 범주에 들어간다고 볼 수 있다. 흔히 '몰카' '도촬' 등으로 불리는 이 행위는 '성폭력범죄의처벌등에관한특례법' 제13조에 의거한 명백한 범죄다.* 심리학에서 일종의 관음증으로 규정하는 이러한 행위는 일부 몰지각한 사람들 사이에서 가벼운 비행이나 짓궂은 장난 정도로 치부되는 경우가 많은데, 잘못하면 5년 이하의 징역이나 천만 원 이하의 벌금에 처해질 수 있다. 필자 역시 몰카 동영상을 찍다가 검거되어 검찰에 송치된 분을 상담한 경우가 있었다. 이름만 대면 누구나 알법한 대기업의 과장이었던 A씨(40대)는 청계천 세운상가에서 구매한 마이크로카메라를 쇼핑백에 몰래 넣어서 장착하고 사람들이 많은 대학가나 상업지구, 공공시설이나 대중교통을 옮겨 다니며 수천 장의 몰카를 찍고 다녔다. 과거에는 길거리나 공공장소에서 단순히 휴대폰을 이용하여 몰카를 찍는 경우가 대부분이었으나, 최근에는 이처럼 안경이나 차키, 라이터,

---

* 통신매체 이용 음란행위를 규제한 이 법안은 '자기 또는 다른 사람의 성적 욕망을 유발하거나 만족시킬 목적으로 전화, 우편, 컴퓨터, 기타 통신매체를 통하여 성적 수치심이나 혐오감을 일으키는 말, 음향, 글, 그림, 영상, 또는 물건을 상대방에게 도달하게 한 자는 2년 이하의 징역 또는 500만 원 이하의 벌금에 처한다'고 명시하고 있다.

손목시계, 넥타이핀 같은 각종 첨단장비들을 이용해서 범죄가 발생하고 있다. 007작전을 방불케 하는 쥐꼬리만 한 촬영기기의 등장으로 이젠 공용화장실이나 주거지, 개인 공간 등 어디도 몰카 범죄로부터 안전한 곳이 없어졌다.

> 관음증(voyeurism)은 타인의 사적인 활동을 몰래 엿보는 것으로 변태성욕장애 중 하나로 옷을 벗고 있거나 벗은 사람, 성행위 중인 사람을 몰래 관찰하는 행동이나 환상, 성적 욕구와 관련하여 반복적으로 강한 성적 흥분을 느낍니다. 일반적으로 자위행위를 동반하는 경우가 많으며, 개중에는 몰카나 도촬에 빠지는 경우도 있습니다. 증세가 깊어지면 사회활동에 제약을 줄 수 있는 비정상적인 성적 행동입니다.

A는 사진을 왜 찍었을까? 돌아온 그의 대답이 걸작이다. "모르겠어요. 정신 차려 보니까 제가 사진을 찍었더라구요." A도 자신의 행동에 황당해했다. 심지어 그는 자신이 찍은 여성 사진들을 한 번도 보지 않았다. 한 마디로 그는 순수하게 사진을 찍는 행위 자체를 즐긴 것이다. 경찰이 그의 자택에 있는 컴퓨터나 외장하드도 뒤졌으나 사건과 관련된 사진들이 거의 나오지 않았다. 지하철이나 버스에서 일반 여성들을 여러 명의 불특정 남성들이 강간하는 공공포르노, 또래 남성들이 본다는 소위 일본 '기획물'에도 그는 관심이 없었다고 한다. 자신이 찍은 사진을 한 번도 보지 않을 거면서

왜 그렇게 여성의 신체 사진에 집착했을까? 그를 상담하면서 평소 그가 빡빡한 대기업 환경에서 치열한 경쟁을 하며 스트레스를 받아 원형탈모까지 왔다는 사실을 알게 됐다. 명문대를 졸업하고 큰 포부를 안고 남들이 다 부러워하는 대기업에 입사할 때만 해도 A의 인생은 술술 풀리는 것 같았다. 주말마다 맞선자리가 줄을 이었고 그 중에서 고르고 골라 결혼에 골인했다. 애먼 처자식을 과부와 고아로 만들며 오로지 회사 하나 바라보고 새벽부터 밤까지 야근에 초과근무에 지칠 줄 모르고 헌신했다. 꽉 짜인 회사업무와 상사, 부하의 눈치를 보느라 뭐 하나 허투루 할 수 없었고, 퇴근 이후에도 매년 승진시험 준비에 TOEIC 공인성적까지 하루도 쉴 틈이 없었다. 그렇게 열심히 살던 A에게 심리적 문제가 온 건 사건이 터지기 3년 전이었다.

언제부턴가 그에게 원인을 알 수 없는 공허감이 찾아왔다. 과장까지 승승장구하고 나름 사내평가도 괜찮았지만, 무거운 정서적 우울감이 그를 지배했다. 정력적으로 매진했던 회사일이 거들떠보기도 싫어졌고, 회사업무로 만나는 사람들도 귀찮아졌다. 회사로 한정된 좁은 인간관계는 그에게 피로감을 줬고, 상사와 부하직원 간의 대인관계에 부담감을 느꼈다. 틀에 박힌 상하관계에 질식할 것 같다. 부부관계도 소원해졌다. 신혼 초 하루 걸러 한 번씩 아내와 정상적으로 관계를 갖던 A는 결혼 10년 차에 접어들면서 아내에게서 무료함을 느꼈다. 도통 관계가 만족스럽지 않아 체위를 좀 바꿔보려고 해도 목석같은 아내는 침대에 본드로 붙여놨는지 모로 누워 꿈쩍 하지도 않았다. 차라리 화장실에서 샤워를 하면서 자위를 하는 게 더 그에게 쾌감을 줬다. 그의 주변에 뭐 하나 정상적일 것도, 그렇다고 비정상적일 것도 딱히 없었다. 무엇보다도 친구를 불러내 선술집에서 술잔을 기울이며 "인생의 낙이 없다."고 넋두리를 털어놓아도 가시지 않는 정서적 갈증은 그에게 견디기 힘든 것이었다. 이와 함께 덜컥 몸에 이상이 왔다. 고지혈증에 당뇨 수치까지 올라가자 건강보험공단은 그를 적색대상으로 분류하고 관련 약들을 처방했다.

A에게 탈출구가 필요했다. 그때부터 A는 지하철에서 도촬에 몰두했다. 마치 첩보영화를 보듯, 그는 플랫폼에서 은밀하게 대상을 물색하고 상대가 전동차를 탑승하면 집요하게 그녀를 따라다니며 자동연사로 찍어댔다. 하루에 수천 장은 족히 찍었고, 만족감보다 피로감이 몰려올 때 그 행동을 중단하고 귀가했다. 하지만 꼬리가 길면 잡히는 법. 3년 만에 사복을 입은 도시지하철경찰대에 현장에서 발각되어 바로 구치소로 인계됐다. 왜 그는 그런 불법적인 촬영을 그만두지 못했을까? 혹시 이런 행동이 걸릴지도 모른다는

긴장감을 느낄 때 아드레날린이 분비되면서 어디서도 느껴보지 못했던 짜릿한 스릴이 그에게 그런 행동을 하도록 부추긴 것이다. 단순한 호기심에서 시작한 취미(?)가 그로 하여금 쇠고랑을 차게 만들었다.

절도를 통한 회피

내부에 응축된 스트레스 때문에 T씨(30대)의 경우 뜻하지 않게 절도를 저지르게 되었다. 어느 날 아파트 같은 동 위 아래에 살던 아줌마와 함께 엘리베이터를 탔는데, 아줌마가 현관에서 도어락 비밀번호를 누를 때 엘리베이터 안에서도 빤히 보였다는 것이다. "그때 그 번호를 보지 말았어야 하는데, 저도 모르게 머릿속에 그 번호가 외워졌어요." 이후 T는 엘리베이터를 타고 오르내리면서 그 집 비밀번호에 집착했다고 한다. 자신이 본 그 번호가 맞는지 한 번 확인하고 싶더라는 것이다. 어느 날, 그는 호기심을 실행에 옮기기로 마음먹었다. 많은 사람들이 사소하게 생각하는데, 사실 가택침입은 매우 중대한 범죄다. 그는 들어가면 뭔가 장물을 들고 나와야 한다는 생각에 진짜 절도범이 되기로 마음먹었다. 그 집에서 여자 속옷과 30만 원짜리 백화점상품권을 들고 나왔다. 물론 T의 기이한 행적은 방범 CCTV가 고스란히 찍고 있었다. 이후 그는 아랫집 아줌마에게 물건을 돌려주고 사과를 건넸지만, 결국 같은 동네에 살 수 없어 이사를 가야 했다. 그는 자신에게 필요하지도 않는 물건을 왜 훔쳐야 했을까?

좀도둑질을 하다가 현장에서 잡힌 여성들이 소위 월경전증후군PMS으로 판명되는 경우도 있다. 하지만 그는 달거리와 무관한 남성이었고, 평소 도벽이 있다거나 물건을 훔친 전과가 있었던 것도 아니었다. 필자와 상담 중에 그는 그 사건이 있기 직전 대학 때부터 오래 사귀던 여자친구와 헤어진 일이 있다고 고백했다. 곧 결혼할 생각에 미리 장만해둔 집이 사건이 일어났던 바로 그 아파트였으나, 그녀와 이별을 하게 되면서 집이 필요 없게 되어버렸다. 일이 터지고 나서야 후회의 눈물을 흘리는 그를 보고 필자는 까딱하면 누구라도 저런 절도에 빠질 수 있겠다 여겨졌다. 일상에서 일어나는 좀도둑질이나 절도는 견물생심 물건이 탐이 나서 일어나는 경우도 있지만, 상당 부분 물건에 대한 욕심보다는 자신의 정서를 다스리지 못해서 발생하는 경향이 있다. 절도는 단순한 행위의 외피에 불과하고 인간관계에서 오는 정서 불안이 사건의 주된 요인인 경우가 생각보다 많다.

월경전증후군(premenstrual syndrome)은 여성이 호르몬의 불균형으로 인해 월경 전에 반복적으로 발생하는 정서적, 행동적, 신체적 증상들을 특징으로 하는 일련의 증상군으로 유방통, 몸이 붓는 느낌, 두통 등의 신체적 증상과 기분의 변동, 우울감, 불안, 공격성 등의 심리적 변화 등을 동반합니다. 특히 별다른 이유 없이 백화점이나 마트에서 절도를 일으키는 경우가 많다는 보고도 있습니다.

진리는 죄를 낳지 않는다. 삶의 우선순위를 바꿀 때 인생은 불행해지고 인생의 진리를 오해할 때 범죄가 발생한다. 본래 진리와 진실은 모두 긍정성을 담고 있다. 반면 거짓과 오류는 부정성을 담고 있다. 결국 갈등은 오해로 빚어지며, 진리와 진실이 가려지거나 왜곡되기 때문에 범죄가 생긴다. 누구나 범죄의 그늘에서 벗어나려면 기본적으로 인간의 심리를 알고 살아야 한다. 어릴 때, 가정교육부터 가르치면 최상이고, 아니면 학교에서라도 반드시 가르쳐야 한다. 삶의 밑거름이 아무리 거칠어도 아름드리 울창한 나무를 자라나게 하는 마음밭이 있고, 아무리 비옥한 옥토에 심어져 있어도 꾀죄죄한 묘목에서 자라지 못하는 마음밭이 있다. 문제는 그 마음밭을 스스로 일구고 만들어갈 수 있다는 사실이다. 심리학에도 자아의 기능을 강조한 자아심리학self-psychology이 있지만, 대상과의 관계를 강조한 대상관계이론object relations theory도 있다. 나 자신의 마음을 여실하게 들여다보는 심전계발心田啓發이나 마음공부를 넘어서 나와 너의 관계를 여실하게 들여다보는 마음밭 공부도 함께 필요한 이유다. 다시 말해, 내향적 성찰과 외향적 성찰이 하나로 어우러진 관계의 성찰이 요구된다. 이제 다음 장에서 어떠한 마음밭에서 구체적인 범죄의 씨앗이 자라는지 그 발생 요인들을 하나씩 살펴보자.

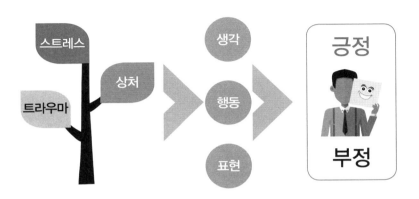

범죄심리에는 반드시 대상이 존재합니다. 우리는 실제 현실 속의 대상이든, 스스로가 만들어 낸 가상 속의 대상이든, 그 대상과 왜곡된 관계를 맺으며 지속적인 부정감정을 경험하고 있습니다. 이러한 부정감정은 정서적 스트레스를 가중시키게 되고, 그 스트레스가 3일 이상 지속되면 원인 모를 불안감이 발생하며, 불안으로부터 자신을 보호하기 위해서 자신도 모르게(무의식중에) 하게 되는 말과 행동이 순간적으로 타인을 위협하거나 해치게 되면서 우발적인 사건(범죄)으로 이어지게 됩니다. 이때 혼자서 이 상황을 해결해 보려고 하다가 오히려 하지 말아야 할 말과 행동을 반복하게 됩니다. 처음부터 악마는 없습니다. 악을 만드는 상황, 그리고 처음 경험하는 문제라면 그 문제를 어떻게 해결해야 할지 몰라 스스로 겪게 되는 심리적 불안감이 나쁜 상황을 만들게 됩니다. 부부관계, 자녀관계, 각종 인간관계의 갈등, 가정폭력, 성폭력, 외도 등 특정한 대상에 대한 부정감정 및 불안감정을 소유하고 있다면 그 두려움이 만만해질 때까지 치유는 반드시 필요합니다.

❖ 미켈란젤로 카라바조(Michelangelo Merisi da Caravaggio, 1573∼1610)의 「나르키소스(Narcissus, 1596)」. 이탈리아 로마 바르베리니 국립미술관 소장.

chapter 3

—

소리 없이 다가오는 무의식의 왜곡

미약하게 존재하는 범죄의 태동

자신의 마음속을 들여다봐야만 비전이 명확해진다.
밖을 보는 사람은 꿈을 꾸고, 내면을 보는 사람은 자각한다.
—카를 구스타프 융—

2007년 4월 16일, 미국 버지니아공대를 뒤흔든 수십 발의 총성이 미 전역을 충격에 빠트렸다. 매년 10여 건 발생하는 미국 학내 총격사건의 하나로 지구 반대편에 있는 우리에게도 결코 무관하지 않은 비극이 당일 아침 9시 45분에 일어났다. 35명의 무고한 인명을 살해하고 스스로 목숨을 끊은 인물이 바로 한국 태생의 미국인 조승희였기 때문이다. 충남 아산에서 태어나 어린 시절 부모님을 따라 미국에 건너간 조군은 남달리 작은 체구와 과묵하고 조용한 성격 탓에 평소 학교에서 심한 따돌림을 당했다고 한다. 급우들은 그가 동양인이라는 이유로 인종차별적인 발언을 쏟아냈고, 개중에 짓궂은 친구들은 그에게 1달러를 주면서 "중국으로 돌아가!"라는 말을 일삼기도 했다. 친부는 그런 아들이 못마땅했고 조언을 할 때마다 그 과정에서 종종 조군과 마찰을 빚기도 했다. 그럴수록 조군은 더욱 입을 다물고 스스로 내면 깊숙이 침잠하게 되었다. 극심한 스트레스에 그는 결국 우울증 진단을 받았고 정신과 치료를 받는 신세가 되었다. 대학에 입학해서도 상황은 나아지지 않았다. 인간관계가 해결되지 않은 상태가 장기간 지속되자, 자살을 암시하는 발언으로 결국 버지니아주 정신건강센터에 강제 수용된 적도 있었다.* 조군은 1999년 미국 콜럼바인고등학교에서 일어난 총격사건을 종종 친구들에게 언급하기도 했다.

사건 당일, 조군은 미 방송국 NBC에 보낸 자작 비디오 영상에서 미리 준비한 소위 '선언문'을 낭독했는데, 온갖 욕설과 분노, 치기어린 광기가 몇몇 묵시적인 발언들에 싸여 전달됐다. "너희 덕분에 예수처럼 죽는다.""모세처럼 바다를 가르고 내 동포들을 이끌 것이다."그의 입장문은 종교적 희생양을 원하는 세상으로 돌진하는 한 마리 야수의 모습과 같았다. 그날 아침 대학 기숙사를 시작

---

* 당시 버지니아주 판사는 조승희가 외래환자로서 성실하게 정신과 치료에 임한다는 조건 하에 퇴원 판결을 내렸다.

으로 조군은 글록19와 월터P22 반자동 권총 두 자루를 들고 차례로 204호, 206호, 207호, 211호 강의실에서 도합 5명의 교수와 30명의 학생을 살해했다. 이 과정에서 그는 동일한 루틴을 반복했다. 언제나 강의실 문을 열고 들어가서 교수를 제일 먼저 총으로 쐈고, 그 후 총성에 놀라 강의실 바닥에 엎드려있던 학생들을 향해 총을 난사했다. 아비규환 속에서 가까스로 목숨을 건진 생존자들은 이구동성으로 당시 조승희가 증오도 분노도 아닌 어딘가에 정신을 빼앗긴 무덤덤하고 공허한 눈빛을 하고 있었으며, 총을 쏠 때 이렇게 말했다고 증언했다. "안녕, 잘 지냈니?"*

---

* "Hi, how are you?" 한국 학생들이 학교에서 영어교과서로 제일 먼저 배우는 기초 영어 문장 중 하나다.

정서적 문제의 변형으로 인한 정신증상

조군을 그렇게 괴물로 만든 배경은 무엇이었을까? 인간은 동물과 달리 복잡한 인간관계를 맺고 살아가다 보니 정서적 스트레스를 받게 된다. 잠시 돌아보면, 내 주변에 얼마나 많은 인간관계가 얽혀있는가? 나는 부모에겐 자녀이면서, 남편에게는 아내이며, 자녀들에게는 동시에 부모이기도 하다. 친가에 가면 딸이고, 시집에 가면 며느리 역할을 해야 한다. 직장만 봐도 얼마나 복잡한 관계망 속에 놓여 있는가? 누구에게는 직장상사이면서 동시에 다른 누구에게는 부하직원이 된다. 이 모든 관계를 조정하고 조율하고 균형을 유지하며 일정한 사회적이고 관계적인 역할을 수행해야 한다. 조금만 삐끗하면 손가락질을 받기 십상이다. 내가 원하든 원하지 않든, 다양한 역할극 속에서 일인다역을 소화해야 하는 운명에 놓여 있다. 그래서 인격personality이라는 말이 고대 그리스의 역할극을 했던 배우의 가면persona에서 유래했다고 하지 않는가? 이런 복잡한 관계 구조는 동물의 왕국에서는 거의 찾아볼 수 없는 현상이다. 사회생물학적으로 매우 진화한 공동체를 꾸리는 유인원 집단 내에서도 인간사회만큼 이렇게 복잡다단한 역할극을 찾아볼 수 없다.

인격은 가면에서 나왔다

관계에서 발생하는 불안증, 생각의 왜곡 따위가 점차 하나의 증상으로 발전하게 된다. 이런 불안함을 해소하는 과정에서 인간들은 각종 범죄에 빠진다. 의식적으로 하는 게 아니라 무의식적으로 하게 된다. 실제로 학교폭력의 피해를 입은 당사자 학생이 상담에 와서 호소하는 제일 큰 문제는 단연 인간관계의 파괴다. 학교폭력을 당하면 학폭위가 꾸려지고 가해자가 강제 전학을 가게 된다. 문제는 인간관계를 어떻게 해야 하는지 모른 채 다른 학교로 장소만 옮긴다고 해서 상황이 근본적으로 해결되는 게 아니라는 데 있다. 양자 간에 깊은 화해를 하고 피해자와 가해자의 관계를 정리하고 상황을 해결하는 게 아니기 때문에, 가해자 학생 입장에서는 학교가 자신을 버렸다는 패배감을 갖게 되며, 피해자 학생 역시 그에 따른 심적 부담감을 갖게 된다. 다른 곳에서도 위축될 수밖에 없다. 담임선생으로부터 거절당하고 친구들과 멀어지면서, 부모와 소통이 단절되고 사람에 대한 왜곡된 심리로 인해 각종 범죄에 빠지게 된다. 조군이 조금 더 일찍 자신의 문제에서 벗어나 인간관계를 건강하게 교정할 수 있는 환경에 놓여 있었더라면 어땠을까? 이제 생활 속에서 범죄를 낳는 일곱 가지 정신적 증상을 하나씩 살펴보자.

우울증으로 인한 문제와 범죄

요즘 신문이나 TV를 보면 공공장소에서 유독 여성들의 갑질 보도가 끊이질 않는다. 얼마 전 대한한공 조양호 회장의 부인인 이씨가 운전사에게 막말을 하고 폭행을 일삼아 연일 입방아에 오르내린 적이 있었다. 회사 내 공식적인 직함도 역할도 없던 그녀가 직원들을 자신의 몸종 부리듯 굴렸는가 하면, 욕설과 폭언은 예사고 까딱하면 서류를 뿌리고 물건을 집어던졌다. 자신을 몰라보고 '할머니'라 불렀다고 호텔 용역직원을 해고하거나, 많은 쇼핑객들이 보는 앞에서 백화점 의류매장 직원에게 험구하고 폭행을 가하는 모습이 휴대폰에 고스란히 찍혀 만인의 공분을 샀다. 공교롭게도 그녀가 소위 '땅콩회항'으로 전 세계에 유명인사(?)가 된 조현아 대한항공 부사장의 모친이어서 국민들은 '참 이상한 것까지 부녀가 서로 닮는다.'고 혀를 차기도 했다. 기업 전체 이미지뿐 아니라 시총에도 직접적인 타격을 주는 이런 오너리스크를 어떤 시각에서 봐야할까?

　잊을만하면 끊임없이 되풀이되는 이런 갑질과 행패 이면에는 만성적인 우울증이 뿌리를 내리고 있다고 전문가들은 지적한다. 단순히 개인의 심리적 문제로 치부하기에는 다른 외부요인들이 작용할 수 있겠지만, 필자 역시 공공장소에서 갑질을 하는 여성들은 대개의 경우 우울증에 시달리고 있다고 본다. 정확한 통계가 있는 건 아니지만, 대한민국의 대부분 결혼한 여성은 우울증을 가지고 있을 확률이 높다. 거기에 출산까지 했다면 그 확률은 배가된다. 여성이 우울증에 걸릴 확률이 남성보다 월등히 높다는 연구결과는 이미 나와 있다. 그렇다면 특히 여성에게 우울증이 빈번한 이유는 무엇일까? 상담학적으로 볼 때, 여성은 기본적으로 3일에 한 번씩 감정이 떨어진다. 신변에 아무런 일이 일어나지 않아도 여성은 부정의 감정을 달고 산다. 거기에 한 달에 한 번씩 생리까지 겹치면 부정성은 폭발일로에 치닫는다. 미혼일 때는 그래도 자신에게 관심을 갖고 이기적으로 살 수 있는 최소한의 여건이 있기 때문에 그나마 낫다. 친구들이랑 오랜만에 영화도 보고, 인터넷으로 맛집 찾아다니며 맛있는 것도 먹고, 카페에 모여 한참 수다도 떨고, 그러다 보면 뭉쳤던 가슴이 조금 풀리는 느낌이라도 갖는다. 하지만 결혼을 하면, 모든 생활이 남편 중심, 자녀 중심으로 돌아간다. 우선순위에서 여성 자신은 제일 뒷전으로 밀려나기 일쑤다. 쇼핑몰 가서 만 원짜리 자기 티 하나 사 입기도 빠듯하다. 돈이 없어서가 아니라 마음의 여유가 없다.

세계보건기구(WHO)에서 발표한 연구 보고에 따르면, 우울증은 2004년에 발병한 모든 질환 중 전체 3위에 해당되며, 2010년에는 심장질환에 이어 2위로, 향후 2030년에는 1위가 될 것을 예고하고 있습니다. 여성 4명 중 1명이 심한 우울증을 경험하고 있고, 우울증 환자 5명 중 1명만 제대로 된 치료를 받고 있는 실정입니다. 월경, 임신, 출산, 폐경 등 생식 주기로 볼 때, 우울증 발병, 재발 위험, 자살 시도에 있어 남성보다 여성이 월등히 높고, 더 취약합니다. 게다가 한국은 화병(hwabyung)과 함께 우울증 발병률이 매우 높은 위험군 국가에 속합니다.

문제는 여성 스스로 우울증을 대수롭지 않은 질병으로 인식한다는 데에 있다. 우울함이 일주일에서 보름 이상 지속될 때 이를 병리적 문제로 인식해야 하는데, 보통 중년의 여성들은 자신의 불안한 정서에 너그럽다 못해 무심하기까지 하다. 거기다가 같이 사는 남편이 '내 편'이 아니라 '남 편'이니 어떻겠는가? 이러한 기제를 모르고 살다가 갑자기 욱하면서 과하게 화를 내다가 대한항공 사례처럼 상대로부터 모욕죄에 걸리거나 명예훼손죄에 걸리는 것이다. 우울증으로 진단받은 사람은 그렇지 않은 사람보다 자살이나 자해 같은 범죄를 일으킬 가능성이 훨씬 높다는 연구결과가 있다. 영국 옥스포드대학 페이젤Seena Fazel 교수는 우울증과 범죄의 연관성에 대한 연구를 실시했는데, 2001년부터 2009년까지 우울증 진단을 받은 47,158명을 대조군 약 90만 명과 비교-분석했다. 3년간 추적 관찰한 결과, 우울증 진단을 받은 사람이 대조군에 비해 자해나 자살, 폭력 범죄 등을 일으킬 위험이 3배나 높게 나타났다. 과거 폭력이나 자해, 약물남용 등의 요인을 조정하더라도 우울증 진단자에서 나타나는 폭력 등 범죄 위험은 여전히 높은 것으로 확인됐다. 결국 우울증은 범죄로 가는 관문인 셈이다.*

우울증은 범죄로 가는 관문이다

2018년 11월 3일, 제주도 애월읍 해변에서 세 살쯤 되보이는 여아의 시체가 발견됐다. 그녀의 엄마도 7일 가까운 곳에서 싸늘한 시신으로 모습을 드러냈다. 경기도에서 싱글맘으로 혼자 딸을 키웠던 33살의 엄마는 우울증으로 세상을 등지는 극단적인 결정을 내렸다. 자신이 묵던 숙소에서 번개탄을 피워 1차 자살 시도가 미수에 그치자, 다음 날 새벽 택시를 잡아타고 바닷가로 직행했다. 추위에

---

* https://www.thelancet.com/journals/lanpsy/article/PIIS2215-0366(14)00128-X/fulltext.

오들오들 떨던 딸아이를 이불로 꼭 싸안고 해변으로 걸어가는 그녀의 뒷모습이 CCTV에 찍혀 보는 이들로 하여금 안타까움을 자아내게 했다. 그녀는 돌아가는 비행기는 예약하지 않은 상태였다. 유네스코에 자연유산으로 등재될 만큼 아름다운 절경을 자랑하는 제주도까지 가서 그녀는 왜 눈에 넣어도 아프지 않을 딸과 함께 자살을 선택할 수밖에 없었을까?

우울증은 침묵의 암살자와 같다. 피부에 베인 상처는 시간이 지나면 아물지만, 가슴에 생긴 상처는 시간이 지날수록 더 곪아갈 뿐이다. 우울증은 남을 괴롭히는 다른 범죄와 달리 자신을 자학하고 파멸로 몰아넣는 가장 위험한 정신질환이다. 행복은 다층적이다. 몸의 행복은 만족, 마음의 행복은 감정, 존재의 행복은 자아실현, 이 모든 것이 합쳐져서 심리의 행복이 온다. 이 중에서 한 가지만 없어도 궁극적으로 인간은 행복하지 않다. 배의 만족은 일시적이지만, 마음의 만족은 지속적이다. 배가 고프면 빵을 먹으면 되지만, 다시 배고파진다. 인간은 남에게 사랑과 존중을 많이 받아야 행복하다. 인간관계를 잘 못하는 이들이 사람에 대한 상처와 소외감이 생겨서 범죄의 행태로 나타나는 것이 바로 이런 연유에서다.

소외감으로 인한 문제와 범죄

세계에서 가장 부유한 여성이었지만, 쓸쓸한 여생을 살았던 불행의 아이콘, 셀 수 없는 재산을 가졌으나 동네 보건소를 전전하며 무료 급식소에 매일같이 식판을 들고 줄을 서서 밥을 먹다가 '세계 최고의 구두쇠'로 기네스북에까지 오른 여자, 카네기나 록펠러보다 많은 재산을 모았으나 말년에 영양실조로 죽었던 불행한 여자, 헤티 그린Hetty Howland Green의 삶을 보면 인간의 소외가 얼마나 한 인생을 갉아먹는지 알게 된다. 높은 곳에서 떨어져 다리를 심하게 다친 아들의 병원비를 아끼려다 그만 적절한 치료시기를 놓쳐 평생 불구로 살게 했고, 자신의 재산에 눈독을 들인다는 망상으로 인해 남편과 자녀들에게 등을 돌리고 죽을 때까지 혼자 외롭게 지냈다. '월스트리트의 마녀'라는 별명답게 철도 주식, 정부 채권, 담보 대출 등에 투자하여 거부가 되었지만, 그녀는 언제나 검은 과부옷과 강아지 한 마리를 품에 안고 동네를 돌아다녔다.

인간관계가 잘 안 돼서 생기는 문제, 인간의 심리를 잘 알지 못해서 일어나는 문제는 그 당사자를 소외시킨다. 불륜이나 외도 역시 인간관계의 기본이 없기 때문에 일어나는 문제다. 그렇다면 혼자 개를 키우며 독신으로 사는 게 능사일까? 개는 주인에게 절대적인 헌신을 하기 때문에 편하지만 사람은 개보다 훨씬 복잡한 심리

구조를 갖고 있어 쉽지 않다. 얼마 전 TV 프로그램에서 은퇴한 여배우가 자신의 집에서 80여 마리의 개를 키우는 현장을 보도한 적이 있었다. 그 많은 개들이 두 개의 컨테이너에 나뉘어 아무런 케어도 받지 못한 채 한데 엉켜서 살아가는 모습은 보기만 해도 끔찍했다. 주변에 아무렇게나 쌓인 배설물과 토사물로 악취가 진동했고, 상당수의 개들이 온 몸에 피부병이 나서 긁고 서로 핥고 정말 난리가 아니었다. 혼자 살아가는 여주인은 한 눈에도 개들의 환경을 깨끗하게 관리하고 제대로 먹이를 줄만한 여력이 없어 보였다. 전형적인 애니멀 호더animal hoarder였다. "몸도 성치 않아 보이시는데 왜 이렇게 많은 개들을 키우느냐?"는 PD의 질문에 그녀는 이렇게 답했다. "사람은 제게 상처를 주지만 얘네는 언제나 사랑을 주잖아요. 전 죽을 때까지 얘들과 함께 살 거예요."

참 죄송스런 이야기지만, 이런 분들은 개를 절대 키워선 안 된다. 엄밀히 말해서, 이건 양육이 아니라 학대다. 자기 마음 편하자고 개들을 지옥과 같은 환경에 방치해두고 있는 매우 이기적인 행동이며, 작년 9월부터는 아예 정부가 2,000만 원 이하의 벌금이나 2년 이하의 징역에 처할 수 있는 범죄로 규정되었다. 개는 단선적이지만 인간은 다층적이다. 개의 행동은 예측가능하기 때문에 사람에 비해 관계를 맺기에 훨씬 편하다. 그러나 이런 표현이 좀 이상하지만, 개에 중독되면 사람과 관계를 맺기 더 어려워진다. 개도 사람에게 길들여지지만, 사람도 개에게 길들여진다. 필자의 경험에 의하면, 독거하면서 개를 키우는 이들은 마치 개처럼 사람과도 일방적인 인간관계를 가지려고 시도하는 경우가 많다. 그러다보면 사람에게서 더 상처를 받게 되고, 그러면 더 개에게 집착하게 되고, 그러면 사람은 더 힘들어지는 악순환의 무한루프에 빠지게 된다. 개는 위로를 줄수 있어도 근본적인 해결책을 제시해주지 못한다. 인간에겐 개가 아니라 다른 인간이 필요하다! 필자는 대인관계에 자신이 없는 사람들, 이로 인해 일정한 사회적 문제를 안고 있는 내담자들에게 아예 반려견을 키우지 말라고 조언한다.*

개보다 사람을 만나야 치유가 일어난다

앞서 언급된 버지니아공대 총기사건 역시 조승희가 평소 겪었던 **소외감**이 낳은 비극이었다. 과거 또래 여학생들만 골라 둔기로 폭행한 춘천의 한 남고생의 범행도 평소 소외감이 낳은 여성혐오에서 비롯된 것이다. 고등학교 2학년이던 S군(18세)은 2013년 3월 26일

---

* 물론 정서적으로 반려견이 필요한 사람들이 있다. 일정한 범위 내에서 반려동물로 인해 우울증이 호전되는 사례도 보고되고 있다. 하지만 자신이 정말 개를 사랑하는지, 아니면 개가 인간관계를 대리하고 있는지 스스로 판단해볼 것을 권하고 싶다.

밤 귀가하던 여고생의 목덜미를 아무 이유 없이 내리쳤다. 그게 끝이 아니었다. 같은 해 5월 16일에는 길을 가던 다른 여중생의 뒤를 따라가 들고 있던 철근으로 머리를 타격했다. 경찰 조사에서 S군은 평소 사회에 잘 적응하지 못하고 가정에서도 여러 가지 스트레스를 받고 있었던 것으로 확인됐다. 당시 S군의 친모는 집을 가출한 상태였고, 할머니가 대신 그를 부양하고 있었다. 평소 내성적이었던 S군은 학교나 학원에서 친구를 제대로 사귀지 못했고 언제나 사람 주변을 겉돌았다. 어디에나 끼지 못하는 외로움과 소외감이 그의 마음속에 염세적 혐오주의를 심어주었다. 사건 당일에도 늦은 귀가를 두고 할머니가 꾸중하면서 가출한 엄마에 대한 욕을 하자, S군은 분노를 참지 못하고 길로 뛰쳐나가 이렇게 묻지마 범죄를 저지른 것이었다.

불안장애로 인한 문제와 범죄

알랭 드 보통은 "우리가 현재의 모습이 아닌 다른 모습일 수도 있다는 느낌—우리가 동등하다고 여기는 사람들이 우리보다 나은 모습을 보일 때 받는 그 느낌—이야말로 불안과 울화의 원천"이라고 말한다.* 이어 보통은 불안이 생기는 원인을 총 다섯 가지로 분류

---

* 『불안(은행나무)』, 정영목 역, 57.

하는데, 사랑 결핍, 속물근성, 기대, 능력주의, 불확실성이 그것들이다. 불안장애는 결코 단순한 질병이 아니다. 우리가 흔히 중요한 일을 앞에 두고 느끼는 불안감과 장애는 엄연히 다르다. 마음에 일어나는 불안을 잘 조절해야 건강한 사회생활을 영위할 수 있다. 불안이 일정 기간 지속되면 정서적 장애로 깊어지는데, 불안장애는 근본적으로 억압에서 온다. 불안장애가 깊어지면 나중에 공황장애로 발전할 수도 있기 때문에 각별한 주의를 요한다. 불안장애는 심인心因적 질병을 유발하고, 콩팥이나 간 등 장기를 훼손시킨다. 대뇌에 세로토닌이나 글루타메이트 등의 신경전달물질이 제대로 기능을 하지 못하면서 여러 가지 문제를 일으키는데, 어떤 보고서에 따르면, 독사가 뿜어내는 맹독의 10배 이상 강한 독성을 가진 스트레스 호르몬이 몸에서 분비되어 장기를 다 녹인다고 한다. 불안장애가 오래 지속될 경우, 우울증, 약물중독, 알코올중독, 수면장애 등 다른 정신과적 질환을 야기할 수 있기 때문에 조기에 발견하여 적절한 치료를 받는 게 매우 중요하다. 그래서『성서』에서도 "마음의 즐거움은 좋은 약이 되어도 마음의 근심은 뼈를 마르게 한다."는 말이 있지 않은가?*

---

* 「잠언」, 17장 22절.

여자들은 미래에 대한 불안과 현실에 대한 불만이 겹쳐질 때 불안장애를 호소하는 경우가 많다. 불안하다고 말하면 남편은 "그냥 참아!"라고 말한다. 이것만큼 고역이 없다. 멀쩡하게 살다가도 정서적 스킨십이 없으면 과거에 부모가 자신에게 잘못했던 것, 배우자가 잘못했던 것들이 독버섯 자라듯이 생각난다. 아내들이 설거지하다가 식기를 집어던지는 건 그런 과거의 상처들이 떠오르기 때문이다. 정서의 스킨십은 언어로, 대화로 이루어진다. 그래서 독일의 실존주의 철학자 하이데거는 "언어는 존재의 집"이라고 말했다. 대화 없이 사는 부부는 존재의 집이 없는 노숙자들이나 마찬가지다. 불안장애는 어떤 범죄로 이어지게 될까? 한번은 부족할 게 없는 부잣집 아들이 좀도둑질을 하고, 지나가는 여자의 치마를 들어올리는 추행을 저지르는 경우가 있었다. 상담을 진행해 보니, 그는 아무런 이유 없이 불안하고 늘 안정이 되지 않았다고 한다.

대화 없이 사는 사람은 정서적 노숙자와 같다

불안장애는 인간관계의 단절과 분리불안에서 오기도 한다. 얼마 전 부산에서 발생한 일가족 피살사건 역시 극단적인 불안장애로 빚어진 참극이었다. 1년 교제하던 조씨(33세)에게서 이별을 통보받은 신씨(32세)가 56가지 범행 도구가 담긴 가방을 들고 조씨의 자택으로 들어가 조씨뿐 아니라 그녀의 아버지와 어머니, 할머니까지 모두 살해하고 자살한 것이다. 신씨는 과거 정신병력이나 전과도 전혀 없는 지극히 평범한 남성이었다. 그가 그런 참혹한 살인을 저지를 수밖에 없었던 이유는 무엇이었을까? 그는 조씨의 집에 들락날락 하면서 책임감 있는 남자의 모습을 보여주었고, 그런 신씨를 평소 조씨의 부모는 지인들에게 사위로 소개할 정도로 애정을 갖고 있었다고 한다. 그런데 갑자기 상대에게서 받은 이별 통보는 신씨에게 존재적 불안을 가져오기에 충분했다. 주변 인물들은 신씨가 조씨와 헤어지고 나서 삶을 비관할 정도로 상당히 힘들어했다고 전한다. 결국 그의 불안은 그를 벼랑 끝으로 몰고 말았다. 물론 미연에 방지할 수도 있었던 참극이었다. 사건이 있기 얼마 전, 범죄를 예고하기라도 하듯 신씨가 피해자 조씨가 키우던 반려견을 죽이는가 하면, 다툼 끝에 조씨를 폭행하기도 했다. 이렇게 범죄신호란 어떤 범죄사건이 일어나기 전 일어나는 징후들을 말한다. 무턱대고 피할 게 아니라 범죄신호를 잘 파악해서 보다 능동적으로 대처했더라면 어땠을까 하는 아쉬움이 남는 대목이다. 한편 통계에 따르면, 2017년 한 해 동안 이별에 앙심을 품고 상대에게 보복범죄를 일으켜 희생된 인원이 85명이나 되었다고 한다.

분리불안(separation anxiety)은 보통 유아기 때 엄마와 분리되는 것에 불안을 느껴 아이가 잠시도 떨어지지 않으려고 하는 심리를 말합니다. 분리불안은 생후 7~8개월경에 시작해 14~15개월에 가장 강해지고 3세까지 지속됩니다. 때에 따라서는 청소년기와 성인기까지 이런 불안증세가 이어지기도 하며 심하면 사회생활에 큰 불편감을 초래할 수도 있습니다. 특히 애인이나 배우자 같이 애착 대상과의 분리에 과도한 불안을 느끼는 경우, 상대를 억압하거나 구속, 감시하려는 충동으로 발전할 수 있습니다.

강박장애로 인한 문제와 범죄

찰리 채플린의 「모던타임즈(1936)」라는 영화를 보면, 공장 어셈블리 라인에서 나사 조이는 일을 하던 주인공 채플린이 주변의 모든 나사처럼 생긴 물건을 모조리 조이려는 강박장애에 시달리는 장면이 나온다. 심지어 길가는 여성 가슴에 달린 커다란 단추를 보고도 달려드는 모습에서 절로 웃음이 터진다. 그런데 강박장애는 결코 웃을 수 있는 가벼운 질환이 아니다. 세계보건기구가 정한 세계 10대 질환 중 하나인 **강박장애**는 불안장애와 함께 우리 주변에서도 흔히 볼 수 있는 질환의 하나로 전체 인구의 대략 2~3% 정도가 이 장애를 앓고 있다고 보고된다. 우울증과 달리 강박장애는 남녀의 발병 비율이 비슷하다. 증상은 나이와 환경에 따라 다양하게 나타난다. 예를 들면, 액자가 조금만 틀어져 있거나 책의 순서가 바뀌고 위치가 조금이라도 옮겨져 있으면 참을 수 없는 분노를 느낀다거나, 횡단보도를 건널 때 꼭 하얀 선만 밟으려고 신경을 쓰는 경우가 이에 해당한다. 아니면 버스나 지하철에서 누가 잡았는지 모르는 손잡이를 절대 맨손으로 잡으려고 하지 않거나, 공공화장실 변기에 앉아서 볼일을 보는 게 영 찝찝해서 참을 수가 없는 결벽증도 이러한 강박장애에 속한다. 또한 외출을 하기만 하면 꼭 '가스불은 껐는지, 창문은 다 잠갔는지' 걱정이 돼서 도저히 일이 손에 잡히지 않는 불안증 역시 강박증의 하나다. 좁게는 질병 수준의 강박에서 넓게는 운동선수들의 반복적 루틴에 이르기까지 방식과 형태가 다양한 편이다. 아직까지 강박장애를 유발하는 원인은 구체적으로 알려지지 않았으나, 학계에서는 뇌에서 분비되는 세로토닌이라는 신경전달물질이 저하되는 현상과 깊은 관련이 있는 것으로 파악하고 있다.

TV 프로그램 중에 「순간 포착 세상에 이런 일이」라는 방송이 있다. 거기에 쓰레기집에서 사는 한 할아버지와 할머니의 기가 막힌 사연이 나온 적이 있다. 얼마나 잡동사니가 쌓였는지 천정까지 고물들로 가득 찬 나머지 마당에까지 넘쳐 거대한 '쓰레기산'을 이루었던 것. 광주 시내에서 17년째 살아가는 할아버지(75세)는 남들이 버린 물건을 주워 집으로 가져오고 있다. 노부부의 장성한 아들이 무려 1년 동안이나 사회생활 없이 집안 쓰레기에 갇혀 집 밖으로 나오지 못하는데도, 할아버지의 강박장애는 날로 나빠졌다. 쓰레기에서 나는 악취와 벌레, 먼지로 끊임없이 민원이 제기되었고, 보다 못한 이웃들의 신고로 쓰레기가 처리됐다. 마지막까지 자신이 모은 쓰레기를 버리지 말라고 절규하는 할아버지의 모습에서 안타까움마저 들었다. 할아버지가 그렇게 물건을 쌓아두고 사는 이유는 무언가 하나라도 버리지 못하는 강박장애가 있었기 때문이다. 「긴급출동 SOS 24」라는 프로그램에서도 이와 비슷한 사례가 나왔는데, 남편의 외도로 편집증에 걸린 아주머니가 길거리에서 고물을 주워서 집에 쌓아 놓는 일이 방송을 탔다. 악취와 미관상 문제로 이웃들이 민원을 제기하자 지자체가 나섰다. 전문의사의 진단 결과 중증 편집증으로 판명되었고, 청소 용역업체의 도움으로 청소차 10대 분량의 쓰레기를 치우고 나서야 문제가 일단락되었다. 그녀 역시 인간관계에서 얻은 마음의 상처가 제대로 치유되지 않은 채 사물에 집착하는 강박으로 정서적 문제가 진행된 케이스였다.

인간의 심리의 공식을 모르기 때문에 문제를 해결하려고 노력할 때 반복적으로 강박이 만들어진다. 심리의 흐름을 모르고 멋대로 문제를 해결하려고 할 때 강박장애가 오고 범죄로 이어진다. 고등학생 K군(17세) 역시 방에서 책을 펴놓고 두세 시간 앉아 있어도 한 글자도 머리에 들어오지 않는 강박장애로 고생하고 있었다. 어머니 손에 이끌려 필자를 찾아와 상담을 해보니 불안장애와 강박장애가 함께 왔는데, 모든 문제의 근원에 어머니의 강압적인 양육방식이 들어 있었다. 자신을 감시하기 위해 하루에도 여러 번 방문을 열고 조금이라도 자세가 흐트러져 있으면 눈에 쌍심지를 켜는 어머니에 대한 분노가 강박장애를 일으킨 것이었다. 아들이 계속 마르고, 이유 없이 불안해하며, 공부에 통 집중을 하지 못하자, 어머니는 상담소까지 아들을 데리고 왔다. 필자가 처음 보았을 때 K군은 자신의 한쪽 머리를 지속적으로 뽑아 원형탈모증이 진행 중이었으며, 양쪽 손톱 주변을 하도 물고 뜯어서 여러 군데 상처가 나 있었다. 공부를 자발적으로 하고 자기 주도가 가능한 학생들은 하나를 깨치면 열을 안다. K군 역시 어머니와 주변의 인정을 받기 위해 공부를 열심히 했다고 한다. 물론 과정이 굉장히 힘들었을 게 분명하다. 공부가 재미있고 즐거워서 하는 게 아니라 해야 한다는 생각 때문에 이뤄지면서 결국 그에게 강박이 찾아왔다. 나중에는 잠도 안 오고 수면장애, 불안장애가 겹쳐 오게 됐다. 아무것도 하고 있지 않으면 가슴이 두근거리고 불안해서 견딜 수 없었다. 그렇다고 그런 정서적 상태에서 책상에 앉아 공부가 잘 될 리가 없었다. 급기야 모의고사 시험 문제를 훔칠 계획까지 세우게 됐다고 털어났다. K군의 어머니는 옆에서 아들의 고민을 들으면서 펑펑 울었다. "아들이 저 때문에 이렇게 힘들어하는 줄 몰랐어요."

공황장애로 인한 문제와 범죄

공황장애는 자아가 무의식적인 충동을 제대로 억압하지 못했을 때 생기는 심리적 갈등상태로 1950년대 중반까지 학계에서 보통 노이로제라는 용어로 통용됐다. 1980년대 다양한 분석도구들이 확립되면서 공황장애라는 독자적인 명칭이 대중화되었는데, 최근 개그맨 김구라가 개인적으로 공황장애를 안고 있고 약물 치료와 함께 상담을 받고 있다고 고백하여 세간에 화제가 된 적이 있었다. 같은 개그맨으로 TV와 라디오에서 활발하게 활동하던 컬투의 정찬우 역시 공황장애로 모든 연예활동을 접었다. 그는 마지막 인사에서 "그간 여러분들을 웃기는데 저 스스로 벅차고 힘들었다."고 고백하여 주변을 안타깝게 했다. 보통 공황장애의 증상은 갑작스러운 공포가 밀려오면서 강렬한 불안감이 지배하고 '곧 질식해서 죽을 것 같다.' 또는 '심장마비가 올 것 같다.'는 느낌이 다가온다. 특정한 사건의 기억이나 장소, 분위기, 사람에 대한 공포감이 지속되면서 이를 적극적으로 회피하려는 행동을 보인다. 사람을 피하는 **대인기피**나 사람들이 많은 곳을 안 나가려는 **광장공포증** 따위가 공황장애의 증상으로 따라온다. 공황장애의 원인은 생물학적으로 자율신경계의 이상으로 과호흡이 일어나면서 발생하는 여러 신체상의 이상현상으로 보는 게 지배적이고, 더불어 정신분석적 관점과 인지행동적 관점에서 바라보는 원인들도 학계에서 지지를 받고 있다.

공황장애(panic disorder)는 심한 불안 발작과 이에 동반되는 다양한 신체 증상들이 아무런 예고 없이 갑작스럽게 발생하는 불안장애의 하나입니다. 공황장애를 가장 먼저 주의 깊게 관찰한 사람은 1871년 미국 군의관 다코스타(Jacob Mendes DaCosta)였습니다. 그는 남북전쟁에 참전한 병사들 중 갑자기 가슴이 뛰고 심장 부위의 통증과 호흡 곤란 등을 느끼는 환자들을 보고 공황장애의 기본 증상들을 기록으로 남겼습니다. 이후 공황장애는 일반적인 불안 증상과 같이 취급되고 치료되어오다가 도널드 클라인(Donald Klein)에 의해 만성적인 불안과 구분되어 치료되기 시작하였습니다.

특히 남성들은 경쟁에서 이겨야 하고 일과 사랑 모두를 성취해야 한다는 강박이 불안감과 공포감을 낳게 하고, 현실에서 그러한 노력들이 원하는 결과를 내지 못할 때 빈번히 공황장애가 오게 된다. 김구라나 정찬우 역시 급박하게 돌아가는 연예인 생활에 허덕이다 공황장애를 갖게 되었을 확률이 높다. 중년의 H씨(40세)도 마찬가지다. 대기업 중역이었던 그는 일상 중에도 여러 번 공황장애로 아찔했던 순간이 여러 번 있었다. 운전을 하고 가다가도 가슴이 너무 답답해서 맞은편에서 달려오는 차를 그냥 받아버리고 싶은 충동에 시달렸다. H를 상담해 보니, 아내와의 문제가 심각한 수준이었다. 생활 속에서 너무나 다른 환경에서 자란 아내를 대하기 힘들어했고, 그렇게 모든 면에서 아내를 참고 살다가 주먹으로 벽을 치다가 손가락이 골절된 경우도 있었다고 한다. 매사에 심장이 두근거리고, 집에 가면, 아니 집에 갈 생각만 해도 불안하고, 아내의 짜

중과 잔소리가 너무 숨이 막히는 상황이 지속됐다. 아내가 괴물로 보이기 시작했고, 아내의 웃음소리마저 악마의 킬킬대는 비웃음으로 들려 자다가도 몇 번이고 벌떡 일어났다. 도저히 이대로는 살 수 없다고 판단하여 병원에 가서 모든 검진을 받아 봐도 뚜렷한 병명을 알 수 없었다. 정신과에서 처방해주는 약물도 소용없었다. 약을 먹어도 그때뿐이었고 횟수와 용량을 늘리니 불면증까지 찾아왔다. 3년간 공황장애 약을 먹었지만 아무런 변화를 느끼지 못했다. 결국 견디다 못해 필자의 상담소를 찾았다. H는 필자의 단 한마디로 공황장애를 극복했다. "원래 여자들은 그래요!" 여자의 심리와 남자의 심리를 비교-대조하여 정리 설명해주니 "너무 통쾌하다."며 한 달 반 만에 약물을 완전히 끊고 정상생활로 돌아갔다. 물론 행복한 결혼생활은 덤이었다.

나르시즘으로 인한 문제와 범죄

그리스-로마신화에 나르키소스만큼 극적인 인물이 또 있을까 싶다. 태어날 때부터 자신의 얼굴만 보지 않으면 장수할 수 있다는 신탁을 받았던 미소년, 덕분에 집안의 거울이라는 거울은 모조리 치워버리고 잔영에 비친 모습조차 두려워 어렸을 때부터 어머니 리리오페가 물가에는 아예 데려가지 않았다는 전설의 인물, 그러다 운명의 장난처럼 복수의 여신 네메시스의 저주로 호수에 비친 스스로의 모습을 보고 그만 사랑에 빠져 익사하고 말았다는 비운의 청년. 불행한 결말처럼 그의 이름을 빗대어 **나르시즘/나르시시즘**은 흔히 부정적인 의미의 자기애를 지칭하는 용어로 사용된다.

　원래 자기애는 좋은 것이다. 자신의 심리를 정확히 이해하면 자존감이 올라가고, 오해하면 열등감이 올라간다. 시쳇말로 '열폭(열등감 폭발)'은 왜곡된 자기애의 발로인 경우가 대부분이다. 자신을 정확히 이해하고 그 바탕 위에서 자신을 사랑하면 매력적인 심리, 건강한 심리를 가질 수 있지만, 왜곡된 나르시즘은 정확한 심리 이해를 통해 얻어지는 자기애라고 볼 수 없다. '아, 나는 저 명품백을 들어야 사랑을 받을 수 있어.' '에이, 주변에 이목도 있는데 이정도 차는 타고 다녀야 사람들의 존경을 받을 수 있지.' 이처럼 나르시즘은 자기를 사랑하는 게 아니라 잘못된 세상의 기준, 그릇된 조건을 자신의 결핍에 적용하거나, 잘못된 의미 적용이 일어나서 생기는 정신질환이다. 왕자병이나 공주병 같은 정도는 그나마 애교로 봐줄 수 있겠지만, 허영이 지나쳐 타인에게 피해를 주거나 반사회적 성격을 표출하는 상황이라면 **자기애성성격장애**로 분류될 수 있다.

　영어로 허영심을 '베너티vanity'라고 한다. '텅 비어 있다'는 뜻으로 형용사 '베인vain'에서 파생된 단어다. 의미심장한 것은 그 '베인'이라는 단어가 '헛되다'란 의미를 함께 가지고 있다는 사실이다. 허영심을 좇다보면 결국 헛된 망상에 빠져 패가망신하게 된다. 내 마음 속에 내 자신에 대한 정확한 자기 이해 없이 자신의 결핍을 세상의 가치로 치환하여 만든 게 나르시즘이기 때문에 거기에 만족이 있을 수 없다. 인간관계를 올바르게 인식하고 지속적으로 자기계발을 하지 않은 채, 자신이 설정한 이상적인 모습 주변을 끊임없이 맴도는 심리의 맴놀이에 빠지고 만다. 백화점에서 명품백을 훔치다 걸리거나, 남의 외제차를 훔쳐서 몰고 다니거나, 금방 들통 날 거짓말을 천연덕스럽게 하고 다니는 **허언증** 따위가 여기에 해당한다.

> 자기애성격장애(narcissistic personality disorder)는 1898년 심리학자 엘리스(A. Ellis)가 나르키소스 신화를 심리학적 문헌에 처음 인용하면서 개념화되었습니다. 자신에 대한 과장된 평가, 인정받고 싶은 욕구, 다른 사람에 대한 공감의 결여를 특징으로 하는 인격장애로 사회학적, 정신역동적, 대인관계적 요인으로 발생한다고 알려져 있습니다. 내면보다는 외모에 더 관심이 있고, 진실된 친구를 사귀기보다는 유명인이나 멋진 사람들과 어울리는 것을 좋아합니다. 때로 우울증이나 다른 정신병으로 발전할 수 있으며, 성적 비행을 일으키기도 합니다.

모 1인방송플랫폼에서 활동하는 여성 BJ에게 1억 원 가량 별풍선을 쏘며 업계에서 '통 큰 이사장'으로 불렸던 L씨(37세)가 그런 경우였다. 2015년 여름부터 특정 BJ에게 L은 한 번에 수백만 원에서 천만 원어치 별풍선을 건네며 일약 젊은 나이에 성공한 벤처사업가이자 상당한 현금을 보유한 재력가로 알려졌다. L의 친구의 말에 따르면, 방송 때마다 종전의 기록을 갈아치우는 별풍선 행진이 계속되자, 도리어 BJ가 적극적으로 L에게 만나자는 쪽지를 보내왔다고 한다. 자신을 일산에 사는 사업가라고 속인 L은 그 BJ와 사석에서 만남을 이어갔고, 이후 둘은 주변 모텔과 공원 등지에서 12차례 성관계를 갖는 사이로 발전했다. 그러나 이 모든 그림은 L이 급조해 낸 허영의 무대장치에 불과했다. L은 일산이 아닌 군산에 살고 있으면서 돈이 떨어질 때마다 가스 배달이나 편의점 알바를 하며 근근이 살아가는, 당시에 변변한 직업조차 없었던 소심한 청년이었다. 그가 거주하던 15평 아파트도 월세였으며, 부모에게 마지막으로 2천만 원을 뜯어갈 때 "호적에서 빼버린다."는 말까지 들을 정도로 대책 없는 삶을 살았다. 그는 현실에서 충족되지 못한 허영의 욕구를 인터넷상에서 해결해왔던 것. 자신이 찍어둔 BJ와 사석에서 만날 때마다 L은 외제차를 렌트하고 명품옷을 사 입는 등 철저하게 자신의 정체를 숨겨왔다. 심지어 L은 그녀에게 명품백이나 각종 귀금속을 선물하기도 했다. 그러나 그의 사업가 행세는 그리 오래 가지 못했다. 금세 돈은 바닥났고 월세와 공과금도 낼 수 없게 되자 피할 수 없는 생활고에 시달리게 되었다.

그쯤에서 멈췄으면 얼마나 좋았을까? 현실은 지옥 같았지만 온라인 세계로 들어가면 자신을 우러러보는 그 관심어린 눈빛은 L에게 마약처럼 끊기 힘든 유혹이었다. 가족과 지인들에게 일 핑계를 대며 융통하고 은행권에서 대출을 받아 5천만 원을 만들었고, 이 돈은 그대로 BJ의 주머니 속으로 들어갔다.* 계속되는 궁핍과 빚 독촉에 시달리던 L은 결국 2016년 5월 17일, 돌이킬 수 없는 극단적인 선택을 한다. 특수절도 혐의로 경찰의 수배를 피해 도주하던 중 그는 스스로 흉기를 가지고 복부를 긋는 자해를 시도해 과다출혈로 숨지고 말았다. 뒤늦게 경찰은 현관문을 강제로 따고 피를 흘리며 엎드려 신음하던 L을 급히 병원으로 옮겼지만 그는 결국 돌아올 수 없는 길을 떠나고 말았다.

왜곡된 성심리로 인한 문제와 범죄

남녀의 성심리의 차이로 일어나는 범죄는 성폭력이나 남성 중심의 성희롱만 해당하는 게 아니다. 세상의 반은 남자고 또 나머지 반은 여자다! 생활 전반에 남녀의 성심리가 얽히지 않는 분야가 없다. 이 문제에서 벗어날 수 있는 남녀는 없다. 간혹 미혼여성들 중에 스스로 감당이 안 되는 사치와 미용, 허영과 오락의 늪에 빠져 인생을 망치는 이들이 있다. 필자가 상담을 실시한 내담자 중에 과도하게

---

* 사건 구성은 L의 입장에서 그의 친구가 검찰에 진술한 내용을 정리한 것으로 당사자 BJ는 이와 상반된 입장을 내세운 것으로 알려졌다.

카드를 긁어 돌려막기를 하다가 신용불량자로 떨어지는 이들은 양반에 속한다고 보면 된다. 지인을 통해 들은 바에 의하면, 그들 중에 심각한 몇몇은 제2금융권도 모자라 살인적인 이율의 급전을 끌어 쓰다 신체포기각서까지 쓰고 속칭 '오피녀'가 되거나 자살로 생을 마감하는 경우도 있다고 한다. S씨(28세)의 경우도 그랬다. 2009년, 고등학교 졸업 후 골프장 캐디로 일하면서 얼굴과 가슴 성형수술 등으로 얻은 대출금 때문에 S는 고민에 빠졌다. 6세 때 집을 나가버린 생불자 아버지를 대신해 할아버지 집에 얹혀살면서 어머니와 정신지체 1급의 여동생을 거두는 가장 노릇을 했던 그녀는 뭐 하나 딱 부러지게 내세울 것 없는 평범한 학창시절을 보냈다. 배운 기술도 지식도 없던 S는 젊어서 자신에게 투자하는 게 남는 것이라는 신조로 몸에 칼을 댔다. 뭔가 돌파구가 필요했다.

'최소 월 600만 원 보장.'
급히 돈이 필요했던 S는 눈에 확 띄는 인터넷 광고를 보고, 2012년 10월 15일 경기도 안양의 유흥가에 발을 들였다. 마음먹고 딱 5년만 하고 깨끗이 털자고 다짐했다. 그녀가 맡은 일은 포주가 오피스텔을 하나 얻어 놓고 시간당 한 차례씩 남성 손님들을 받아 넣어주면 그들과 성관계를 하는 일이었다. 성매매 대금으로 받은 16만 원 중 10만 원은 그녀가 가졌고, 나머지는 오피방 업주가 챙겼다. 업계에서 몸을 굴린 지 얼마 되지도 않아 업주가 그녀에게 지어줬다는 '옥빈'이라는 예명은 삽시간에 입소문이 났다. 소위 강남의 '텐프로급'이라는 평가와 함께 성심성의껏 물고 빨고 해준다는 후기가 한 몫 했다. 예약은 보름씩 밀렸고, 멀리 서울이나 부산에서 고정으로 '초이스' 해서 원정을 오는 손님도 있을 정도였다. 이렇게 2년 7개월간 1,900여 차례 남성들에게 몸을 팔아 번 돈은 2억 원 남짓. 평소 먹고 쓰던 생활비, 자신이 타고 다니는 차와 어머니가 호프집 개업할 때 자본금으로 건넨 돈을 제외하고 악착같이 꼬박꼬박 모아 9,800만 원 가량을 손에 쥘 수 있었다.

그러나 그 대가는 참혹했다. 각종 성병과 여성질환이 그림자처럼 그녀를 따라다녔다. 몸은 천근만근이었고, 마음도 황폐해졌다. 2015년 4월 11일, 몸이 아파 하루를 쉬면서 유흥업소 여성들이 이용하는 인터넷 커뮤니티에 잔액 9,800만 원이 찍힌 입금 전표 인증샷을 올린 게 화근이었다. "드디어 200만 더 모으면 1억 되네요. 오늘은 쉬고 낼부터 일할 건데 너무 행복할 것 같아요. 근데 두렵기도 해요. 목표 1억 더 남았는데, 잘 모을 수 있을지…. 어디다 말할 곳도 없고 여기에나마 올려서 잘 했다고 칭찬받고 싶어요. 업종은 오피예요." 그녀가 평소 같으면 꿈에도 생각하지 않았을 만용을 부렸던 건 몸은 누더기가 되었고 마음은 병들어 고독하고 우울한 상태에서 누군가에게라도 위로를 받고 싶었기 때문이다. 그런 마음을 알아주기라도 하듯, 아래로 "얼마나 힘드셨을지 상상도 안 가네요. 진짜 수고하셨어요. 대단하세요.""꼭 목표 채워서 엄마랑 행복하게 알콩달콩 사세요, 언니." 같은 댓글이 달렸다. "돈 모아서 뭐 하고 싶으세요?"라는 어느 댓글에 "수도권에 엄마랑 같이 살 30평대 빌라가 목표"라고 밝힌 S의 답글에서는 왠지 모를 애잔함까지 느껴진다.

그러나 그녀의 글을 읽고 동일한 정서를 느끼지 못했던 누군가 경찰청에 신고를 했고, 사진을 올리며 미처 중요한 은행 정보들을 가리지 않았던 S는 결국 사이버수사를 통해 덜미가 잡히고 말았다. 2015년 6월, 경찰 조사를 받던 그녀는 성매매 혐의를 시인했다. 뒤늦게 S는 통한의 눈물을 흘리며 자신의 과거를 철저히 반성했다. 어쩌면 그녀의 꿈은 차라리 소박했는지도 모르겠다. 성병에 걸려 피고름을 짜내며 병원 신세를 질 때, 그녀는 풋내기 고등학교 시절로, 가난하고 아무 것도 몰랐지만 가족과 함께 있는 것만으로 한껏 행복했던 그 때로 되돌아가고 싶었을 것이다. '내가 그때 몸에 칼만 대지 않았어도 이 고생은 안 할 텐데.' 하루에도 수십 번 지옥과도 같았던 오피방의 사슬에서 벗어나고 싶었지만, 현금다발의 유혹은 『파우스트』의 메피스토펠레스처럼 그녀의 영혼을 송두리째 가져가고 말았다.

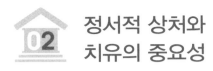

정서적 상처와 치유의 중요성

마음 치유를 하는 방식이 기존에는 통합적으로 이뤄졌는데, 이제는 남녀의 치료방식이 달라야 한다. 흔히 상담에서 운위되는 '공감'이니 '경청'이니 이런 것들은 치유기법이 아니다. 상담자로서 지녀야할 기본적인 자세에 불과하다. 진정 내담자의 마음의 상처를 치유하기 위해서는 기본적인 심리의 차이를 이해하고, 남성의 치료방식과 여성의 치료방식을 구분해야 한다. 범죄를 조사할 때만 봐도 그렇다. 남자 조사관이 여자 피의자를 조사하거나, 여자 조사관이 남자 피의자를 조사할 때, 남녀의 차이를 이해하지 못하는 데에서 피해자들은 2차적인 내상을 입게 된다. 여자 피의자가 아무리 설명해도 남자 조사관은 당시 당사자가 여성으로서 범죄현장에서 느꼈을 심리적 상황을 이해할 수 없다. 서로의 성심리를 투사하며 조서를 꾸미기 때문에 범죄가 성립한 상황에서 이성이 느끼는 감정을 오해하는 경우가 많다. 남자와 여자의 심리 사이에는 건널 수 없는 '불의 강'에 흐르기 때문이다.

그런 의미에서 최근 미투운동의 영향으로 범정부 차원에서 성희롱 · 성폭력근절추진협의회가 구성되어 성폭력문제에 관해 여러 가지 현실적인 대안들이 제시되고 있는 건 환영할만한 일이다. 무엇보다 '남초집단'인 수사기관에서 여성의 비율을 끌어올리는 문제가 중요한 대안으로 거론되고 있다. 여성 성폭력 피해자들을 제대로 돕기 위해서는 사법기관과 수사기관 내 여성 조사관의 비율을 끌어올려 조사 단계부터 여성 피해자들에 대한 감수성을 높여야 한다는 목소리가 꾸준히 제기되어왔다. 이 일을 위해서 우선 경찰대학의 성별쿼터제부터 폐지하고 경찰 조직 내 여성 경찰관의 비율이 최소 25% 이상 차지할 수 있도록 노력해야 한다. 특히 성폭력의 피해자들이 다수가 여성인 점을 감안하면, 다른 범죄분야보다 앞서 성관련 피해 조사를 담당하는 인력은 50% 이상 여성 경찰관이 배치되어 있어야 한다고 본다.

T양(19세)의 경우가 그렇다. 시골 읍내에서 다섯 명의 남성들에게 집단 윤간을 당한 T는 조사를 받는 과정에서 여성으로서 깊은 굴욕감을 맛봐야했다. 남성 조사관이 그녀에게 "당시 남성들에게 '안 된다.'고 적극적으로 저항했느냐?" "피의자들에 따르면 적극적으로 체위를 바꾸어줬다고 하던데 강간당하면서 흥분을 느꼈느냐?"는 식의 상식에도 벗어나고 조사 매뉴얼에도 어긋나는 질문들을 던졌다. 그녀는 당시 조사관이 그런 황당무계한 질문들을 던지면서 자신의 반응을 보고 내심 즐기는 것 같은 느낌마저 들었다고 털어놨다. "그가 일부러 저에게 성적 수치심을 느낄 수 있는 말들을 건넸어요." 결국 T가 자신은 아무 잘못이 없다고 울음을 터뜨리자, 담당 조사관은 "대질심문을 해야겠다!" "속옷은 어디에다 버렸느냐?"며 도리어 그녀를 피의자로 몰아갔다. 결국 T는 피의자들의 가족에 의해 '꽃뱀'으로 몰리는 2차 피해를 당했다.

　　이뿐 아니라 남성 조사관에 의해 쓴 보고서가 여성 피의자가 거짓말을 하고 있다고 진술하는 경우도 심각한 문제를 낳을 수 있다. 보통 남성은 문제를 해결하기 위해 본능적으로 입을 닫아버린다. 반면 여성은 하나하나 꼬치꼬치 설명을 다 한다. 남성 조사관은 여성의 이런 행태를 통해 피의자가 괜히 문제를 확대한다고 오해할 수 있다. 일상에서 쉽게 넘어갈 수 있는 사소한 것들도 끄집어내어

침소봉대를 한다고 윽박지른다. 반면 여성 조사관은 남성의 답변이 퉁명스럽고 뚝뚝 끊어지다보니 무언가 진실을 은폐하고 있다고 착각할 수 있다. 묵비권도 아닌데 단답형으로 대꾸하는 남성 피의자에게서 숨겨진 진실을 찾아내야겠다는 욕구를 불러일으킨다. 이제 반대로 생각해보자. 여성 피의자가 취조실에서 조사를 받을 때 간단하게 진술한다면 남성 조사관은 그 대답을 통해 피의자가 죄를 인정한 것으로 잘못 인식할 수도 있다. 여성은 문제를 해결하기 위해 설명을 제대로 못할 때가 있다. 짧게 말할 때, 남성 조사관이 죄를 인정한 것으로 착각하게 되는 경우다. 이런 점에서 볼 때, 남성 피의자와 여성 피의자를 심문하는 조사관이 각기 성별이 갈리는 구조는 바람직하지 않다.

우리는 앞서 나열된 범죄의 사례를 통해 정서적 상처가 어떠한 범죄로 이어지는지 살펴보았다. 마음에 내재된 상처와 응고된 분노를 적절하게 해결하지 못할 때 언제든지 내면의 어두운 자아는 현실세계로 뛰쳐나와 행패를 부릴 수 있다. 부정적인 자아는 부정적 정서의 싹을 먹고 자라난다. 내면의 부정적인 자아의 존재를 부인하거나 자신의 정서와 무의식의 추동推動을 있는 그대로 응시하지 않으면 그는 언제든지 무뢰한이 되거나 법의 울타리를 넘어 활개를 칠 수 있다. 이제 이러한 정서적 상처를 어떻게 치유할 수 있는지 하나씩 살펴보도록 하자.

어두운 자아는 부정적 정서의 싹을 먹고 자란다

침묵의 암살자, 우울증은 다른 정서적 문제보다 훨씬 심각한 문제를 야기할 수 있다. 한 달 이상 꾸준히 우울감이 지속된다면 당장 상담소를 찾아야 한다. '나는 괜찮겠지.'라는 안일한 생각이 우울증을 더 키우는 경향이 있다. 우울감은 적절한 상담을 통해 많이 호전될 수 있고, 깊은 우울증 역시 상담과 적절한 약물을 병행해서 치료하면 다시 일상에 복귀할 수 있을 정도로 좋아질 수 있다. 필자의 상담소를 찾는 분들 중에 우울증 치료에 부정적인 내담자에게 필자는 종종 이런 비유를 든다. "암이 걸렸다고 생각해 보죠. 암을 제대로 치료하려면 정확한 진단과 함께 발 빠른 처방과 전문적인 치료가 들어가야 합니다. 누가 굼벵이가 좋다더라, 누가 볶은 곡식이 좋다더라, 검증도 안 된 사람들의 민간요법만 믿고 생명을 담보로 치료를 거부하기에는 우리의 인생이 너무 소중하답니다. 암은 수술과 항암 치료가 정답이에요. 마찬가지입니다. 우울증은 마음의 암이에요. 그렇다면 어떻게 우울증을 치료할 수 있을까요? 정답은 이미 나왔지요? 병이 깊어지기 전에 빨리 전문가에게 가는 겁니다. 사회에 빨리 복귀하고 싶지 않으세요? 그렇다면 더욱 안전하고 확실한 치료법을 선택해야 합니다."

소외감이나 공황장애로 고생하는 분들은 대부분 상대와의 관계에서 빚어진 정서의 상처를 내면으로 끌고 들어가 끙끙대는 순둥이들이다. 필자가 상담을 진행해 보면, 보통 심성이 착한 분들이 이런 소외감 내지 공황장애를 갖게 되는 경우가 많다. 이 반대의 경우가 나르시즘이라고 볼 수 있다. 결국 평소 소외감을 느끼는 분들은 자신감을 좀 더 가질 수 있는 방향으로, 관계에서 "너 잘났다."라는 힐난을 종종 듣는 분들은 불필요한 자만감을 좀 줄일 수 있는 방향으로 심리를 교정해야 한다.

소외감이나 공황장애를 어떻게 해결할 수 있을까? 물론 전문가를 찾는 것이 상책이다. 반면 강박장애는 보통 일상에서 여러 가지 중독을 동반하는 경우가 많다. 남성들은 알코올중독이나 도박중독에 빠지는 반면, 여성들은 쇼핑중독 내지 섹스중독에 빠지는 비율이 높다. 남성들의 경우는 성공해야 한다는 강박이나 사회나 직장에서 오는 스트레스로 인한 강박이 가장 많고, 여성들은 사회적인 성공보다는 개인적인 문제에서 오는 강박이 많다. 자신의 강박장애를 간단하게 진단할 수 있는 방법은 무조건 끊는 것이다. 중단 이후에 바로 금단이 오는지 오지 않는지를 놓고 판단해 볼 수 있기 때문이다. 흔히 '콜드 터키cold-turkey'라는 방식인데, 이 자가 진단법으로 자신의 강박지수와 중독지수를 파악할 수 있다.

범죄를 낳는 정서적 문제 중에서 가장 주의해야할 장애가 바로 불안장애다. 불안은 인간이 평소에 종종 느끼는 감정이기 때문에 단순한 불안인지 불안장애인지 판별하기가 쉽지 않다. 불안함을 갖는 양식도 사람마다 다르고, 그 정도 역시 각기 다양하기 때문에 때로 전문가들조차 정확한 진단이 갈리는 경우도 종종 있다. 아이들에게서 종종 발현되는 틱장애나 주의력결핍과잉행동장애ADHD, 아니면 사고를 당한 분들에게서 나타나는 외상후스트레스성장애PTSD 같은 증상도 폭넓은 불안장애에 포함시키는 상담가들이 있는 반면, 조울증이나 양극성장애 같이 이미 불안이 심해져서 하나의 정신질환으로 굳어진 경우만을 불안장애로 정의하는 분들도 있다.

자신의 불안장애를 스스로 인지하는 한 가지 방법은 아침, 점심, 저녁으로 시간을 나누어 스스로 불안도를 점검해보는 것이다. 특정한 상황에 빠졌을 때 불안감이 엄습하는 경우인지, 아니면 시도 때도 없이 불안해지는 경우인지 스스로 판단해 보는 것이 중요한데, 여기에도 일정한 자의식이 포함되어 있기 때문에 가장 좋은 방법은 역시 하루라도 빨리 전문가를 찾는 것이다. 스스로 해결해

보겠다고 술이나 드링크, 기타 검증되지 않은 약물을 복용하는 건 도리어 불안장애를 키울 수 있으니 주의하자. 마지막 왜곡된 성적 인식으로 인한 문제는 6장에서 자세하게 다루었으니 이를 참고하면 된다. 이제 다음 장에서 본격적으로 내면에 숨겨진 자아의 어두운 면면을 하나씩 파헤쳐보자.

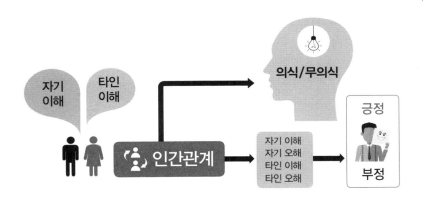

인간은 몸과 마음을 갖고 태어나 동물과 달리 생존을 위해 인간관계를 맺고 살아갑
니다. 뇌가 발달하고 마음과 심리도 발달하면서 인간관계는 곧 생존의 기반이자 핵
심입니다. 인간관계의 단절과 소외, 위협은 곧 존재 자체의 위협이기도 합니다. 남자
와 여자는 몸의 구조가 음과 양처럼 반대로 되어 있듯 정서도 반대로 발달하는 경향
이 많습니다. 때문에 남자와 여자는 서로를 끊임없이 원하면서도 가장 많은 상처를
주고받는 관계를 거치게 됩니다. 좋은 관계를 맺으면 행복을 느끼지만, 그렇지 못하
면 그 어떤 인간관계보다 더 많은 오류와 오해, 상처가 빚어지고 성폭행, 성희롱, 치
정사건이 일어나게 됩니다. 행복한 삶을 살기 위해서는 무엇보다 남자와 여자의 서
로 다른 심리를 알고 살아가는 게 매우 중요합니다. 인간이 모두 평등하다고 해서
몸의 구조와 심리까지 모두 같은 건 아닙니다. 건강한 인간관계를 통해서 함께 행복
하게 살기 위해서는 자기 자신에 대한 심리와 상대의 심리를 정확하게 이해해야 합
니다. 세상의 모든 범죄는 관계 속에서 발생하기 때문입니다. 범죄는 서로 이해하고
배려해서 생기는 게 아니라 좋은 것이든 나쁜 것이든 상대의 입장을 고려하지 않고
일방적인 인간관계를 했거나 상대의 무의식적 말과 행동에 대해 오해할 때 발생하는
게 대부분입니다. 사람의 심리를 알고 건강한 인간관계를 유지해 나갈 수 있는 방법
만 알아도 일탈과 범죄로부터 자신을 보호할 수 있고 나아가 피해자가 가해자가 되
고, 가해자가 피해자가 되는 일도 막을 수 있으며, 억울함을 호소하며 스스로 목숨을
끊는 불행한 일도 막을 수 있습니다.

❖ 프란시스코 드 고야(Francisco de Goya, 1746~1828)의 「아들을 잡아먹는 사르투누스(Saturn Devouring His Son, 1821)」. 「검은 그림(pinturas negras)」 연작. 스페인 마드리드 프라도 박물관 소장.

chapter 4

무섭게 돌변하는 무의식의 공포

제어불능으로 치닫는 범죄의 증식

처벌은 범죄예방을 위해 입법자가 손에 들고 있는
마지막이면서도 가장 효과적이지 않은 도구다.

―존 러스킨―

가까운 나라 일본에서 250만 부나 팔린 로맨스소설 『너의 췌장을 먹고 싶어』가 우리나라에서도 베스트셀러로 잘 팔린다고 한다. 읽어보진 않았지만, 얼마 전 우연한 기회에 책 제목을 듣는 순간 등골에 식은땀이 흐르며 오싹함을 느꼈다. 실지로 배를 가르고 장기를 꺼내 췌장을 먹는 행위와 아무런 상관이 없을 그 소설 제목이 오랫동안 범죄를 전문적으로 연구하고 상담해온 필자로 하여금 1981년 6월 11일 프랑스 소르본에서 일어났던 끔찍한 식인사건을 떠오르게 만들었기 때문이다. 당시 몸무게가

40kg도 채 나가지 않던 왜소한 체구의 일본인 청년 이세이佐川一政는 같은 대학원에 다니던 네덜란드 여학생 하르테벨트Renée Hartevelt를 자신의 방으로 유인하여 권총으로 살해했다. 둘은 열렬한 문학 지망생으로 사건 당일에도 함께 독일시를 낭송하기 위해 이세이의 자취방에 모였던 터였다. 이세이는 언제부턴가 같은 학교에서 문학 수업을 듣는 네덜란드 유학생 하르테벨트를—비유적으로, 혹은 은유적으로가 아닌—문자 그대로 '먹고 싶다'는 열망에 사로잡혔다. "나의 열망은 컸다. 나는 그녀를 너무나도 먹고 싶었다. 내가 그렇게 한다면, 그녀는 영원히 나의 일부가 될 것이다. 오로지 이 소망뿐이었다." 이 모든 정황은 1987년 그가 일본에서 발표한 논픽션소설『안개 속霧の中』에 고스란히 묘사되어 있다.

하르테벨트가 자신의 방 중앙에 놓인 쇼파에 앉아 독일시를 낭랑하게 읊고 있을 때, 이세이는 미리 준비해둔 총으로 머리를 정조준하여 방아쇠를 격발했고, 그녀는 뜨거운 피를 콸콸 쏟으며 그대로 고꾸라졌다. 마치 소고기를 부위마다 해체하여 발골하는 도살업자처럼 이세이는 매우 침착한 자세로 그녀의 사지를 천천히 잘랐고, 각종 부위를 자신의 앞에 늘어놓았다. 그리고 그는 식인종처럼, 아니 미슐랭 가이드 별점을 매기는 미식가처럼, 각종 부위를 조금씩 직접 맛보았다.* 복부에서 떼어낸 살점은 신선한 참치 살을 먹는 것과 같았고, 기름진 엉덩잇살은 소금과 머스터드소스로 양념하여 먹었다. 두툼한 가슴은 오븐에 구웠고, 갈빗살은 인내심을 갖고 하나씩 발라 먹었다. 남은 시체를 옆에 뉘어 놓고 시간屍姦했으며, 같이 드러누워 잠을 자기도 했다. 다음 날 그는 해부한 시체 일부를 사진 찍고 냉장고에 보관하기도 했는데, 경찰이 들이닥쳤을 때, 냉장고에서 피해자의 입술과 가슴 한 쪽이 발견되기도 했다. 프랑스를 발칵 뒤집어놓은 엽기적인 살인사건이 이렇게 세상에 알려지게 되었다.

사건이 발생한지 4일 뒤, 이세이는 즉각 체포되었다. 그는 프랑스의 한 정신병동에 감금되었고, 세 명의 심리학자가 그의 정신상태를 면밀히 검사했다. 정신감정 결과, 돌이킬 수 없는 치명적인 정신이상자로 판명된 이세이는 1급 살인죄로 복역하게 된다. 이후 프랑스 정부는 그를 일본으로 강제 이송했고, 아이러니하게도 본국으로 돌아온 이세이는 그가 벌였던 자극적이고 기이한 행적과 현대판 식인종에 대한 세간의 관심으로 일약 유명인사가 되었다. 일본인 특유의 추리물을 좋아하는 말초적인 본성에 가학적인 성향의 관음심리가 뒤섞여 일본 사회는 그를 미식가로, 작가로, 방송진행자

---

* 실지로 이세이는 나중에 일본으로 추방되어 미식가로 활동하기도 했다.

로 추어올렸다. 놀랍게도 그를 관대하게 용인해준 일본 사회 저변에 깔려 있는 괴악한 심리를 필자로서는 파악하기 힘들다. 어쨌든 이후 그는 아무런 전과 없이 무죄로 풀려나 일반인으로 사회활동을 재개했고, 지금도 최근까지 그림집을 내면서 작가로 활발하게 활보하고 있다. 이세이는 과연 어떤 연유로 이런 묻지마 살인을 저질렀을까?

01 누적된 정서적
문제의 위험성

이러한 심각한 정서적 문제는 병리적인 것으로 대부분 인간관계에서 온다. 보통 정서적 문제라 하면 욕구불만으로 간주하는 경우가 많은데, 정서적 문제는 욕구불만과 근본적으로 다르다. 물론 1차적인 생래적 욕구를 충족하지 못할 때 인간이든 동물이든 욕구불만을 갖게 된다. 문제는 인간은 동물과 달리 1차적인 욕구도 매우 복잡한 구조를 가지고 있으며, 동시에 다른 욕구와 연결되어 있다는 점이다. 동물은 이른바 먹고 자고 싸는 기초적인 욕구만 충족하면 사는데 아무런 문제가 없지만, 인간은 선천적으로 다른 인간과 관계를 맺고 함께 살아가야하는 사회적인 욕구가 여기에 덧붙어 있다. 쥐스킨트의 소설에 등장하는 좀머 씨처럼, 자발적 자기 유폐를 선택하는 매우 극단적인 예외를 제외하고 대부분의 평균적인 사람들은 사회적 관계를 욕망한다. 바로 이 사회적 관계에서 발생하는 여러 문제들이 정서적 문제를 잉태하고, 그 정서적 문제가 다른 극단적인 범죄 형태로 표출된다. 이세이 인육사건 역시 이와 같은 궤적을 그리고 있다고 보면 된다.

　　나중에 밝혀진 사실이지만, 사건이 발생하게 된 결정적인 계기도 연인관계로 나아가자는 그의 제안을 하르테벨트가 거절하면서 비롯된 것이었다. 한 남자의 왜곡된 성심리가 상대의 살점까지 뜯어먹는 처참한 비극을 낳게 했다. 섹스라는 행위는 1차적인 인간관계에서 단 둘만 하는 것이다. 다른 모든 인간관계는 다수가 개입될 수 있다. 반면 성은 가장 은밀하고 가장 가까운 사이가 할 수 있는 유일한 일이다. 남자들 같은 경우, 스트레스를 몸으로 푼다. 운동을 통해 정서적 문제를 해결하려고 한다. 섹스는 남자에게 가장 격렬한 운동의 하나다. 따라서 남자들이 정서적 불안이 오거나, 성취욕, 혹은 긍정 감정을 끌어낼 수 없을 때, 발기부전이 오게 된다. 섹스와 정서적 만족 사이에 길항관계가 있다. 올바르게 해소될 때 문제의 소지가 없지만, 응축된 불만으로 표출될 때 상대 여성을 무너뜨리고 싶은 왜곡된 목표가 생기면서 결국 성폭력까지 저지르게 된다. 왜곡된 정서가 폭력으로까지 이어지는 것이다.

남자는 몸으로 풀고 여자는 마음으로 푼다

P씨(40대)가 그런 경우였다. 그는 잘 나가는 경찰 간부였다. 조직 내에서 두터운 신임을 받고 있었고, 주변에서 꽤나 인정받는 공직자였다. 하지만 완벽할 것 같은 그에게도 차마 말 못할 개인적 문제가 있었는데, 평소 아내와 부부관계가 잘 되지 않았다. 여기에는 직업경찰이었던 P의 불규칙적인 업무 환경도 한몫했다. 예고 없는 야근과 특근이 이어졌고, 일의 강도도 만만치 않아 퇴근하면 P는 파김치가 되어 곯아떨어지기 일쑤였다. 둘 사이에 딸이 태어나면서, 그나마 가물에 콩 나듯 띄엄띄엄 가졌던 관계마저 단절됐다. 아내는 귀가한 P에게 틈만 나면 짜증을 냈다. 짜증의 주제는 육아나 살림을 비롯해 일상의 불만이었지만, 일단 둘 사이에 싸움으로 번지면 언제나 깨고 부수는 일이 잦아졌다. 이런 부부문제를 P는 처음부터 적극적으로 해결하려고 노력했다. 나름 젊은 부부였는데, 관계가 안 되다 보니 삶의 만족이 없었고 자주 다투게 되더라는 거였다. 그런 마음을 아는지 모르는지, 아내는 남편에게 마음을 닫으며 몸을 허락하지 않았고, 둘의 관계는 임계점이 올 때까지 악화됐다. P와 같은 섹스리스 부부는 항상 외도의 위험을 가지고 있다. 집

에만 있는 아내보다는 사회활동을 하는 남편이 이 위험에 노출될 확률이 수십 배 높다고 보면 된다.

어느 날 P는 공원을 지나가는 한 여학생(18세)이 자기를 힐끗 보면서 눈웃음을 치는 모습에 성적으로 발동이 걸리는 경험을 하게 된다. 한 마디로 『좁은 문』을 쓴 앙드레 지드가 알제리에서 흑인 소년을 보고 느꼈던 것과 같은 야릇한 감정에 사로잡힌다. 그 여학생은 자신에게 살짝 미소를 띠고 긴 생머리를 날리며 길을 걸어간 것뿐인데, P는 생면부지의 미성년자에게 이렇게 대책 없이 끌리는 스스로에게 자못 놀랐다. 마음 한 구석에서 조용히 일었던 풋풋한 설렘은 자기도 모르게 하체에 힘이 들어가며 순간 치명적인 욕정으로 돌변했다. P는 그녀에게 다가가서 전화번호를 요구했다. "번호 좀 줄래?" 거칠게 다가온 남성에게 전화번호를 줄 리가 없다. "저 사귀는 사람 있는데요." 완곡한 거절이었다. 그런데도 싫지 않았다. 치렁치렁 흘러내리는 머리카락을 귀에 걸고 양미간을 살짝 찡그리는 그녀가 P는 왠지 더 좋았다. 그녀도 자신이 싫진 않은 것 같은, 계속 달라고 하면 줄 것 같은 생각이 들었다. P에게 목표가 생겼던 거 같다. 집요하게 그녀를 따라가면서 껄떡거렸다. "골키퍼 있다고 골 안 들어가?" "아저씨, 이러시면 안 돼요. 경찰을 부르겠어요." "경찰? 헛, 웃기다. 내가 경찰인데?"

치근대던 P는 급기야 치한으로 돌변했다. 여학생의 원룸 자취방까지 따라가서 기어코 그녀를 성폭행했다. 울부짖는 그녀를 두 번이나 겁탈했다. 나중에 병원으로 옮겨져 검진해 보니, 여학생의 성기는 상처투성이였다. 당시 P가 성기뿐 아니라 다른 물건들도 삽입한 게 분명했다. 여학생은 경찰이라고 자신의 신원을 밝힌 P에게 최소한의 믿음이 있었던 거 같다. 밖에서 문을 두드리며 잠깐 이야기하자는 그의 말에 명찰까지 패용한 그가 설마 자신을 어떻게 할까 하는 안일한 생각에 현관을 열어주었다가 사달이 난 것이다. 경찰에서 조사를 받는데 P의 진술은 전형적인 강간범의 것과 같았다. "왜, 너도 좋았잖아? 너도 나 보고 웃었잖아?" 대부분의 성폭행 용의자는 둘러댄다. "여자가 먼저 꼬리를 쳤다." "저년이 좋다고 나한테 접근했다." 그러나 거의 대부분의 경우, 이건 심각한 오해에 불과하다. 대질심문에서 아직 앳된 티도 가시지 않은 그녀 역시 울먹이며 말했다. "아니거든요. 저 사귀는 오빠도 있고, 아저씨에게 전혀 관심도 없었어요. 나 이제 어떡해요, 흑흑." 피해자였던 여학생은 실지로 대학생 남친이 있었고, 이 사건으로 결국 헤어지게 됐다. 처음부터 사건을 쉬쉬하며 집에는 알리지 않으려 노력했지만, 그녀의 부모들도 상황을 인지하게 됐다. 집안이 발칵 뒤집어졌다.

이후 경찰이 대동한 가운데 필자의 상담소를 찾은 P와 피해자 여학생은 합의에 도달하는 과정까지 심리 치료를 받게 됐다. 그 지난한 과정은 여기에 다 기술할 수 없다. 미래가 촉망되던 경찰관 P는 끊임없이 합의하에 여학생과 성관계를 가졌다고 주장했고, 나중에 그녀를 꽃뱀으로 몰기도 했다. 이 과정에서 피해자는 말할 수 없는 정서적 상처를 받았고 자해를 시도했다. "경찰은 민중의 지팡이 잖아요? 그런데 이렇게 할 수 있나요?" 필자 앞에서 고개를 가로저으며 펑펑 우는 그녀의 얼굴을 아직도 잊을 수 없다. 민중의 지팡이가 그녀에게 치한의 몽둥이로 돌변한 것이다.

때로는 여자의 친절한 거절이 남성에게 성적인 왜곡을 불러일으키는 촉매가 되기도 한다. 흔히 사람들은 강간의 표적이 되는 여성들이 옷차림이나 언행을 통해 남성들에게 잘못된 시그널을 준다고 착각한다. "그때 어떤 옷을 입고 있었어?" "니가 먼저 꼬리친 거 아냐?" 심한 경우, "어떻게 처신하고 돌아다녔기에 남자한테 성폭행을 당했나?"는 힐난을 듣기도 한다. 필자가 안타까운 점은, 우리는 아직도 성범죄의 책임이 여성의 옷차림에 있다는 몰상식한 인식에 빠져있다는 사실이다. 이 문제는 외부의 물리적인 상황, 즉 여성의 옷차림이나 행동거지, 평소 남성과의 인간관계를 묻기 이전의 근본적으로 남성들이 갖고 있는 여성에 대한 왜곡된 심리적 작용으로 빚어진 일로 봐야 한다. 여성이 야한 옷을 입었다고, 행실이

바르지 않다고 성폭행이 일어나는 게 아니다.* 여성의 책임을 묻기 이전에 가해자 남성의 성심리와 정서적 어려움을 먼저 보는 것이 법리적으로나 심리적으로나 온당하다.

2016년 여성가족부가 실시한 「전국 성폭력 실태조사 결과보고서」를 보면 우리가 여성의 옷차림과 성폭력 사건 사이의 상관관계에 대해 갖고 있는 억측과 오해가 여전하다는 사실을 느끼게 된다. '성폭력은 노출이 심한 여성의 옷차림 때문에 일어난다.'는 문항에 전체 응답자의 54.4%가 동의했고, '여성이 조심하면 성폭력을 줄일 수 있다.'는 문항에도 55.2%가 동의한 것으로 드러났다. 심각한 건 '여자가 '싫다'고 말하는 것은 진심이 아닐 수 있다.'는 문항에 35.7%가 그렇다고 동의했다는 점이다. 최근 아일랜드에서 10대 미성년자를 길에서 성폭행한 혐의를 받은 27세 남성이 피해자가 야한 '끈팬티'를 입은 것을 근거로 "그녀가 성적으로 문란하며 나와 섹스를 원했기 때문에 동의하여 관계를 가졌다."는 변론을 통해 무죄 판결을 받은 일이 일어났다. 이러한 궤변에 여성계는 "끈팬티는 말

---

* 2017년 9월, 브록먼(Jen Brockman)과 와이언트-히버트(Mary A. Wyandt-Hiebert) 박사가 「무슨 옷을 입었길래?(what were you wearing?)」라는 명칭의 전시회를 개최했는데, 그들이 조사한 18건의 성폭행 사건의 생존자들로부터 기부 받은 옷을 전시한 것. 사건이 일어난 당시 피해자 여성들이 입고 있었던 옷은 사람들의 통념과 달리 티셔츠와 바지 같이 평소에 흔히 입는 일상복이 대부분이었다.

을 할 수 없다."며 SNS에 항의의 표시로 '#이건 동의가 아니다#This Is Not Consent'라는 해시태그를 다는 운동을 벌이고 있다. 성범죄에서 무엇을 입었느냐는 중요하지 않다. 이런 접근은 모두 범죄를 잉태한 당사자의 정서를 들여다보지 않고 겉으로 드러난 범죄행위만을 바라본 결과다. 남녀가 가진 성의식의 차이를 이해하지 않는 한 이런 어처구니없는 판결은 계속 반복될 수밖에 없다. 결국 성폭력은 남성의 누적된 정서적 문제가 표출된 범죄일 뿐이다.

02 중독의 위험성

2009년 6월 25일, 팝의 황제 마이클 잭슨이 자신의 저택에서 사망한 채 주치의에 의해 발견되었을 때만 해도 많은 우리나라에서는 약물중독의 위험성을 크게 인식하지 못하고 있었다. 일명 '우유 주사'로 알려진 프로포폴을 과다하게 주입한 주치의는 마이클 잭슨의 죽음에 직접 관여한 2급 살인죄로 기소되어 감옥에 갔다. 지금은 향정신성의약품으로 분류되어 엄격히 규제되고 있는 수면마취제 프로포폴이 한국 대중들에게 널리 알려지게 된 계기는 2013년 일부 여배우들이 상습적으로 투약하다 검찰에 걸리면서부터다. 전까지는 필로폰이나 LSD, 엑스터시 같이 잘 알려진 마약류에 비해 프로포폴은 인체와 정신에 가해지는 그 위험성의 인식이 상대적으로 부족했던 게 사실이다.

왜 사람은 약물에 의존하게 될까? 전문가들은 평소 인간관계가 잘 안 되는 사람들이 정서적 어려움을 호소하다가 약물에 의존하게 되는 경우가 많다고 입을 모은다. 앞서 언급한 경우처럼, 여배우 이승연 씨나 장미인애 씨 역시 연예계 생활에서 오는 스트레스와 정서적 문제가 불법 투약의 원인이 되었다고 경찰은 밝혔다. 현재의 상황이 스스로의 힘으로 해결되지 않고 관계가 너무 힘들기 때문에 일시적으로나마 상황을 잊기 위해서 사람들은 술을 먹거나 약물에 의존한다. 필자가 술 문제로 상담소에 찾아온 한 부부에게 "두 분 어떻게 만나셨어요?"라고 물은 적이 있었다. 상담 내내 한 편에서 잠자코 앉아있던 아내가 대뜸 말문을 열었다. "같은 직장에서 만났는데, 술집에서 이런저런 인생 얘기 하다가 정들었죠. 술에서 깨보니 여관이었고, 결혼해서 눈 떠보니 이이가 알코올중독자가 되어 있더군요." 주변에 이런 부부가 많다. '술 권하는 사회'로 대변되는 한국의 음주문화는 술에 관대한 기존의 정서에 '한강의 기적'으로 요약되는 70년대 이후 가파른 산업화가 맞물리면서 남녀노소 누구에게나 인간관계에서 빠질 수 없는 중핵이 되었다. "언제 술 한 잔 하자."는 말은 사람들끼리 오가는 인사를 넘어 어느새 덕담이 되어버렸다. "술자리에서 진실이 오간다."는 말 역시 사회생활을 하다보면 심심찮게 들을 수 있다. 우리나라에서만 통용되는 '술상무'는 한국 사회가 접대를 비롯한 비즈니스에서 얼마나 알코올이 빠질 수 없이 중요한 매개로 자리잡아왔는가 보여주는 대표적인 농담이다.

그런데 "술만 들어가면 정말 말도 잘 통하고 좋은데, 평소에는 찢어죽이고 싶을 정도로 밉다."는 아내들이 많다. 왜 그럴까? 여러 차례 상담을 통해 확인해 보니, 그녀의 남편은 평소 인간관계를 제대로 수행하지 못하는 것에 대한 우울증을 가지고 있었다. 그에게 결혼생활만큼 지옥이 따로 없었다. 그걸 아내는 알지 못했고, 결혼 후에도 남자는 변하지 않았다. 그가 도피할 수 있는 유일한 피난처는 술 밖에 없었던 것. 프로포폴을 맞는 이들도 이와 같다. 불만족스러운 현실을 타개할 수 있는 가장 손쉬운 방법은 마취주사 맞고 두세 시간 푹 자는 일이다. 영화「인셉션(2010)」에 등장하는 대사처럼, 현실은 "꿈을 꾸려고 잠은 자는 게 아니라 현실에서 깨어나려고 잠을 자는 것"일지도 모른다.

이 문제에 관해 과거 한 알코올중독자의 증언은 필자의 눈을 뜨이게 했다. 그는 대뜸 필자에게 말했다. "알코올중독자모임에 가서 만난 사람하고도 만나면 마시는 게 술이에요. 우린 일단 마시면 말도 안 하고 그냥 술만 먹어요." 그 이유를 묻는 필자에게 그는 답답하다는 듯 말했다. "술이 좋아서 먹는 줄 아시죠? 아녜요. 인간관계가 싫어서, 앞에 앉은 사람과 대화할 줄 몰라서 마시는 거예요. 우린 취하는 게 목적이에요." 어찌 보면, 우스운 상황이다. 중독을 끊기 위해 모임에 가서 만난 사람과도 의사소통이 안 돼서 술을 먹다니. 하지만 이보다 더 정확한 이유가 있을까?

> 알코올중독자모임(Alcoholic Anonymous)은 1935년 미국 오하이오 주에서 미국의 내과의사인 밥 스미스(Bob Smith)와 뉴욕 주식중개상인 빌 윌슨(Bill Willson)에 의해 시작되었습니다. AA는 알코올중독자들을 위한 행동 치료적 접근으로 가장 널리 알려진 모임인데, 개인을 위한 12단계와 집단을 위한 12전통을 기본적으로 따르고 있습니다. 또한 중독자들에게 이전과는 다른 사회문화적 환경을 조성하고자 하는 기본 개념을 바탕으로 공통의 문제를 가진 구성원들의 자발적 동기와 참여로 이루어지는 집단 활동입니다. 우리나라의 경우는 1980년대 초기 아일랜드 신부가 도입하여 현재 전국적으로 약 74개 집단이 운영되고 있습니다.

도박도 마약과 마찬가지의 속성을 갖고 있다. 해외 원정 도박으로 개그맨 이수근 씨는 오랫동안 자숙의 시간을 가졌다. 시청률을 중심으로 빠르게 돌아가는 연예 프로그램에 장시간 출연하다 보면, 하루하루가 긴장의 연속일 것이다. 지금처럼 계속 관심을 받고 인기를 얻어야 한다는 압박감은 자기 최면의 단계에 이르러서 각종 중독의 양상으로 독버섯처럼 올라온다. 엄격한 자기 관리나 일관된 도덕성, 공인이라는 신분이 갖고 있는 정확한 심리를 모른 채, 불특정 다수의 인간들에게 시달리고 악성 댓글에 열 받다가 결국 마약에까지 손을 대는 것이다. 얼마 전 우울증으로 끝내 유명을 달리한 모 아이돌 가수 역시 내면의 힘을 키울 수 있었다면 좋았을 텐데 하는 아쉬움이 남는다. 그가 남긴 유언이 가슴을 때린다. "왜 죽으냐 물으면 지쳤다 하겠다. 난 속에서부터 고장 났다. 천천히 날 갉아먹던 우울은 결국 날 집어삼켰고, 난 그걸 이길 수 없었다." 도박중독은 특히 남성들에게 종종 발생한다. 야구선수 안지만 씨 같은 경우는 원정 도박으로 성에 차지 않아 아예 불법 도박사이트를 개설하기까지 했다. 동료들은 현재 FA(프리 에이전트)로 수십 억대의 돈을 벌면서 현역 선수로 뛰고 있지만, 그는 이번 일로 불명예스럽게 선수복을 벗을 수밖에 없었다. 약물, 마약, 도박, 알코올중독은 인간관계의 갈등에서 비롯되는 부분이 가장 크다. 많은 사람들이 착각하는 것처럼 업무가 힘들어서 이런 데에 빠지는 게 아니다. 어떻게 보면 업무가 힘들수록 거기서 오는 성취감이 재미있고 짜릿한게 인간이다.

최근 다른 중독보다 더 심각한 중독이 바로 게임중독, 인터넷 중독이다. 특히 게임중독은 알코올중독이나 도박중독과 달리 미성년자와 청소년들 사이에서 급격히 늘고 있어 사회문제로까지 비화되고 있는 실정이다. 현실적인 이해나 도덕적 판단에 서투른 청소년들이 게임중독에 빠졌을 때 성인보다 더 큰 사회문제를 야기할 수 있고, 살인이나 유기 같은 끔찍한 중범죄를 저지를 개연성도 높기 때문이다. 2005년 한 해 동안, 18세 이하 어린이가 저지른 살인사건은 미국에서 944건, 우리나라에서 20건이 보고되었다. 각각 전체 살인의 5.5%와 1%를 차지할 정도로 심각한 수준이다. 2001년 3월 5일 광주광역시에서 일어난 친동생 살해사건 역시 평소 지나치게 게임에 몰두했던 한 중학생의 어이없는 살인충동이 빚어낸 비극이었다. 안방에서 잠자고 있던 남동생(11세)을 아무런 이유 없이 미리 준비해둔 도끼로 내려쳐 살해한 양군(14세)은 평소 대전게임이나 살인게임 같은 잔인하고 엽기적인 게임에 몰두하고 있었다. 양군을 아는 학교 선생님들과 주변 친구들은 양군이 일본에서 제작한 살과 피가 튀는 잔혹한 게임인 '이스이터널'과 '영웅전설', 국내에서 제작한 네트워크 게임 '조선협객전', 엽기사이트인 '바이오해저드'와 '귀신사랑' 등에 지나치게 심취해 있었다고 한다. 늘 게임에 대한 이야기만 하고, 게임 아이템 구입에만 열을 올렸다. 사건 며칠 전 친구와 나눈 그의 모바일 문자에는 당시 그의 이런 심리상태를 그대로 엿볼 수 있는 내용이 오갔다. "살인하고 싶다. 살기 힘든 세상이야. 가족 다 대가리 잘라버릴까? 다시는 인간으로 태어나기 싫어."

양군은 '좀비'라는 이름의 미니홈페이지를 개설, 운영 중이었는데, 자신의 소개란에는 '군대 갔다 와서 살인을 마음껏 즐기는 것'이 자신의 장래계획이라고 떳떳이 밝히고, 좋아하는 것에는 파충류와 함께 '살육, 쾌락'이라고 적었다고 한다. 앞서 언급한 조승희의 심리상태를 보는 것 같다. 반면 싫어하는 것에는 '정의, 법, 인간들'이라고 적어 양군이 게임중독에 의해 심각한 도덕적 마비증상에 놓여있었음을 알 수 있다. 사건이 발생하기 2일 전에는 홈페이지 게시판에 "가족과 정이 들면 안 된다. 살인이라는 것을 꼭 해보고 싶다. 평범함을 벗어나고 싶다. 할인점에서 도끼를 구입해 날을 갈아 침대 밑에 숨겨두었다."라는 독백을 버젓이 게시하기도 했다. 사건 당일 오전 7시 30분, 아내와 함께 근처에서 야식집을 운영하던 아버지가 집으로 잠시 귀가했다가 막내아들이 안방 침대에 피를 잔뜩 흘리고 쓰러져 있는 것을 발견하고 피가 뿜어져 나온 목 부위를 수건으로 감싼 채 아들을 인근 병원으로 내달렸으나 병원에 도착했을 시에는 이미 숨을 거둔 뒤였다. 반면 아파트 엘리베이터의 CCTV에 아무렇지도 않게 유유히 자택을 빠져나오는 범인 양군을 발견하고 경찰은 주변 탐문수사 끝에 사건 발생 13시간 반 만에 한 유흥가 골목에서 양군을 검거했다. 당시 양군이 매고 있던 가방 안에는 범행에 사용된 도끼가 그대로 들어있었다고 한다. 경찰의 심문과정에서 양군은 전혀 반성하거나 후회하는 기색도 없이 "원래 40

~50명 정도 살해하는 것이 목표였으나 뜻을 이루지 못해 너무 아쉽다."고 진술해서 조사관들을 아연하게 만들기도 했다는 후문이다.

이 사건 역시 양군의 범죄가 일어나기 전 범죄신호가 여러 군데에서 감지되었지만, 부모와 학교 선생님, 친구들은 그 신호를 무시하거나 방관했다. 양군이 장래희망을 '살인청부업자'라고 진술한 대목에서 그의 담임선생은 "단순히 농담으로 받아들였다."고 말했다. 부모들 역시 평소 지나치게 게임에 몰두하고 양군을 어르고 달래며 훈계하긴 했지만, 너무 바쁘다 보니 가정에서 찬찬히 그의 행동을 교정할 수 있는 역할을 방기하고 말았다. 문제의 사건은 결국 양군이 철창 행으로 가면서 그렇게 종결되었지만, 이 사건이 사회에 던진 파장은 결코 사소하지 않았다. 온라인게임이나 유튜브 같이 선정적이고 폭력적인 콘텐츠에 지속적으로 노출될 때 정서적 기능이 마비되는, 진짜 정서적 '좀비'가 되는 청소년들이 최근 늘고 있다. 필자의 상담소에도 이와 유사한 문제들을 안고 찾아오는 내담자들이 적지 않다. 다른 중독과 달리 게임중독은 사회와 정부가 적극 나서 문제의 해결책을 함께 고민해야할 중요 과제 중 하나다. 솔직히 정서가 게임에 잠식당하면 정말 좀비나 다름없기 때문이다.

게임중독은 정서적 좀비를 낳는다

03 환청과 환각의 문제점

정서적 욕구가 충족이 안 되면 스스로 자위를 하듯 욕구를 충족하려고 하는데 물리적으로 해결이 되지 않을 때 각종 대체물을 찾게 되고 상태가 악화되면 환청과 환각까지 이를 수 있다. 현실적으로 충족된다고 착각하는 '가짜 정서'일 뿐이다. 머릿속에서 이해되지 않는 부정적 요소들이 심리적 중압감을 뚫고 나오는 현상이다. 특히 환청과 환각은 상담에서 바라보는 방식과 임상에서 바라보는 방식에 약간의 차이가 있다. 정신의학에서는 환청과 환각을 조현병의 대표적인 증상으로 판단하며 여러 가지 약물을 통해 호르몬 치료를 한다. 반면 상담에서는 내담자가 평소 안고 있었던 정서적 문제들을 상담을 통해 잘 소화시키고 현실 속에서 욕구가 충족이 될 수 있도록 지도하여 해결한다. 때에 따라서는 임상에 상담이 병행되기도 하며, 정도에 따라 시간이 상당히 오래 걸릴 수도 있다. 전통적으로 유전적인 영향, 기질적인 차이, 뇌의 문제로 보는데, 최근에는 그런 요소들과 맞물려 정서적 측면과 생활습관도 중요한 병인으로 본다. 적절한 상담을 통한 심리적 해결로 호전반응을 보이는 사례도 많이 있다.

필자는 특히 K양(21세)이 기억에 남는다. 그녀는 환청과 환시에 시달리며 여러 번 자살을 시도하다가 부모님 손에 이끌려 필자를 찾았다. 그녀가 어릴 때 그녀의 아버지는 학교 체육교사였는데, 유독 딸에게 원칙과 규칙을 강요했고, 조금이라도 이를 어길 때에는 무차별적인 폭력을 행사했다고 한다. 그녀의 표현에 따르면, 사소한 잘못이라도 할 때면 "그 자리에서 오줌을 지릴 정도로 아빠한테 맞았다."고 하니, 이 정도면 아동학대에 해당하는 수준이다. 그때부터 K는 아버지에게 뭐라고 대꾸하거나 반항할 수조차 없었고, 성인이 될 때까지 아버지와 전혀 소통을 하지 못한 채 마음의 문을 닫고 지냈다. 용돈은 어머니를 통해 받아썼고, 부녀간 대화가 필요할 때는 꼭 어머니를 거쳐 이뤄졌다. 이런 불우한 청소년기가 K에게 남긴 정신적 폐해는 상상 외로 컸다. 정서적 문제는 고스란히 교우관계로 이어졌고, 고등학교 때 문제아로 각종 문제를 일으키기 시작했다. 그럴 때면 또 아버지에게 두들겨 맞았고, 이는 또 K의 정서적 트라우마를 낳고, 다시 비행을 저지르는.... 끊임없는 폭력과 상처의 악순환이 이어졌다. 이후 가출한 K는 팸돔에 살면서 남자를 사귀게 됐다. 문제는 남자에게 과도한 집착을 한다는 점. K는 자신의 사춘기 때 부재했던 아버지의 존재 욕구를 남자친구에게서 해결하려는 정신적 증상을 보였다. 남자친구가 위로라도 해주면 그에게 바로 몸을 줬다. K에게 섹스는 남자친구를 순식간에 자상한 아버지로 만들어주는 기계deus ex machina였다.*

　　그렇게 해서 다수의 남성들과 성관계를 가졌다. 이들 중에는 직장인도, 심지어 중학생도 끼어 있었다. 처음에는 쉽게 성욕을 해결하는 용도로 만남을 갖던 남성들도 문득 표출되는 K의 광기를 알아차리고 달아나기 일쑤였다. 헤어지려는 남자에게 그녀는 그간 아버지에게 쌓여있던 모든 응고된 분노를 표출했다. 상대가 전화를 안 받고 잠적하기라도 하면, 비유하자면, 영화 「미저리(1990)」에 등장하는 애니(캐시 베이츠)와 같은 광기를 부렸다. 남자친구 집 주변을

---

* 데우스 엑스 마키나: 고대 그리스-로마 연극에서 주인공에게 닥친 문제를 해결하기 위해 기중기(메카네)에 달린 신이 하늘에서 내려온 데서 비롯한 표현으로, 복잡한 문제에 대한 간편한 해법을 일컬을 때 종종 인용된다.

일주일 동안 서성거리며 스토킹을 한다거나, 아예 식음을 전폐하고 한 달 동안 침대에서 일어나지 않았다. 자신과 한 번이라도 잠을 잔 남자들을 모두 강간범으로 몰아 경찰에 신고했다. 졸지에 남자들은 성폭행범으로 전원 기소되는 우여곡절을 겪기도 했다. 자살 소동을 벌인 건 그때쯤이었다. 보다 못한 부모님이 그녀를 정신병원에 입원시켰으나 그녀의 증상은 나아지지 않았다. 두 달 입원하고 아무런 소득 없이 퇴원한 뒤, 집에서 부모님 통장과 인감을 몰래 훔쳐 은행에서 1억 8천만 원을 인출해 유유히 사라졌다. 한 달 뒤 모텔에서 발견된 K는 이미 인터넷으로 여기저기에 투자했다가 1,300만 원을 남기고 대부분을 날린 상태였다. 다시 병원에 강제 입원되고 말았다. 재입원할 당시 그녀의 상황은 전보다 더 안 좋아졌다. 환청, 환각이 기본이었고 스스로 걸음을 걸을 수 없을 정도였다.

그렇게 상당한 시행착오를 거듭한 끝에 필자를 찾아왔다. K가 처음 상담소에서 필자를 노려보며 한 말은 "선생님하고 말하지 말라는데요."였다. 이것저것 물어도 정색하고 말했다. "아무 생각이 안나요." "기억하고 싶지 않습니다." "잠깐만요, 쉿! 무슨 소리가 들려요." "이 소리 들려요?" 도리어 필자를 나무라거나 질문을 되묻는 등 상담에 비협조적이었다. 환청을 못 알아들으면 눈이 뒤집어졌다. 그런 K를 현실세계로 끌어내려고 애를 썼다. 그녀의 내면에 웅크리고 있던 나약한 딸과 대화를 이어갔고 결국 아버지를 용서하게 됐다. 이후 상태가 급격히 호전되었고 환청과 환각, 환시가 사라졌다. 현재 약물과 병행하면서 상담을 진행하고 있고 교회도 다니면서 신앙생활도 잘 하고 있다. 환청과 환시는 사실 상담을 넘어 임상으로 가야할 수도 있다. 가족이나 주변에 환청과 환시를 겪으며 고통을 호소하는 이가 있다면 하루라도 빨리 그와 함께 전문적인 상담기관을 찾는 것이 급선무이다.

폭력과
분노조절장애

모 케이블TV 경연 프로그램 출신의 래퍼인 아이언이 평소 사
귀던 여자친구를 때려 불구속 기소된 적이 있었다. 2016년 9월과
10월, 이별을 통보했던 여자친구의 얼굴을 때리고 목을 조르는 등
신체상 위해와 폭력을 가한 혐의로 징역 8개월에 집행유예 2년, 사
회봉사 80시간을 선고받았다. 법정에 모습을 드러낸 아이언은 취재
진들에게 "피해자 여성이 가학적인 성관계를 요구해서 이에 응했
을 뿐이고 일부러 상해를 일으키진 않았다."고 말해 공분을 샀다.
여성에게 전치 35일의 상해를 입힌 폭행에 관해서도 "때린 건 미안
하지만 피해자가 칼을 잡아서 이를 제압하다 발생한 것일 뿐"이라

고 둘러대면서 자신의 행동이 폭력이 아닌 정당방위였음을 누차 강조했다. 2016년, 대마초 흡연으로 물의를 일으킬 때만 해도 젊은 아티스트의 치기어린 행동으로 넘겼던 대중들도 피해여성 앞에서 자신의 허벅지를 칼로 그어 자해를 하는 행동에는 눈살을 찌푸리지 않을 수 없었다.

얼마 전, 유명한 여자 아이돌 출신 가수 역시 헤어디자이너인 남자친구와 다투다 서로에게 상해를 입히고 맞고소하는 사건이 터졌다. 특히 남자는 함께 성관계를 나눴던 영상을 유포하겠다는 협박을 한 정황이 드러나 언론의 도마 위에 올랐다. 2018년 10월에는 혼수문제로 다투다가 예비신부를 살해하고 시신을 훼손한 사건이 일어났다. 피의자 심씨(27세)는 사건 당일 춘천시 후평동 소재 자신의 집에서 여자친구 이씨(23세)와 말다툼을 벌이다가 우발적으로 그녀의 목을 졸라 숨지게 하고 사체를 훼손한 혐의로 구속됐다. 경찰 조사에서 심씨는 "결혼 준비를 하면서 신혼집 장만 등 혼수문제로 다툼이 있었다."고 진술한 것으로 알려졌다. 이처럼 최근 미혼 남녀간에 이뤄지는 데이트폭력이 나날이 증가하고 있다. 작년 데이트폭력으로 입건된 피의자가 1만 303명을 넘어섰는데, 이는 3년 전보다 두 배가량 늘어난 수치다. 데이트폭력은 서로 교제하고 있는 과정에서 한 쪽이 다른 한 쪽에 대해 권력적 통제 및 무력적 보복을 가하는 행위로 성폭행, 성희롱, 협박, 폭력, 언어폭력, 동영상 유포, 스토킹 등 다양한 형태로 나타난다. 상대방이 원치 않는데 성행위를 강요하거나 신체를 감금하고 때로 SNS나 인터넷상에 명예훼손에 해당하는 게시물을 올려 협박을 하는 행위도 넓은 의미의 데이트폭력이 될 수 있다.

이런 문제를 선진국에서는 어떻게 해결하고 있을까? 영국은 클레어법 시행으로 데이트 상대의 폭력 전과를 직접 조회할 수 있게 되었다. 의심되는 사람의 이름과 주소, 생년월일만 알면 인터넷으로 어디서나 폭력 관련 데이터를 쉽게 확인할 수 있다. 2009년, 남자친구에 의해 자신의 집에서 살해된 클레어 우즈 사건을 계기로 만들어진 이 법은 2014년 3월부터 영국과 웨일즈에서 발효되었고, 실지로 수면 아래에 놓여있던 데이트폭력을 상당수 밝혀내고 예방하는 효과가 있다고 한다.

영국은 2014년부터 클레어법(Clare's Law)을 시행하여 데이트폭력을 단속하고 있습니다. 클레어법은 2009년 남자친구의 폭력에 시달리다가 결국 사망한 36세 여성 클레어 우즈(Clare Woods)의 이름에서 비롯되었습니다. 이 법은 사귀는 남성의 전과기록을 공개하도록 요구할 수 있으며, 해당인에 대하여 우려할 만한 사유가 있는 제3자도 정보 제공을 요구할 수 있다는 점을 법으로 명시하고 있습니다. 정보를 요청받은 경찰은 정보 공개가 필요하고 합법적이며 비례 원칙에 맞는지를 고려해 공개 여부를 결정하도록 되어있습니다.

그렇다면 이러한 폭력은 왜 일어나는 것일까? 사람이 행복하면 절대 상대에게 폭력을 행사하지 않는다. 평소 차분한 사람도 욱하는 경우에 그 분노를 참지 못하고 주먹을 휘두르게 된다. 내면에 개인의 행복을 방해하는 정서적 기제가 작동하고 있다. **분노조절장애**를 안고 있는 이들이 성격상 문제가 많기 때문에 이런 문제를 일으키는 게 아니라 도리어 착하고 명민한 사람일수록 이런 문제가 더 불거질 수 있다. 따라서 문제 해결은 자신을 분노하게 만드는 요인을 알아야지 무작정 약물이나 화학적 접근을 맹신해선 안 된다. 약물을 먹으면 몸을 강제적으로 깔아지게 해서 사람을 정서적 식물인간으로 만들 뿐이다. 적절한 비유는 아니지만, 현재 임상에서 진행하는 분노 치료 방식은 동물을 제압하는 방식과 메커니즘이 유사하다. 농가에 피해를 입히는 야생동물이나 광견병에 걸린 야생견을 포획하기 위해 마취총으로 쏴서 제압하는 것과 같다. 하지만 인간의 분노는 동물의 공격성과 다르다.

영화 「앵거 매니지먼트(2003)」는 이런 분노조절장애를 코믹하게 그려내고 있다. 주인공 데이브(아담 샌들러)는 출장차 여객기를 탔다가 여승무원과의 사소한 시비 끝에 항공보안요원에게 전기충격기를 맞고 제압되는 굴욕을 맛본다. 평소 분노라는 감정을 모르고 살았던 데이브는 주변에 순둥이로 소문난 자신이 왜 그 순간 화를 참지 못했는지 의문을 갖는다. 법원은 데이브에게 분노조절 프로그램을 이수할 것을 명령하고 내키지 않는 마음으로 버디 박사 (잭 니콜슨)를 찾는다. 그가 '앵거 매니지먼트(성질 죽이기)' 분야의 전문가로 소문난 상담가였던 것. 데이브는 버디 박사가 제안하는 프로그램을 참여하기로 했는데, 어쩐 일인지 치료과정이 이색하다 못해 기괴했다. 도리어 데이브를 분노의 극한까지 몰고 가는 상황을 버디 박사가 만들어냈던 것이다. 그 과정에서 데이브는 자신의 내면에 숨어있는 폭력성을 깨닫고 분노의 본질을 들여다보게 된다. 코미디영화라는 점을 감안하고 보더라도, 이 영화는 분노조절장애에 대한 구체적인 사례와 함께 대안적 해결책도 제시하고 있다. 결국 이 영화의 메시지는 우리 안의 분노는 지극히 정상적인 감정이고, 이 감정을 회피하거나 억누르는 대신 직면하는 자세가 무엇보다 중요하다는 것이다.

2018년 10월 14일, 서울시 강서구 한 PC방에서 일어난 살인사건 역시 분노조절장애에서 비롯한 범죄였다. 평소 우울증약을 복용하고 있다고 알려진 김씨(29세)가 PC방 아르바이트 직원 신씨(20세)의 응대에 불만을 품고 얼굴과 목을 준비해 간 흉기로 찔러 살해한 사건이다. 김씨는 경찰 조사에서 사건 당일 "자리가 너무 더러우니 치워라."고 지적했으나 이를 신씨가 제대로 대응하지 않자

'나만 바보가 되는구나.'라는 생각에 화가 났다고 밝혔다. 게임비 환불을 요구했지만 받아들여지지 않자, 김씨는 쓰레기를 버리러 간 신씨의 얼굴과 목을 산악용 나이프로 서른 군데 찔러 자상에 따른 과다출혈로 사망에 이르게 했다. 서울남부지법은 김씨에게 바로 구속영장을 발부했고, 피의자가 심신미약을 통해 사건을 축소하려한다는 소식이 들리자 사건 다음 날 국민청원이 올라오기도 했다. 김씨 역시 주변의 이야기를 들으면 평소 조용하고 과묵한 성격이었던 것으로 알려져 있다. 그에게 일상의 분노를 적절히 쏟아낼 수 있는 해소 기제가 없었던 것도 문제였지만, 분노조절장애가 얼마나 무서운 결과를 낳을 수 있는지 사회가 제대로 이해하지 못하는 것도 문제였다. 그런데도 일부 언론은 섣부르게 그를 사이코패스로 몰아가기에 여념이 없다. 이에 한 정신과 전문의는 자신의 페이스북에 "정신과 질병으로 인해 힘든 분들이 사회적 낙인이 찍힐까봐 불안해하고 있다. 이로 인해 치료를 포기하는 분들이 늘어날 수 있다. 알다시피 대한민국은 자살률이 세계에서 가장 높은 나라 중 하나이며, 이 중 적잖은 수가 치료받지 않은 정신과적 질병이 그 원인"이라고 적었다.

경찰청이 2016년 말 발표한 「2015통계연보」에 따르면, 2015년 상해나 폭행 등 폭력범죄 37만 2,723건 중 범행동기가 우발적이거나 현실에 불만을 품고 저지른 분노조절장애형 범죄는 41.3%인 14만 8,035건을 차지했다. 열 건 중 네 건은 분노조절이 안 되어 저지른 충동적인 범죄였던 것이다. 건강보험심사평가원의 보건의료 빅데이터에 따르면, 최근 3년간 분노조절장애로 진료를 받은 환자는 2015년 5,390명, 2016년 5,920명, 2017년 5,986명으로 매년 늘었다. 2017년 분노조절장애 환자는 남성이 83%(4,939명)로 여성보다 압도적으로 많았고, 연령별로는 10대 19%, 20대 29%, 30대 20%, 40대 12%, 50대 8%로 나타나 젊은층이 70%를 차지했다. 조절되지 않은 분노는 강서 PC방 살인사건처럼 우발적으로 살인을 저지를 수도 있는 강력한 범죄의 원동력이 된다. 특히 평소 소외되거나 자존감이 낮은 사람일수록 이런 위험에 빠지기 쉽다. 경찰 조사에서 김씨는 문제제기를 하는 자신에게 피해자가 "우리 아빠 경찰인데 니가 날 죽이지 않는 이상 넌 아무것도 아냐."라고 던진 말에 격분했다고 진술하고 있다. "억울함이 컸고, 어디서부터 잘못된 건지 생각하다가 과거의 안 좋은 기억들까지 생각나면서 '그냥 평생 이렇게 살아야 되나.' 하는 마음에 죽이고 싶었다."고 고백하는 부분을 듣고 필자는 김씨가 가지고 있었던 울분과 제어되지 못한 분노가 이번 살인사건의 결정적인 원인이라고 느껴졌다.

SNS의 익명성 뒤에 숨은 폭력

2014년 11월 4일, 광화문 사거리에 위치한 한 고층빌딩에서 25세의 남자 대학생 B가 투신자살을 하는 사건이 발생했다. 처음에는 단순 자살로 보였던 사건이 알고 보니 요즘 사회문제로 대두되고 있는 소위 '몸캠' 채팅을 하다 신원정보를 노출하게 되었고, 이를 미끼로 접근한 피싱업체의 갖은 협박을 견디다 못해 스스로 목숨을 끊은 사건이었다. 평소 조용하고 내성적이었던 B는 우연한 기회에 SNS 상에서 신원을 알 수 없는 여성과 문자를 주고받다가 이런 돌이킬 수 없는 비극을 맞게 되었다. 심한 우울증을 앓으며 마음을 터놓을 친구가 필요했던 그에게 소셜네트워크서비스는 죽음으로 가는 초대장을 발송했던 것. 시작은 지극히 자연스러웠다. 처음엔 소소한 일상으로 시작한 대화 주제가 대학생으로서 가지고 있던 진로 고민이나 학업문제로까지 넓어지자, B는 아무런 의심 없이 상대 여성에게 여러 가지 정보를 노출할 정도로 마음의 문을 열게 되었다. 그렇게 서로의 진솔한 대화가 무르익으면서 상대 여성은 "SNS는 감질난다."며 화상통화를 제안하기에 이르렀다. 너무 마음이 통한다고 느꼈던 그 역시 상대 여성을 직접 눈으로 확인하고 싶은 충동이 일었고, 급기야 상대가 전송한 채팅전용 앱을 아무런 의심 없이 다운받아 자신의 휴대폰에 깔게 되었다. 비극은 그때부터 잉태되었다.

상대 여성이 전송한 파일에는 트로이목마 같은 악성코드가 심어져 있었고, B의 휴대폰에 저장되어 있던 모든 정보들이 남김없이 중국에 본거지를 둔 피싱업체에 자동 전송되었다. 이를 알 턱이 없던 그는 점점 노골적으로 흐르는 대화에도 전혀 범죄의 낌새를 알아채지 못했다. 상대 여성은 자신의 은밀한 부위를 보여주면서 B에게도 탈의를 제안했고, 그 제안에 덜컥 옷을 벗고 나체를 보여주자 별안간 채팅은 뚝 끊어졌다. B는 여러 번 같은 코드로 접속을 해보았지만 상대 여성과 다시 채팅을 할 수 없었다. 갑자기 끝난 대화는 그에게 아쉬움을 남긴 가벼운 해프닝으로 남았다. 하지만 입맛을 다시며 아쉽게 끝나버린 채팅은 불행의 서곡에 불과했다. 다음 날부터 SNS를 타고 "어제 몸캠하셨죠?"로 시작되는 협박 문자를 받게 되었다. "300만 원을 당장 입금하지 않으면 재학 중인 학교 게시판에 나체사진을 유포하겠다."는 블랙메일은 시도 때도 없이 그를 괴롭혔다. 이미 휴대폰에 저장된 전화번호부는 탈탈 털린 상태였다. 정해진 시간에 정해진 돈이 입금되지 않으면 지인들에게도 무차별적으로 몸캠 영상을 뿌리겠다고 으름장을 놨다. 결국 참지 못하고 경찰에 수사를 의뢰하기에 이르렀고, 며칠을 끙끙 앓다가 학교를 가겠다고 집을 나선 B는 23층 건물 옥상에 올라가 30분 정도 담배를 피다가 결국 극단적인 선택을 하고 말았다. 한 명의 꽃다운 나이의 청년이 그렇게 세상과 작별을 고하게 되었다.

최근 한 시사 프로그램에 의하면, B와 같이 몸캠 피싱에 속수무책을 당했던 피해자만 3,500명에 이르고 피해금액은 55억 원에 달했다고 한다. 적게는 200만 원에서 많게는 1억 2,000만 원까지 뜯겼고, 피해자 대부분은 심한 스트레스와 정신적 고통을 호소하여 정상적인 사회생활이 불가능한 지경에 이르렀다. 페이스북이나 인스타그램처럼 SNS 플랫폼을 기반으로 새로운 인맥을 만들고 친구를 사귈 수 있는 요즘 시대에 도리어 관계를 단절시키고 사회적 폐인으로 전락시키는 인터넷 범죄는 단순히 어제 오늘만의 일이 아니다. 일정한 대상을 물색하여 무차별적인 악플을 달고 스토킹을 하는 이들이 과거부터 SNS라는 익명성에 숨어 사이버테러를 감행해 왔다. '디지털 낙인'을 찍는 그들의 행태는 마치 현대판 주홍글씨를 보는 것 같다.

SNS는 현대판 주홍글씨

이미 몇몇 플랫폼은 범죄의 온상이 된지 오래다. 조건만남이나 성매매가 버젓이 이뤄지고 있다. 현실에서 행복감을 얻지 못하기 때문에 사람들은 가상의 세계로 빨려 들어간다. 개중에는 가학적인 성향을 가진 이들도 많다. 나보다 행복해 보이고 잘 사는 것 같은 사람의 계정에 들어가서 악플을 달거나 못되게 굴면서 그의 반응에서 쾌감을 느낀다. 아무런 연고 없이 SNS에서 만난 이들끼리 범행을 계획하기도 하고, 거짓 연애를 하기도 하며, 집단으로 특정한 대상을 골라 공격을 감행하기도 한다. 50대 아줌마가 20대 아가씨처럼 프로필이나 대문사진을 걸어 놓고 남자를 물색하기도 한다. 일상에서 또래의 남자들과 소통이 되지 않기 때문에 한때 잘 나갔던 젊은 시절, 행복했던 시절을 반추하며 그 때로 되돌아가고 싶은 것이다.

한 걸음 더 나아가 최근 소셜네트워크서비스가 범죄를 새로 배우고 익히는 발판이 되고 있다. 2017년 3월 29일, 인천광역시 연수구 동춘동에서 일어난 초등학생 유괴 살인사건 역시 SNS에서 장난처럼 시작된 모의 살인이 현실로 구현된 사례다. 고등학교를 자퇴한 K양(16세)은 소위 인터넷상의 '자캐 커뮤니티'에서 만난 재수생 P양(18세)과 역할극을 하며 급격히 친해졌다.* 평소 사회에 적응하지 못했던 K와 P는 채팅을 통해 급속히 친해졌고, 연인사이로 발전했다. K는 아무런 일면식도 없던 초등학교 2학년 A양(8세)을 동네 아파트 단지에서 유괴하여 잔인하게 죽였다. 시체는 토막을 내서 아파트 정화조에 유기했고, 피해자의 손가락은 잘라서 마치 전리품처럼 P에게 직접 건네기도 했다. 미성년이 별다른 이유 없이 아동을 끔찍하게 살해했다는 사실이 밝혀지면서 한국 사회는 큰 충격에 빠졌다. 가해자의 나이나 성별도 문제였지만, 백주 대낮에, 인적 드문 곳도 아니고 경찰서와 초등학교가 지척에 있는 도심 아파트 단지 한 가운데에서 일어난 사건이라는 점이 더욱 충격적이었다. K는 본래 정신과 치료를 받고 있었고, 평소 사회에 끼지 못하는 주변인으로 울분이 내재되어 있었다. 그녀를 진단했던 정신의학과 전문의는 법정에서 K가 전부터 우울증 증세와 적응장애가 있었고 비언어적 요소를 이해하지 못하는 사회관계에 장애가 있었다고 증언했다.

---

* 자작캐릭터(자캐)를 통해 대화를 이어가는 커뮤니티를 말한다.

누구나 상대방의 SNS에 올라오는 사진을 보면서 우울해지는 경우가 간혹 있다. '다들 행복한데 난 뭐지?' 현실에 대한 불만과 알 수 없는 자괴감에 일에 집중하지 못하고 일상적인 관계를 유지할 수 없는 단계에 이르기도 한다. Y씨(50대)도 그러한 경우였는데, 자신보다 잘 나가는 여고 동창을 비방하고 다니다가 법정 구속될 뻔했다. 학창시절에 그녀는 한 마디로 모범생이자 우등생이었다. 어디 내놔도 꿀리지 않는 학업 성적에 상급 학년에 진학하면서 반장을 놓쳐본 적이 없었다. 전교 1등을 하면서 학생회장도 했고 급기야 도대표로 전국 수학올림피아드에도 나가 수상한 경력도 있었다. 물론 우리나라에서 최고의 대학을 나왔고 회사에서도 승승장구했다. 문제는 그 다음부터였다. 결혼을 하면서 Y의 인생이 꼬이기 시작했다. 준수한 남자를 만나 영원의 반려자로 낙점했지만, 오랜만에 나간 동창회에서 J를 만나면서 그동안 나름 괜찮다고 생각했던 남편이 왠지 초라하게 느껴지기 시작했다. 자신보다 공부도 한참 못했고 시야에서 보이지도 않던 J가 이름만 대도 누구나 알법한 유수의 대기업 회장의 사모님이 되어 있었던 것이다. 학생회는커녕 같은 반 분단장도 해본 적 없는 그녀가 명품으로 몸을 도배하고 기사 딸린 고급 세단을 타고 동창회에 등장하자 그동안 중소기업 만년과장과 한 이불 덮고 살았던 Y는 갑자기 자신이 한 없이 쭈글스럽게 여겨졌다. 스스로 최고라고 자부했던 자존심은 여지없이 무너져 내렸다. 그렇지 않아도 한쪽 구석에서 맥주나 홀짝홀짝 마시고 있는데 동창회 내내 무용담을 방불케 하는 J의 남편 자랑, 자식 자랑을 덤으로 들어야 했다.

집에 돌아온 Y는 도저히 분이 풀리지 않았다. 그간 사정을 모르고 퇴근하는 애꿎은 남편에게 한 바탕 하고 나서 급기야는 J의 남편에게 전화를 걸어 익명을 자처하며 학창시절 J의 화려한 남성 편력과 형편없었던 학업 성적을 폭로하기에 이르렀다. 스스로 비열한 짓이라고 생각했지만 그것도 잠시뿐이었다. 이내 J의 SNS에 들어가 온갖 비방의 글을 달아 놓았다. 개중에는 지어낸 내용들도 다수 포함되었고, 거기에 허위와 과장은 양념에 불과했다. 어쩔 줄 몰라 발을 구르며 전전긍긍하는 J의 모습을 보며 Y는 멀리서 쾌재를 불렀다. J가 자신의 SNS를 비공개로 돌리자, 그녀를 더 이상 괴롭힐 수 없게 된 Y가 이번에는 그녀의 메일로 혐오적 내용을 전송했다. 그 때까지만 해도 문제가 그렇게 커지리라고 상상조차 하지 않았던 Y는 J의 남편이 발신자 추적을 통해 범인을 찾아 나섰다는 소식을 듣고서야 정신이 번쩍 들었다. 이후 상담소를 찾은 Y는 필자와 상담을 통해 자신의 문제를 직시하고 비교심리로 촉발된 우울증을 치료해나갈 수 있었다.

06 왕따와 마녀사냥
그리고 군중심리

조금 오래된 책이지만 니버_{Reinhold Niebuhr}의 『도덕적 인간과 비도덕적 사회』는 개인으로 있을 때의 인간과 집단 속에 있을 때의 인간이 타인을 대하는 방식에 뚜렷한 변화를 보인다는 사실을 규명해 큰 파장을 일으켰다. 제아무리 도덕적이고 이타적인 사람이라도 특정 조직이나 집단에 속하게 되면 그 조직이 표방하는 집단이기주의에 빠지고 만다는 것이다. 자신의 이익을 희생하며 타인의 이익을 배려할 수 있는 개인도 조직 안에 있다 보면 민족적, 계급적, 인종적 충동이나 집단-내-논리에 지배당할 수밖에 없게 된다. 목회자였던 니버는 미국 자동차 산업의 메카와도 같은 도시, 디트로이트에서 오랫동안 목회를 하며 파업이나 태업 같이 군중심리에 내몰린 개인이 자신의 도덕을 제대로 발휘할 수 없게 되는 상황을 종종 목격했다. 사실 군중심리에는 옳고 그름이 없다. 비록 잘못된 길이라도 앞에서 선동하는 지도자 한두 사람에 의해 여론이 형성되면 다 그 방향으로 나아간다. 한 사람 바보로 만드는 건 식은 죽 먹기다. 사이코패스나 소시오패스가 저지르는 범죄가 아니라 군중심리에 휘말리거나 그릇된 자존심의 발로로 누구나 괴물이 될 수 있다. 2차 세계대전 때 히틀러의 선전부장으로 선봉에 서서 나치즘을 설파했던 괴벨스는 "나에게 한 문장만 달라. 누구든 범죄자로 만들 수 있다."고 하지 않았는가?

군중심리의 이면에는 권위에 복종하는 심리적 기제가 숨어있다. 영화 「순응(2012)」은 인간이 얼마나 권위에 복종하는지 적나라하게 보여준다. 어느 날, 시골 햄버거 레스토랑에 의문의 전화가 한 통 걸려온다. 자신이 경찰이라는 의문의 남성은 직원으로 근무 중인 베키(드리마 워커)가 손님의 돈을 훔쳤다며 절도죄로 그녀를 창고에 붙잡아 둘 것을 요구한다. 이후 자칭 경찰이라는 인물은 지속적인 전화 통화를 이용해 자신이 지금 현장으로 가고 있으며 시간이 걸리기 때문에 도착하기 전에 자신을 도와 사건을 원만하게 수습할 수 있도록 공무를 대행해줄 것을 요청한다. 적당한 권위와 능동적 권리, 일말 양심에 호소하는 정의감을 주어 주변 사람을 하수인 부리듯 꼭두각시로 만드는 이른바 '완장효과'를 노렸던 것. 문제는 레스토랑 내 어느 누구도 그 경찰을 직접 본 적이 없었다는 사실이다. 그럼에도 불구하고 전화선을 타고 넘어오는 권위 앞에 모두가 묻지도 따지지도 않고 절대적인 복종을 다짐한다. 매장 매니저는 그러한 복종의 선봉에 선다. 베키를 좀도둑으로 확신하고 그녀의 소지품을 비롯 알몸까지도 수색한다. 단순히 목소리에 불과한 경찰의 권위에 남자 직원은 알몸인 베키의 은밀한 부위를 열어 보기도 하고 심지어 그녀로부터 구강성교도 받는다.

진짜 미국에서 일어났던 실제 사건을 재구성한 이 영화는 권위에 무기력한 인간의 민낯을 들여다보게 한다. 필자도 이와 유사한 경험을 했다. 과거 K씨(50대)는 필자와 같은 상담가였다. 사실 그녀는 나의 슈퍼바이저였다. 상담학계에서 슈퍼바이저의 위치는 거의 절대적이다. 누구의 슈퍼비전을 받았는가 하는 문제는 흔히 음악계에서 누구에게 사사했는가 하는 문제와 거의 동일하다. 어느 대학을 졸업했냐, 어느 콘서버토리를 나왔냐는 것보다도 어느 스승 밑에서 배웠느냐가 절대적으로 중요하기 때문이다. 필자는 그녀에게 실지로 여러 가지 도움을 받았다. 업계 관행보다 슈퍼비전 비용을 많이 요구하긴 했지만, 그래도 필자에게는 은사와 같은 사람이었기에 묵묵히 따랐다. 어느 정도 경험과 경력이 쌓이면서 필자는 K와 군부대를 비롯한 여러 곳에 다니며 상담과 강연을 함께 해나갔다.

그런데 언제부턴가 정확히 말할 수는 없지만, K가 조금씩 달라지기 시작했다. 필자 앞에서 부자연스러운 언행을 일삼았고 왠지 주변에서 필자를 따돌리는 것 같은 상황을 종종 연출했다. 바로 그때였을 것이다. 필자를 향한 근거 없는 소문과 루머가 퍼지기 시작한 시점이 말이다. 언제나 발 없는 말이 천리를 가고 나쁜 말이 만리를 가는 법이다. 그리고 그 나쁜 말은 늘 돌고 돌아 당사자의 귀에 들어가게 되어있다. 필자는 괴상망측한 풍문의 진원지를 캤고, 무성한 말들의 꼬리에 꼬리를 잡고 더듬어 올라가 보니 최종적으로 정점에 K가 있었다. 그녀가 군 관계자들과 짜고 뒤에서 필자를 음해했던 것이다. 이 업계에서 불문율과도 같은, 동업자에게 절대 해서는 안 되는 명백한 애드 오미넴ad hominem, 인신공격이었다. 곰곰이 생각해봤다. '대체 내게 왜 그랬을까?' '내가 무슨 잘못을 했나?'

지금 생각하면, 아마 당시 K가 필자를 자신의 지도를 받는 마냥 미숙한 상담가로 여겼을 수도 있겠다 싶다. 그래서 상당한 속도로 성장하는 필자에게서 위협감을 느꼈을 수도 있었을 것이다. 슈퍼비전 중에 필자의 의식과 무의식도 들여다본 그녀는 필자를 완전히 벌거벗겨 놓고 속속들이 알고 있다고 착각했을 수도 있다. 이도저도 아니라면, 테이블 위에 벌려놓은 파이를 혼자 다 독식하고 싶은 욕심의 발로였을지도 모른다. 이유야 어찌됐든 억울하고 분했다. 직접 당사자인 K에게 따지고도 싶었다. 하지만 그건 현명한 방법이 아니었다. 그녀로서는 발뺌하면 그만이었다. 어떻게 할지 고민하는 시간이 다시 몇 주 흘러갔다.

이제 K는 아예 대놓고 필자를 인격적으로 무시하기 시작했다. 거의 동시에 상담을 나갔던 군부대 관계자들도 필자에게 말도 안 되는 요구들을 하나둘 청하기 시작했다. 필자는 항의했다. "왜 저에게 이렇게 하시죠?" "제가 뭘 잘못했나요?" 담당 군인은 딴청을 피우며 모르쇠로 일관했다. 그렇게 실질적으로 집단 내에서 필자를 왕따 시켰다. 급기야 필자에게 통보도 안 하고 국책사업을 따는 책임을 필자에게 돌리고, 계약서도 필자의 이름으로 해놓고, K가 사업상 실질적인 자리를 차지해 혼자 들어갔다. 그 과정에서 필자는 철저히 배제됐다. 명백히 공문서 위조에 해당하는 중범죄였다. 뭔가 거꾸로 돌아가고 있음을 직감한 필자는 그 사업에서 빠지기로 의사를 전달했다. 어쩌면 이렇게 될 것을 그들도 원했는지 모르겠다. 분통이 터지고 깊은 상처가 되었지만, K와 더 인연을 이어가는 것은 사리에 맞지 않다고 판단했다.

　이렇게 필자가 집단적으로 마녀사냥을 당하고 깨달은 게 하나 있다. 왕따와 마녀사냥, 그리고 군중심리는 동전의 양면과도 같은 정서적 표출이라는 사실이다. 모 케이블TV에도 방송되었던 사건 역시 이러한 마녀사냥 심리가 작동한 비극이었다. 2017년 12월 15일에 방영된 「궁금한 이야기」 388화는 한 동료의 무분별한 투서로 시작된 음해가 전도유망한 한 여경찰관을 죽음으로 내몰았던 사건을 재조명했다. 한 경찰서에서 동료로 지냈던 A경사(38세)는 2017년 7월부터 3개월 간 익명으로 동료 B경사(39세)를 음해하는 내용이 담긴 무기명 투서를 충주서와 충북지방경찰청에 세 차례 보냈다. B씨가 평소 근태가 불량하고 부하직원에 대한 갑질과 상습 지각, 및 당직 면제의 사유를 들어 상급기관의 면밀한 조사가 필요하다는 내용이었다. 물론 자살한 당사자 남편―역시 같은 경찰관이었다―은 사실이 아니라고 펄펄 뛰었다. "아내는 제가 잘 압니다. 결코 부당하게 권력을 행사하거나 근무지를 이탈할 사람이 아니라구요!" 담당 지역과 경찰서 안팎에서 평소 B에 대한 칭찬이 자자했던 터라 남편의 주장은 신빙성이 있었다. 이와 관련해서 CCTV 분석과 근태와 관련된 부분에서도 전혀 혐의점을 찾을 수 없었다. 문제는 이 투서를 근거로 특파된 충북경찰청 감찰관 두 명이 B를 강압적으로 협박하며 미행과 감시를 일삼았다는 점이다. 이렇게 한 사람을 말 그대로 바보로 만드는 건 너무 쉬운 일이다. 결국 치욕스러운 수사와 강압적인 경위서 요구에 마음의 부담감을 이기지 못한 B는 그만 자택에서 목을 매어 자살하고 말았다. 너무나 훌륭했던 경관, 철두철미한 직업의식으로 무장했던 귀한 경찰이 동료의 중상모략으로 생을 달리했다. 결국 2018년 11월 20일, 오랫동안 면밀한 내사를 벌이던 청주지검 충주지청은 무고 혐의로 A씨를 구속했다. 그러나 이미 아까운 목숨은 이 세상을 떠나고 말았으니 만시지탄이 아닐 수 없다.

왜 이런 일이 일어날까? 거짓말을 하지 않고는 배길 수 없는 연약한 정신, 겉과 속이 다른 이중인격, 고의적이고 악의적인 중상모략과 같은 말들로는 그간 인류의 역사에서 숱하게 일어났던 마녀사냥과 대량살육, 군중심리의 추동으로 발생한 각종 범죄 사건들의 심리적 배경을 모두 설명해낼 길이 없다. 비슷한 경험을 했던 필자는 그 대신 중상모략을 일삼는 사람들의 기억이 정확히 작동하는지, 스스로조차 속고 있는 자신감이라는 이름의 확증편향의 위력이 얼마나 대단한지 현재 캘리포니아대학의 범죄심리학자로 활동하는 엘리자베스 로프터스Elizabeth F. Loftus의 심리실험을 소개하면서 이 장을 마칠까 한다. 지금의 그녀를 있게 한 '쇼핑몰에서 길을 잃다Lost in the mall'라고 불리는 유명한 실험인데, 이는 지극히 평범하고 전혀 악의가 없는 사람에게 어떻게 가짜 기억이 이식되고 명백한 사실의 하나로 안착할 수 있는지를 분석하는 실험이었다. 그녀는 오랫동안 거짓된 기억, 즉 얼마든지 본인뿐 아니라 상대방에 의해서 조작될 수 있는 기억을 연구하고는 '진실과 거짓 사이에는 얇은 막이 있다.'는 말을 남긴 것으로 유명하다.

실험은 다음과 같다. 우선 그녀는 무작위로 24명의 피실험자들을 모집하여 그들의 가족에게 물어서 어린 시절 추억 네 가지를 담은 소책자를 만들었다고 말하면서 각기 나눠주었다. 그런데 소책자에 담긴 추억들 중에 실험자가 고의로 꾸며낸 가짜가 들어있었다. 그 거짓 기억이 바로 쇼핑몰에서 길을 잃은 경험이었던 것. 흥미로운 사실은 참가자들 중 25%가 쇼핑몰에서 길을 잃었던 경험이 전혀 없었는데도 불구하고 이러한 거짓된 기억을 떠올려냈다는 점이다. 물론 가짜 기억은 진짜 기억보다 선명하지도 못했고 진짜 기억을 묘사하는 데 더 디테일한 말들을 늘어놓았지만, 일부 참가자들은 스스로 그 사실을 깨닫지 못했다. 실험을 마치면서 소책자에 담긴 네 가지 사건 중 하나는 거짓이라고 밝혔는데, 피실험자들 중 다섯 명은 소책자에서 가짜 기억이 뭔지 끝까지 찾아내지도 못했다. 스스로도 철저히 속았던 것. 이를 두고 로프터스 교수는 암시된 사건(길을 잃음)이 이미 존재하고 있던 기억(쇼핑몰에 감)과 통합되면서 가짜 기억이 만들어졌다고 분석했다. 시간이 지나면서 실제로 일어난 사건과 상상해낸 사건을 구분해내는 게 점점 어려워진 것. 이후 이와 비슷한 형태의 다양한 실험들을 진행했지만 결과는 유사했다. 어떤 실험에서건 대략 25%의 사람들은 이식된 기억을 소환해냈을 뿐만 아니라 사이사이 비어있는 상세한 내용들을 채워 넣기까지 했다.

왕따나 마녀사냥 같은 문제에 있어 이런 가짜 기억 실험이 시사해주는 바가 있다. 자신의 기억이 언제나 맞는 건 아니라는 사실, 의도와 상관없이 외부의 자극에 의해 자신의 기억이 왜곡될 수 있다는 사실, 나아가 자신에게 아무런 해를 끼치지 않은 사람인데도 그에게 무한한 분노와 경멸, 수치, 모멸감을 느낄 수 있다는 사실은 우리 주변에서 무수히 일어나는 왕따와 마녀사냥을 넘어 무고와 공갈, 사기를 이러한 심리적 기제의 작용으로 볼 수도 있다는 가능성을 말해준다. 무엇보다 확고하다고 생각하는 우리의 판단, 당시 느낌과 분위기, 냄새와 기분까지 분명히 기억한다고 확신하는 우리의 기억도 확증편향이 아닐지 늘 의심해 보아야 할지도 모른다. 이제 다음 장에서 폭력적인 범죄와 그 이면에 깔린 범죄심리를 하나씩 살펴보자.

몸이 아픈 것보다 마음이 아픈 게 우리 삶에 더 많은 문제를 일으킵니다. 몸이 아픈 사람은 단지 자신만 고통 받을 뿐이지만. 마음이 아픈 사람은 자신의 고통뿐만 아니라 좋지 않은 행동을 통해 상대방도 아프게 하기 때문입니다. 이처럼 무섭게 돌변하는 자아를 심리학에서는 이상심리라고 하고 이상심리는 반드시 이상행동으로 표출됩니다. 이 부분에서 제일 중요한 것은 몸의 고통과 마음의 고통에 대하여 정확하게 구분하고 살아야 한다는 점입니다. 몸의 고통은 자신의 객체인 몸의 통점을 통해 감각으로 느끼는 것이라면, 마음의 고통은 감정과 정서로 느끼는 것이며 감정은 바로 생각과 행동으로 이어져 왜곡된 인지 또는 왜곡된 행동을 유발하여 자기 자신을 비롯하여 주변의 사람들에게까지 피해를 입히게 됩니다. 때문에 마음의 고통을 치유하지 않으면 범죄로 이어질 가능성이 매우 높고, 나아가 정서적 어려움을 지속적으로 경험하며 행복한 인생을 살지 못하게 됩니다.

❖ 구스타프 도레(Paul Gustave Louis Christophe Doré, 1832～1883)의 「지옥(Inferno, 1868)」.
  단테의 『신곡』 판화 중에서

_

chapter 5

다양한 모습으로 존재하는
내 안의 또 다른 나

일상을 파고든 범죄의 이면

아마 세계에서 두 번째로 악한 범죄는 지루함일 것이다.
첫 번째는 지루한 사람이 되는 일이다.
—장 보드리야르—

　　　　　　　　책을 읽어본 사람조차도 단테가 쓴 『신곡La Divina Commedia』이 '코미디'라는 사실을 아는 경우는 거의 없는 것 같다. 지옥을 옮겨 다니며 갈기갈기 찢기고 똥통에 빠지고 흉측한 피부병에 걸리고 불에 지글지글 구워지는 기괴하고 끔찍스런 이야기들로 가득한 가운데 웃음기라고는 눈을 씻고도 찾아볼 수 없다. 그렇기에 대부분의 독자들은 『신곡』의 원제목을 알고는 깜짝 놀라기 십상이다. 대체 왜 코미디일까? 오늘날 '희극'으로 정의되는 코미디는 사실 현실의 부조리와 기득권층의 부도덕함을 고발하는 장르였다. 당연히 사회를 선동하고 세상을 비꼬았기 때문에 코미디언들은 항상 부자와 권력자들의 눈엣가시였다. 이곳저곳을 유랑하는 서커스단처럼 그들도 사람들이 많은 도시에서 쫓겨나 지방을 떠돌았다.*

코미디『신곡』은 다음과 같은 고백으로 시작한다. "내 인생 최전성기에 문득 길을 잃고 뒤를 돌아다보니, 어두운 숲 속에서 길을 잃고 있는 나 자신을 발견하였다." 35살의 단테가 이탈리아 피렌체에서 최고의 지위에 올랐던 시절, 피비린내 나는 권력의 쟁투 속에서 정적政敵을 제거하고 온갖 권모술수와 감언이설로 피아彼我를 구분하던 그에게 실존의 위기, 궁극적 관심, 존재의 철학적 물음이 시작되었던 것 같다. 그는 베르길리우스의 안내를 받아 지옥을 여행한다. 단테가 꿈에서도 사랑했던 지고지순한 베아트리체가 있는 천국까지 도달하기 위해서는 지옥의 문을 건너가야 했기 때문이다. 그가 본 지옥은 끔찍함 그 자체였다. "여기 한숨과 울부짖음과 드높은 통곡이 별 없는 하늘에 울려 퍼지기에 나는 눈물을 흘리기 시작했다." "나를 거쳐 고통의 도시로 들어가고, 나를 거쳐 영원한 고

---

* 아리스토텔레스의 『시학』을 보면, 코미디의 유래를 잘 알 수 있는 구절이 나온다. "최초로 희극(Komodia)이란 장르를 개발했던 그리스인 작가들은 통치자들의 비난과 시민들의 야유를 피해 도시에서 공연을 하지 못하고 시골마을(Kome)을 돌아다녔기 때문에 여기서 코미디가 탄생했다." 『통찰(베가북스)』, 165.

통으로 들어가고, 나를 거쳐 길 잃은 무리 속에 들어가라." "여기 들어오는 너희들은 모든 희망을 버릴지어다." 단테는 지옥을 총 아홉 개의 층위로 설명한다. 각기 1층은 연옥(림보), 2층은 색욕지옥, 3층은 폭식지옥, 4층은 탐욕지옥, 5층의 분노지옥, 6층은 이교지옥, 7층은 폭력지옥, 8층은 사기지옥, 9층은 반역지옥으로 이루어져있다. 아래로 내려갈수록 심각한 범죄를 저지른 죄인들이 더 고통스럽고 더 가혹한 고문에 시달린다. 이탈리아의 화가 보티첼리는 『신곡』을 읽고 '지옥의 지도'를 그림으로 남기기까지 했다.

01 악의 등급이 존재할까?

　젊은이들 사이에서 '헬조선'이라는 말이 유행이다. 언제부턴가 우리 주변을 유령처럼 어슬렁거리던 이 신조어는 이제 어린이들까지 사용하는, 한국을 비하하는 자조적 표현으로 굳어졌다.[*] 어떻게 보면, 이 세상이 흡사 지옥이 아닐까 생각이 든다. 적어도 정변으로 고향을 가지 못하고 평생 유럽을 유랑했던 단테는 이 사실을 잘 알고 있었던 것 같다. 굳이 금수저와 흙수저를 말하지 않아도, 이미 양극화된 신자유주의 시대는 가진 자와 가지지 못한 자로 세

---

[*] 최근 한 통계에 따르면, 대한민국 20대의 90.7%, 30대의 90.6%가 헬조선이라는 표현에 동의한다고 답했다.

상이 재편되었고, 그 틈바구니 속에서 하루하루 지옥 같은 삶을 연명해야 하는 서민들에겐 세상이 또 다른 악의 구현물이 아닌가 하는 착각을 하게 만든다. 단테가 그린 지옥은 그래서 세상을 있는 그대로 보여주는 데칼코마니 같다.

경계선	❶ 연옥	그리스도 이전 시대에 죄를 짓지 않은 고결한 이교도 (죄의 성향은 있으나 죄를 짓지 않은 자)
무절제	❷ 색욕지옥	정욕을 주체할 수 없는 자
	❸ 폭식지옥	식욕을 제어할 수 없는 자
	❹ 탐욕지옥	탐욕이 지나쳐 쓸데없이 욕심을 부리는 자
	❺ 분노지옥	화를 참지 못하고 분노를 일삼는 자
이단종교	❻ 이교지옥	그리스도교가 아닌 이교를 믿는 자 (이단종교, 사이비종교를 믿는 자)
범죄성	❼ 폭력지옥	이웃에 폭력을 가하거나 살인하는 자, 전쟁을 일삼는 자, 고리대금업자(불법유사수신)
	❽ 사기지옥	창녀, 성직 매매자, 관직을 독식하는 자, 위선자, 도둑, 분란을 조장하는 자, 사칭이나 거짓 증언하는 자
	❾ 반역지옥	가족과 국가를 배신하는 자, 손님을 죽이는 자, 신과 은혜를 베푼 사람에게 배은망덕한 자

『신곡』은 위와 같이 지옥을 아홉 개로 나눈 것으로 유명하다. 그냥 나눈 게 아니라 아래로 내려갈수록 더 극악한 죄로 분류된다. 쉽게 말해, 단테가 '악의 등급'을 매긴 것이라 보면 된다. 단테의 지옥도地獄圖는 이후 문학작품뿐만 아니라 많은 철학과 예술작품에도 지대한 영향을 미쳤다. 오늘날의 법체계와 당시 단테가 살았던 시대의 이해가 다르다는 사실을 감안하면서 보면, ❶번에서 ❺번까지는 실정법상 범죄로 볼 수 없다. 그리스도교가 핵심적인 세계관이었던 중세시대만 하더라도 정욕과 탐욕, 나태, 분노, 탐식 같은,『성서』에서 말하는 일곱 가지 행위는 엄연히 사회를 타락시키는 범죄로 분류되었다. 옛날 유교에서 언급되던 '칠거지악'이나 '삼강오륜'도 이와 비슷한 예일 것이다. 하지만 이 일곱 가지 행위도 보는 이에 따라 얼마든지 범죄로 규정될 수 있다.

범죄영화「세븐(1995)」은 이 일곱 가지 죄악이 관영한 세상을 심판하려는 한 미치광이 연쇄살인범을 다루고 있다. 은퇴를 일주일 앞둔 윌리엄 형사(모건 프리먼)와 신참내기 데이비드 형사(브래드 피트)는 뉴욕에서 일어난 연쇄살인사건을 추적한다. 범인은 그리스도교가 말하는 일곱 가지 죄악을 하나씩 실천하며 경찰을 조롱하고 있는데, 스파게티를 탐욕스럽게 먹다가 죽은 초고도비만 남성, 살을 도려내 과다출혈로 죽은 변호사, 침대에 묶어 대소변을 싸게 한 마약유통업자, 칼날이 달린 성기에 박혀 죽은 창녀, 코를 자르고 양 손에 전화기와 수면제 통을 붙인 채 죽은 여자가 차례로 그들 앞에 모습을 드러낸다. 보란 듯이 난해한 퍼즐을 던져놓고 유유히 잠적한 범인은 스스로 신이 된 것처럼 세상 사람들을 심판한다. "때가 악하다. 멸망의 때가 가까이 왔다!"

❻번 역시 당시 그리스도교 문화의 이해를 반영하고 있기 때문에 현실적으로 죄를 묻기에 어려움이 있다. 오늘날 이단과 정통의 구분은 교리 상으로 갈리는 게 아니라 사회적 비리나 추문이 발생했을 때나 가능하기 때문이다. 정통을 표방하는 교회와 종단 내에서도 최근 얼마나 추악한 성범죄와 배임, 횡령이 끊이지 않는가? 오늘날 법으로 형량을 다툴 소지가 있는 명확한 범죄는 사실상 ❼번부터 ❾번까지다. 범죄의 대상이 가족, 이웃, 지인, 집단, 사회, 국가 등 다양하지만, 그렇기 때문에 민법과 형법, 헌법 등으로 나누어 법리적 해석을 달리할 범죄행위들이지만, 기본적으로 우리는 이러한 범주에 포함된 일탈들을 포괄적으로 '범죄'라고 규정한다. 단테가 설정한 악의 등급은 상당히 정교해서 몇몇 부분은 지금도 유용할 정도다. 과연 현실적으로 악의 등급이 존재할까?

이 질문에 답을 하기 위해서는 악을 먼저 규정해야할 것이다.

악evil이라는 단어는 앵글로색슨어에 어근을 두고 있는데, 원래 의미는 '무언가를 넘어선 것' '기준을 벗어난 것'이었다. 아리스토텔레스는 『시학』에서 비극의 주인공들이 겪는 어려움의 근원을 그들이 지닌 죄악에서 찾았다. 이 죄악을 그리스어로 '하마르티아'라고 하는데, 『성서』에서도 발견되는 이 단어는 본래 '과녁을 빗나가다'라는 뜻이다. 궁수가 화살을 쐈는데, 그 화살이 제 방향을 이탈하여 목표점에 낙하하지 못하고 엉뚱한 궤적을 그리는 모습이 그리스인에게는 악이었다. 마땅히 인간이 살아가야하는 '길'(호도스)을 벗어나 탈선하는 건 모두 '악'(하마르티아)이었다.

그럼 한자문화권에서는 어떨까? 한자 악惡 역시 서양의 그것과 다르지 않다. 부수를 살펴보면, 악이란 글자는 버금 아亞로 출발한다. '버금간다'는 말은 '가까이 갔으나 미치지 못한다.'는 뜻이다. 한자어인 아열대亞熱帶나 아류亞流 등에서 볼 수 있듯, 유사하지만 정확히 범주 안에 떨어지지 않는다는 말이다. 우리말로도 '버금딸림음'은 '딸림음에 미치지 못한 음'이란 뜻이다. 거기에 마음 심心 자가 붙었으니 결국 한자문화권에서 악이란 인간의 마땅한 도리에 미치지 못하는 게 아닐까? 마음[心]이 마땅이 가야할 길[道]에서 목표점에 미치지 못하는[亞] 모든 결과, 결국 악은 기준에 미치지 못하는 행위, 원칙에서 벗어난 일, 정도에 지나친 모든 것이 될 것이다.

판결문을 보면 흔히 판사들이 '죄질'이라는 표현을 쓴다. 또한 현실적으로 법정형에서 '양형기준'이라는 게 있어 대법원이 범죄자를 징역형이나 벌금형에 처할 때 판사가 자의로 정하는 게 아니라 범죄 유형별로 지켜야 할 형량 범위를 정해두기도 한다. 이 범위 내에서 법이 정한 일정한 기준에 따라 형을 가중하고 감형하여 판결하게 된다. 아마도 이러한 것들이 단테가 말했던 악의 등급을 대신하지 않을까 싶다. 이번 장에서는 이렇게 정도에서 벗어난 범죄들, 악의 등급에서 비교적 상위를 차지하는 흉악한 범죄들을 하나씩 살펴볼 것이다.

사이코패스와
소시오패스

흔히 TV나 신문지상에서 지능형 범죄나 연쇄살인 보도가 나
오면 대부분의 사람들은 "저 찢어죽일 놈" "저런 놈은 똑같이 해줘
야 돼." 같은 반응을 보인다. 2004년 유영철 사건이나 2008년 조두
순 사건처럼 단테의 지옥 가장 밑바닥에 있어야 될 것 같은 범죄자
가 매스컴에 등장하면 여론은 비등한다. 그러면서 전문가들은 TV
에 나와 천편일률적으로 그들을 사이코패스 내지 소시오패스로 규
정해버린다. 십여 년 전만 하더라도 대중에게 낯선 심리학 전문용
어에 불과했던 '사이코패스'라는 말이 이젠 대한민국 사람이면 누
구나 알고 있는 상식이 되어 버렸다. 심지어 반 농담 삼아 친구들

사이에서 심하게 짜증을 내거나 이해할 수 없는 행동을 하는 상대를 보고 "사이코패스 같은 놈"이라고 부를 정도로 일상에서는 이미 흔히 쓰는 말이 됐다. 하지만 사이코패스는 제3의 인물, 우리와 아무런 상관없는 제3자, 우리의 일상에서 동떨어져 있는, 우리와 전혀 다른 범죄자가 아니다. 사이코패스는 우리 가까이 있고, 우리 중 하나일 수 있으며, 심지어 이 글을 읽는 나일 수도 있다.

　사이코패스psychopath는 정확히 어떤 존재일까? 사이코패스와 늘 함께 언급되는 소시오패스sociopath는 또 누구일까? 이들의 특징을 정확하게 알고 행동을 파악해 보면, 사실 우리 안에도 정도의 차이만 있을 뿐 대부분 가지고 있는 정서적 특성임을 발견하고 깜짝 놀라게 될 것이다. 무엇보다도 사이코패스는 희로애락의 감정을 거의 느끼지 못한다. 상대에 대한 공감능력이 현저히 떨어지기 때문에 남의 감정에 아랑곳없이 자신만의 감정만 중시한다. 비유하자면, '감정의 색맹'이라고 부를 수 있다. 소시오패스는 보통 이러한 사이코패스보다 더 충동적이며 분노조절에 더 심한 문제를 안고 있다. 감정의 불안을 그 중추적 특징으로 삼는다는 점에서 소시오패스와 사이코패스는 마치 일란성 쌍둥이와 같다. 둘 중 무엇이 더 심각하다 말할 수 없을 정도로 둘은 닮아있다.

사이코패스는 감정의 색맹이다

그렇다고 이 둘이 전혀 구분되지 않는 것은 아니다. 사이코패스는 정상인과 마찬가지로 사회에 잘 적응해서 살아간다. 범죄를 저지르지 않는 한, 일생동안 그가 사이코패스인지 전혀 판별할 수 없을 정도다. 실지로 엽기적인 살인을 저지른 사이코패스들을 오랫동안 연구한 일단의 심리학자들에 따르면, 사이코패스는 평소 단정하고 예의바른 행동으로 주변 사람들로부터 상당한 믿음과 인정을 받을 정도라고 한다. 쉽게 말해, 겉만 보고는 사이코패스의 전형적인 특징이 전혀 드러나지 않는다는 뜻이다. 반면 소시오패스는 사교적 능력이 거의 없는 경우다. 스스로 충동성을 조절하지 못하고 이유를 알 수 없는 분노로 일찌감치 인간관계를 맺지 못하며 성장해서도 사회에 적응하지 못한다. 어떤 특정한 집단이나 모임에 함께 있어도 소속감을 전혀 느끼지 못하고, 도리어 사람들이나 군중 속에 있을 때 불안감을 느끼는 경우가 많다.

또한 사이코패스는 죄책감을 느끼지 못하며 자기 중심적인 사고를 통해 눈 하나 깜짝 안 하고 거짓말로 남을 속이는 게 능숙하다. 우리가 흔히 거짓말하는 사람더러 "입에 침이나 바르고 그런 소리를 해라."고 말하는데, 사이코패스가 바로 그런 성격을 지니고 있다. 반면 소시오패스는 자신의 감정을 표현하는데 거칠고 서툴며, 이를 상대가 알아주지 못할 때 감정을 억제하지 못하는 경우가 많다. 상황에 맞지 않는 소리를 한다거나 분위기를 깨는 언행을 하는 건 그가 한 장소에 타인들과 같이 있으면서도 그들이 느끼는 동일한 감정에 빠져들지 못하고 있다는 방증이 된다.

사이코패스는 19세기에 들어서며 잔혹한 연쇄살인이 대중에게 알려지기 시작하면서 1920년대 독일의 쿠르트 슈나이더(Kurt Schneider)가 처음 대중에 소개한 개념으로 보통 반사회성인격장애를 앓는 일군의 사람들을 일컫습니다. 슈나이더는 1923년, 자신의 저서『사이코패스적 성격(The Psychopathic Personalities)』에서 자신의 오랜 임상 결과를 바탕으로 사이코패스로 규정할 수 있는 열 가지 성격을 정의하기도 했습니다. 1930년대 접어들면서, 그는 사이코패스뿐만 아니라 환청을 조현병(정신분열증)을 규정짓는 주요 증상의 하나로 확립했는데요. 그의 여러 이론들은 상당수 오늘날까지 정설로 받아들여지고 있으며, 학자들에 따르면, 전 세계 인구의 약 1% 정도가 사이코패스로 추정된다고 합니다. 반면 소시오패스는 1909년 독일의 정신생리학자 카를 비른바움(Karl Birnbaum)이 처음 소개했고, 이후 1930년 미국의 교육심리학자 조지 파트리지(George E. Partridge)가 사이코패스의 대안적 개념으로 체계화했습니다.

이 두 성격은 모두 **반사회성인격장애**antisocial personality disorder라는 상위 범주에 속해 있다. 여기서 말하는 인격장애는 개인의 성격이나 행동이 보통 정상적인 사람들의 상궤를 벗어나 한두 가지 구체적인 부분에 편향된 상태를 보이는 성향으로써, 개인뿐만 아니라 사회에도 부정적인 영향을 끼칠 위험성을 다분히 안고 있는 정신적 질환의 하나다. 사이코패스나 소시오패스 모두 정상인들처럼 다양한 감정을 공감하고 느끼지 못하기 때문에 항상 일상 속에서 지루해 하고 싫증을 빨리 느끼며, 언제나 새로운 일을 찾아 헤맨다. 직업이나 취미생활, 연애 상대나 가치관 등 어느 한 가지에 안주하지 못한다. 그들은 정상인보다 중독에 매몰될 위험도 높은데, 술이나 담배, 마약류를 통해 평소 몰랐던 강력한 감정들을 느끼고 싶어 하기 때문이다. 심지어 살인조차 심심해서 저지르는 경우도 있다는 보고가 있다. 세기의 연쇄살인마로 대부분의 범죄심리학 교과서에 단골로 등장하는 켐퍼Edmund Emil Kemper 역시 1963년 자택에서 자신의 할머니와 할아버지를 죽이고도 심문과정에서 "죽이면 어떤 느낌일지 궁금했다."고 진술해 당시 조사관을 경악케 했다.

사이코패스	소시오패스
1%	4%
정신병질자	사회병질자
선천적	후천적
사회적	반사회적
비도덕적	기만적
의지적	충동적
계획적	즉흥적

아마 현존하는 최고의 사이코패스 중 한 명은 미국인 리지웨이 Gary Ridgway일 것이다. '그린리버 킬러Green River Killer'라는 별칭으로 유명한 연쇄살인자 리지웨이는 1982년부터 1988년까지 총 49명의 여성들을 무참히 살해한 죄목으로 가석방이 불가한 종신형을 선고 받았다. 그를 직접 수사한 경찰은 공식적으로 드러난 것만 49명이 지 잠정적으로 100여 건이 넘는 유사 살인을 저지른 것으로 파악했 다. 그는 지역을 옮겨가면서 대부분 창녀나 법의 사각지대에 있던 여성 피해자들을 교살했는데, 그는 시체를 시간했고 가까운 숲속에 아무렇게나 유기하는 동일한 수법을 실천했다. 2001년 워싱턴에 소 재한 어느 트럭공장에서 신분을 속이고 일하던 그는 결국 오랜 살 인 행각 끝에 경찰에 붙잡히고 말았다. 정신감정을 통해 리지웨이 는 네크로필리아(시체성애) 성향이 다분한 사이코패스 진단을 받 았다. 미국의 연구에 따르면, 연쇄살인범 145명 중 87%가 사이코패 스였다고 한다. 사이코패스는 계산적이고 치밀하며, 머리가 영리하 고 똑똑하나 비도덕적 성향을 가진다. 자신의 행위에 대해 철저히 무책임하며, 나쁜 짓에 대해서 일말 죄책감도 느끼지 않는다.

우리가 이런 심리적 특징을 알고 이해하며 살아가야 하는 현실 적인 이유는 범죄자를 대하는 습관을 만들거나 범죄자가 되라는 것 이 아니라, 범죄를 예방하고 피해를 최소화하기 위해서다. 생각보다 우리 사회에는 이러한 특징을 가진 사람들이 많고, 실질적으로 많은 피해를 보기도 한다. 경미한 피해의 경우, 학습되기도 하는데, 처음 출발은 작은 인간관계 갈등에서부터 시작하지만 나중에는 살인과 같은 중범죄로 이어지기도 한다. 사회 속의 인간관계는 가족 관계와 같은 친밀한 인간관계를 유지하는 것에도 매우 위험성이 많기 때문에 스스로 관계의 선을 정하는 것이 매우 중요하다.

기억이 맞는다면, 2014년 가을쯤이었을 것이다. 단아하고 매력적인 중년 여성 P씨(40대)가 상담소에 찾아왔다. 자신만만해 보이는 모습에서 상처라고는 찾아볼 수 없을 만큼 세련되고 멋진 여성이었다. 그러나 그런 환상도 잠시, P는 마치 고해성사를 하듯 그간 자신의 주변 사람들을 괴롭혔던 이야기를 아무렇지 않게 털어놨다. P의 첫마디는 이러했다. "선생님, 저는 선생님처럼 좋은 사람이 아닙니다." 그녀는 사람들을 괴롭힐 때가 세상에서 가장 재미있으며, 시도 때도 없이 주변을 이간질하며 싸움을 붙인다고 했다. 사람들은 자신의 말이 거짓말인 걸 알면서도 동조한다고 했다. P는 조금만 잘 해주고 웃어주면 자신이 원하는 건 뭐든지 사람들로부터 빼앗을 수 있다고 자신만만해했다. 그녀는 누구보다 사람들의 심리를 꿰뚫고 있었으며, 거의 동물적인 감각으로 사람들을 이용하고 곧 폐기처분하는 일체의 방법을 체득한 듯했다. 한마디로 P는 무슨 컬트의 여교주와 같았다. 그렇게 기고만장한 그녀가 무엇이 아쉬워서 필자를 찾아왔던 것일까?

P는 숱한 남자들을 거쳤지만 자신을 만족시켜준 남자를 그간 만나지 못했다고 한다. 그러다가 얼마 전 사귄 남자는 이전의 남자들과 다른 느낌으로 자신에게 다가왔고 급기야 진짜 사랑을 하게 되었다고 털어 놓았다. 유부남이었던 그 남자의 가정을 파탄내고 그를 내 남자로 만들고 싶으니 그 방법을 자기에게 알려달라고 졸랐다. 그러면서 자신이 이렇게까지 악한 사람이 된 데에는 첫 번째 결혼에 실패한 게 컸다고 둘러댔다. 평생 공직에 몸담았던 부모 덕분에 P는 음악을 전공하며 유복하게 성장했다고 한다. 대학교 3학년 때 의대생을 만나 연애를 했고 그와 결혼에까지 골인하게 되었다. 한동안 나름 예쁘게 살았다고 한다. 여자로서 매력이 넘치고 못하는 것이 없었던 P는 내조의 여왕으로 남편을 뒷바라지하며 성실하게 살았다. 하지만 장밋빛 신혼은 그리 오래가지 못했다. 고부간의 갈등으로 그녀의 결혼생활은 심각한 위기에 직면하게 되었다.

시어머니는 남편과 자신의 사이를 이간질했으며, 고액의 용돈과 생활비를 챙기면서도 남편 앞에서는 더할 나위 없이 잘해주었으나 남편이 자리를 비우면 차마 입에 담을 수도 없는 욕설로 그녀의 인격을 무시하기 일쑤였다. P는 어린 시절 유복하게 키워준 부모를 도리어 원망하며 잘못 키워서 애꿎은 나만 저런 사람들에게 당하고 살게 만들었다는 왜곡된 신념을 갖게 되었고, 그러한 신념은 그녀의 내면을 빠른 시간 안에 일그러뜨렸다. '착하게 살면 사람들이 만만하게 보는구나.' '증거가 없으면 이렇게 억울하게 당하는구나.' '인간관계란 싸워서 이겨야만 하는구나.' 이런 생각들로 마음을 모질게 먹고 못된 아내, 못된 며느리로 살기로 결심했다. 시어머니와 다툰 날에는 나이트클럽에 가서 음악에 몸을 맡기며 춤을 췄고, 홀에서 만난 생면부지의 남자들에게 돌아가며 몸을 맡기고 놀았다. 각종 영양가 없는 동호회에 가입하여 외간남자들과 밀회를 즐겼다. 시어머니와의 대화 내용을 모두 녹음하여 "니 엄마가 이런 년이야."하면서 신랄하게 남편을 비난하기도 했다. 그러면 그럴수록 P의 남편은 그녀에게 정나미가 떨어졌고, 그녀를 경멸하며 폭력까지 휘둘렀다. 한번 꼬인 실타래의 매듭은 더욱 엉켜 붙어 도저히 스스로 풀어나갈 수 없는 지경에까지 이르렀다.

결국 집을 가출하는 횟수가 늘었고 보다 못한 상대편 집에서 이혼소장을 내고 갈라서게 되었다. 나름 유복하게 성장한 그녀가 왜 이런 인생의 밑바닥으로 떨어질 수밖에 없었을까? 부정적인 감정과 억울한 감정을 반복적으로 유발시키는 대상을 만나 왜곡된 정서를 학습하고 경험하면서, 마치 그것이 옳은 것처럼 착각하고 살아가던 P는 인생의 막다른 골목에서 상처투성이로 벌거벗은 채 웅크리고 있는 자신의 자아와 마주하게 되었다. 남편과 시어머니에게 잘못이 있었던 게 아니었다. 그녀 스스로 그러한 괴기스런 상황을 억지춘향격으로 연출했고 주변 인물들은 거기에 감정적으로 반응했을 뿐이었다. 자신의 올바르지 않은 사고방식은 풀리지 않는 문제를 잉태하고 부정의 심리는 결국 정신증으로 이어지게 되어 더 이상 견딜 수 없는 지경에 도달했을 때, P는 백기를 들고 상담소를 찾아오게 되었다.

늦은 시각, 쉬지 않고 3시간이 넘는 장시간의 상담을 통해 비로소 그녀는 결혼과 동시에 새로운 가족이 형성되면서 미처 준비되지 못했던 결혼생활과 시댁 어르신들의 불필요한 관계 갈등으로 마음의 상처를 받아 심리의 균형이 헝클어졌다는 사실을 깨닫고 필자 앞에서 대성통곡했다. 스스로 삶을 포기하려 했던 P는 필자와 함께 용기를 내보기로 했다. 그녀는 새로운 삶을 살기 위해서 심리상담을 시작하였고, 6개월간의 자기 분석 상담과 건강한 인간관계 습관을 만들기 위한 상담 프로그램을 통해 사람들 속에서 사랑을 나누며 살아가는 사람으로 거듭났다.

사이코패스와 소시오패스는 범죄심리학 교과서에만 등장하는 게 아니다. 사이코패스는 인간관계와 사회관계의 누적된 상처가 적절히 치유되지 않아 발생할 수도 있다. 때문에 이러한 심리적 문제를 예방하고, 더 나아가 심리적 문제가 있는 주변의 사람들로부터 내 자신을 지키기 위하여 사람의 심리를 알고 배우는 건 매우 중요한 부분이다. 시중에 쏟아지는 수많은 심리학 서적들과 자기계발서들로 오랫동안 유지되어왔던 사람의 성격과 습관을 고칠 수 있다고 생각하는 것은 매우 위험한 발상이다. 우리 주변에는 너무나도 많은 사기꾼들과 감정조정자들이 존재하기 때문이다.

전문가와
사기꾼의 차이

우리 삶속에는 가짜가 더 진짜처럼 보일 때가 있다. 겉으로 봐서는 도인과 낭인을 구분할 수 없고, 본래 매력적인 여성과 꽃뱀을 분별할 수 없다. 전문가와 사기꾼의 공통점은 말을 잘한다는 것이다. 그러나 사기꾼은 99%의 공을 들여 1%의 상술로 모든 것을 앗아가지만, 전문가는 99%의 자기 노력을 통해 1%의 전문성으로 모든 상황을 통합시키는 힘을 가졌다. 전문가는 말 한 마디로 눈과 귀를 열고, 사기꾼은 자기의 목적을 이루기 위해서 눈과 귀를 닫게 만든다. 전문가는 의존에서 자립으로 성장시키고, 사기꾼은 자립된 자를 고립시킨다. 전문가는 희생과 헌신으로 얻은 성과를 모두에게 돌려주고, 사기꾼은 꼭 사람을 이용해서 원하는 목표를 이루고 욕심을 채운다. 전문가는 원칙과 절차 안에서 자유와 창의성을 창조해내고, 사기꾼은 자수성가 운운하며 사람들의 틈새에서 가짜 희망을 주고 결국 상대가 가지고 있는 돈, 명예, 권력을 이용하여 자신이 원하는 것을 얻는다. 사기꾼은 주변에 도움을 준 사람들의 돈, 명예, 권력에 손해를 입히고도 당당하다. 그래야 사기를 친 걸 들키지 않을 수 있기 때문이다. 전문가와 사기꾼을 구별하는 방법은 모두가 함께 상생하느냐, 특정인의 욕심만을 채우느냐다. 즉, 전문가는 인간을 자립시키고, 사기꾼은 인간을 고립시킨다. 이는 꽃뱀이나 제비의 경우도 마찬가지다. 사익을 목적으로 남성에게 접근해 금품을 갈취하는 꽃뱀은 겉으로는 정상적인 심리를 가진 여성과 구분이 불가능하다. 역시 부녀자에게 접근해 돈을 편취하는 제비 역시 겉만 봐서는 생각이 제대로 박힌 정상적인 남성과 구별해낼 수가 없다.

인간은 왜 도덕적이지 못할까? 미국의 심리학자 로렌스 콜버그Lawrence Kohlberg는 인간의 도덕성이 어떻게 발현되며 어떠한 단계를 거쳐 학습되는지 연구했다. 그는 기본적으로 피아제의 교육이론과 인지발달론을 받아들여 인간이 발달과정에서 도덕성을 학습한다는 전제를 내세웠고, 각 나이에 따라 도덕관념도 달라진다고 주장했다. 기본적으로 콜버그는 여섯 단계의 도덕적 발달과정을 전개했는데, 높은 단계로 올라갈수록 가족이나 동료, 사회와 같이 더 넓은 관계망 안에서 타인의 관점과 입장을 고려하며, 공동체 내에서 도덕적인 행동에 대한 합리적인 판단을 하게 된다고 보았다. 그는 특히 상황윤리가 요구되는 딜레마에 대해 관심이 많았는데, 그가 내세운 유명한 예 중에 **하인츠의 딜레마**Heinz's dilemma라는 게 있다. 하인츠라는 남성의 아내가 암으로 죽어 가고 있었는데, 그녀를 살릴 수 있는 방법은 한 약제사가 라듐으로 제조한 약품뿐이었다. 터무니없는 약값에 절망한 하인츠는 "아내가 죽어가니 자신에게 약을 싸게 팔라."고 하소연했으나 약제사는 귓등으로도 들으려하지 않았다. 오로지 죽어가는 아내를 살려야 한다는 일념으로 하인츠는 자신의 행동이 잘못되었다는 걸 알았지만 조제실의 문을 부수고 들어가 약을 훔쳤다는 이야기다. 예전 「존 큐(2002)」라는 영화로도 응용되었던 줄거리다. 영화에서는 심장이식수술이 급한 아들을 살리려고 아버지 존 큐(덴젤 워싱턴)가 총 한 자루를 든 채 혈혈단신 병원을 점거하여 인질극을 벌인다는 설정으로 바뀌었을 뿐, 하인츠의 딜레마와 마찬가지로 사랑하는 사람을 살리기 위해 범법을 감행할 수 있는가를 묻고 있다.

후-인습적
도덕기
(25세 이상)

6단계
보편적 윤리 중시

5단계
사회 계약 중시

인습적
도덕기
(12~25세)

4단계
법과 질서 중시

3단계
평판 중시

전인습적
도덕기
(3~11세)

2단계
욕구 충족과 거래 중시

1단계
벌의 회피 및 복종 중시

　　이러한 딜레마는 사실 우리 일상에서 얼마든지 마주칠 수 있다. 콜버그는 이 하인츠의 이야기를 아이들에게 말해주고 아이들에게 하인츠의 행동이 옳았는가 되묻는 방식을 통해 여섯 가지 도덕성 발달에 대한 피라미드를 구성했다. 콜버그는 가장 낮은 단계의 도덕성을 벌을 받지 않으려고 규칙을 지키는 행위에서 찾았다. 그 다음의 도덕성은 반대로 상을 받기 위해 규칙을 지키는 것이다. 세 번째는 주변 사람들의 미움을 받지 않으려고 법을 지키는 것이다. 즉 남에게 '착한 사람'으로 보이기 위해 규칙을 지킨다는 것. 네 번째 도덕성 단계는 개인이 규칙에 대한 사회의 필요와 잘못된 행위에 대한 양심의 가책이나 죄의식을 인식하는 단계로 보았고, 다섯 번째 단계는 서로 경쟁하는 가치와 모순되는 가치가 있다는 것과 어떤 공정한 판단이 필요하다는 것을 이해하는 단계로 복잡한 상황이해와 도덕성을 결부시키는 능력이 어느 정도 자리 잡은 단계이다. 마지막 최종 단계의 도덕성은 보편적인 도덕적 원칙들의 정당성을 인식하고 그들에 대해 언급하는 단계로 보았다. 지난한 연구 과정을 통해 콜버그는 대부분의 사람들의 발달 단계 상 첫 번째와 두 번째 단계는 보통 9세까지 완성된다고 주장했다.

대부분의 사람들은 성인이 되어야 비로소 마지막 두 단계의 도덕성에 도달하며, 평생 이 수준까지 도달하지 못하는 이들도 있다고 말했다. 결국 콜버그는 인간이 청년기에 도달해 인습적 수준을 넘어 가장 높은 도덕적 수준으로 올라갈 수 있다고 보았다. 소위 '후-인습적 도덕기'에서 가장 중요한 것은 도덕의 기준에 다른 사람들의 동의를 얻는 것이 아니라, 스스로 추상적인 도덕 원칙들을 정립하고 이를 바탕으로 자신의 양심을 충족시키는 일이다. 결국 일부 사람들에게 복합적 의미의 중층적 도덕성이 충분히 발휘되지 못하는 상황이 벌어질 수 있으며 이러한 틈새에서부터 사기꾼이 나온다고 볼 수 있다.

로렌스 콜버그는 1927년 10월 25일 유태계 가정에서 태어났습니다. 2차 세계 대전 때 팔레스타인에서의 유태인들이 밀입국을 돕는 일에 깊이 관여하였고, 이때 경험이 훗날 인간의 도덕성에 대해 학문적으로 고민하도록 이끌었습니다. 전후, 시카고대학에서 피아제의 초기 업적을 기반으로 한 도덕적 판단력에 관한 내용을 다루어 1958년 박사학위를 받습니다. 1967년, 하버드 심리학과에서 교수를 하며 도덕론을 발전시킵니다. 콜버그는 도덕적 추론 발달에 따른 도덕적 적합성이 있다는 가설을 세우고, 도덕적 발달이론 가설을 세웠습니다. 1987년 1월 18일, 평소 우울증으로 고생하던 그는 자살로 생을 마감하게 됩니다.

어떻게 사기꾼이 안 될 수 있을까? 또는 사기꾼의 마수에서 벗어날 수 있을까? 무엇보다 자신의 욕심을 먼저 들여다보는 게 중요하다. 적은 노력으로 많은 것을 얻을 수 있다는 제안은 언제나 치명적인 매력을 갖고 있다. '세상에 공짜 점심은 없다.' 나에게 일어나는 우연 같은 횡재가 반복된다면 조심하자. 다음과 같은 사례는 욕심이 낳은 전형적인 사기 피해라 할 수 있다. 2007년, 국가정보원 비밀요원 행세를 하며 주변 사람들로부터 7억여 원을 가로챈 30대 주부가 덜미를 붙잡혔다. 그녀는 9년 동안 대담하게 자신을 국정원 정치비자금 담당이라고 속이고 비자금으로 받은 기업 어음을 헐값에 할인해 고수익을 올리게 해주겠다며 친척과 동창생 등 주변인들로부터 7억여 원을 받아 챙겼다. 심지어 그녀는 남편은 물론 시댁 식구들조차 감쪽같이 속여 왔다. 본인의 아버지와 외삼촌에게도 자신을 국정원 직원이라고 속이고 4억 원을 받아 빼돌린 것으로 드러났다. 그간 경찰 조사 결과, 그녀는 1996년 고교를 졸업한 후 한 동안 일정한 직업 없이 지내다가 당시 국정원 직원 사칭 보도를 접한 후 1999년부터 "국정원의 비자금을 관리하는 업무를 하고 있다."며 국정원 직원 행세를 시작한 것으로 드러났다.

사람들은 허술하기 짝이 없던 그녀의 설명에 어떻게 그렇게 넘어갈 수 있었을까? 정신분석가이자 실존주의 철학자인 에리히 프롬은 이렇게 말했다. "탐욕은 만족에 도달하지도 않고서 필요를 충족시키려는 끝없는 노력으로 사람을 소진시켜버리는 무저갱이다." 원칙을 지키고 욕심을 줄이면 사기꾼의 설계가 훤히 눈에 들어오는 법이다. 사기는 사기꾼에게 당하는 게 아니라 자신을 속이고 자신의 뇌를 속이는 마음 속 욕심에게 당하는 것이다. 일찍이 공자께서 '이익을 보거든 먼저 의로운지 생각하라見利思義.'고 했던 말씀을 다시 한 번 새겨둘 필요가 있다.

세상에 공짜 점심이란 없다

정통과 이단의 차이

한국인들에게 '이단종교'라고 하면 1987년 8월 29일 경기도 용인에서 일어난 오대양 사건이 제일 먼저 떠오를 것이다. 속칭 '구원파'가 운영했던 공장 식당 천장에서 일부 자살로 추정되는 신도 32명의 변사체가 발견되어 나라 전체를 발칵 뒤집어 놓은 사건이다. 가까운 일본에서는 1995년 3월 20일 옴진리교 추종자들이 도쿄 도심지 지하철 전동차 안에 맹독성 사린가스를 살포해 13명을 살해한 사건이 있었다. 이른바 옴진리교 사건이다. 뒤에서 살인을 교사했던 사이비 교주 아사하라 쇼코麻原彰晃는 바로 얼마 전 사형이 집행됐다.

위 두 사건은 1978년 미국에서—엄격히 말하면, 남미 가이아나에서—일어난 인민사원 사건에 비하면 규모나 방식에 있어 아예 수평 비교가 불가능하다. 너무 엽기적이고 충격적이어서 이단종교를 다루는 대부분의 종교심리학 내지 종교사회학 교과서에 빠짐없이 등장하는 단골메뉴다. 마르크스 사상과 종말론 사상으로 무장한 희대의 사이비 교주 짐 존스Jim Jones는 수백 명의 추종자들을 이끌고 1974년 남미 가이아나에 자신만의 왕국을 세우고 정착한다. 이후 집단농장을 통해 공동생산 공동분배라는 사회적 정의를 실천한다는 명목 하에 일정한 수준에 도달하지 못한 불량 신도들을 집단적으로 폭행하고 살해하는 일이 자행됐고, 미 정부가 인민사원을 조사한다는 소식을 접하고 존스 자신을 포함한 총 909명의 신도들이 청산가리를 탄 주스를 마시고 집단적으로 음독자살을 했다. 부모들은 자신의 아이들에게 직접 주스를 마시게 했다. "엄마, 이거 뭐에요?" 묻는 아이에게 "주스!"라고 대답하는 내용의 녹음 테입이 증거물로 나오면서, 당시 일어났던 아비규환의 전모를 파악할 수 있었다.＊

＊ 필자는 최근 우리나라에서 인민사원 사건과 너무 흡사한 사건이 발생해서 깜짝 놀랐다. 교양 다큐 프로그램인 「그것이 알고 싶다」(1135회)에 소개된 은혜로교회 신옥주 목사와 관련된 사건은 어느 면으로 보나 상기 사건과 유사했다. 교회는 남태평양 섬나라 피지에 집단농장을 세워놓고 이를 낙토(樂土)라 속여 전 재산을 투자하게 만들고, 자아비판의 한 형태로 '타작마당'이라는 폭력의식을 통해 교인들을 단속했던 전형적인 이단종교였다. 신목사는 현재 이 사건으로 수감 중이다.

대체 어떻게 이단종교는 사람들을 현혹하는 것일까? 전문가와 사기꾼의 공통점은 말을 잘한다는 것이다. 그러나 전문가는 말 한 마디로 눈과 귀를 열고, 사기꾼은 자기의 목적을 이루기 위해서 눈과 귀를 닫게 만든다. 전문가는 의존에서 자립으로 성장시키고, 사기꾼은 자립한 자를 고립시킨다. 정통종교는 합리적 의심을 격려하고 각자의 해답을 존중해주지만, 이단종교는 합리적 판단을 봉쇄하고 교주의 입에서 나오는 교리와 설교만 유일한 답이라고 강요한다. 목자는 희생과 헌신으로 얻은 성과를 모두에게 돌려주고, 교주는 꼭 사람을 이용해서 원하는 목표를 이루고 욕심을 채운다. 목자는 원칙과 절차 안에서 자유와 창의성을 창조해내고, 교주는 자수성가 운운하며 사람들의 틈새에서 가짜 희망을 주며 결국 상대가 가지고 있는 돈과 명예, 권력을 이용하여 자신이 원하는 것을 얻는다. 사이비 교주는 주변에 도움을 준 사람들의 돈과 명예, 권력에 손해를 입히고도 당당하다. 그래야 자신이 사기 친 것을 들키지 않을 수 있기 때문이다.

이단종교와 정통종교의 공통점은 교리는 참 좋다는 것이다. 짐 존스 역시 인종차별을 반대하고 사회정의와 평등, 자유를 부르짖었다. 이단이든 정통이든 내세우는 원칙과 가치는 숭고하고 아름답다. 그러나 이단종교는 그 좋은 교리로 사람들을 감시하고 고립시키며, 결국 교인들로 하여금 정신병리로 인생을 허비하게 만들고 천륜과 인륜을 파괴한다. 종교의 이름으로 어머니가 딸의 따귀를 때리고, 집단 폭행의 희생양이 분명한데도 인터뷰 중에 아들은 뇌출혈로 사망한 아버지를 눈 하나 깜짝 안 하고 배도자로 낙인찍는다. 이단종교와 형태는 다르지만 불법다단계업체 역시 유사한 형태로 사람들을 꼬드기고 돈을 갈취하는 점에서 동일한 구조를 띠고 있다. 친구 따라 불법 다단계에 잘못 발을 들였다 친구 잃고 돈 잃는 경우를 종종 보게 된다.

필자가 상담했던 한 내담자의 경우는 이단종교와 불법다단계가 함께 묶인 집단 속에서 8년간 노예처럼 살다가 가까스로 뛰쳐나왔다. 그녀는 체육대학 3학년 때 친구가 뜬금없이 서울 강남역 앞에서 만나자는 전화를 받고 약속 장소에 나간 게 화근이었다. 그 길로 그녀는 공장 같은 합숙소로 끌려가 3주간 세뇌교육을 받게 되었고, 이후 교육장을 나와서 자기 발로 학교 앞에 얻었던 오피스텔 원룸 보증금을 탈탈 털어서 경기도 양주에 있는 집단숙소로 걸어 들어갔다. 세뇌의 위력은 컸다. 그녀는 8년간 공장에서 거의 아무런 금전적 대우도 받지 못하고 뼈 빠지게 일만 했고 풋풋했던 청춘을 다 허비하고서 몸과 마음이 병들고 아무 짝에도 쓸모없어진 후에야 겨우 그곳을 나올 수 있었다. 그녀를 전화로 꼬드겼던 친구는 행방

조차 묘연했다.

우리나라의 경우, 특히 무속인 사기도 빈번하게 발생하고 있다. 일부 몰지각한 무속인들이 점을 보러 온 사람들의 불안한 마음을 부추겨 고액의 복채를 뜯어내는 수법이다. 필자 역시 점집에 잘못 갔다가 패가망신한 내담자들을 여럿 봤다. 앞서 1장에서 언급했던 P의 사례도 여기에 해당한다.

모든 무속인들이 다 그런 것은 아니지만, 유독 점집의 경우 종교인으로서의 역할과 기능, 능력을 가늠하기 힘든 구조로 되어 있기 때문에 일부 사이비 무속인이 사회적 문제를 일으키게 된다. 때에 따라 거액의 굿판을 요구해 재산만 거덜 내는 게 아니라 몸에 붙은 귀신을 떼어주겠다며 성관계까지 요구하는 경우도 비일비재하다. 만신을 부린다며 용하다고 소문난 무속인 이씨(55세) 역시 가벼운 마음으로 점을 보러 온 주부 박씨(36세)에게 "신랑 주위에 귀신이 붙어 있다."며 굿을 권유해 2011년 3월부터 2012년 9월까지 30여 차례에 걸쳐 모두 1억 6,000만 원을 뜯어냈다. 그 과정에서 굿값을 올리지 않으면 장군 할아버지가 노해 자녀들을 죽일 것이라며 겁박하기도 했다. 실지로 이씨는 조사 결과 신내림을 받은 적도 없고, 굿을 할 능력도 없는 가짜 무속이었던 것. 물론 굿도 하지 않고 복채만 받아 챙겨 사기 혐의로 피소되었고, 이후 재판에서 징역 2년 6개월의 실형을 선고 받고서 뜨거운 사죄의 눈물을 흘렸지만 이미 때는 늦은 뒤였다.

어떻게 하면 이런 이단종교에서 벗어날 수 있을까? 무엇보다 이단종교의 접근을 미리 차단하는 게 제일 급선무이다. 일단 사이비종교에 빠지면 내부의 논리에 세뇌당한 상태기 때문에 가족이나 지인들의 회유나 설득에 순순히 넘어오는 게 아니라 도리어 강력하게 반발하는 경우가 많다. 이단종교에 심취한 자녀를 나가지 못하게 억지로 집에 가두어 두거나 기성교회 일각에서 횡행하는 강제 개종교육을 강요하는 건 도리어 상황을 악화시킬 수 있다. 이미 이단종교에서 고난을 진리에 대한 보상으로 여기도록 방어교육을 받아왔기 때문에 반대가 심할수록 교리에 대한 믿음은 더욱 견고해지는 법이다. 이럴 때일수록 스스로 상황을 객관적으로 볼 수 있도록 거리를 두는 게 좋다.

자신이 생각의 틀을 바꿀 때까지 기다려주는 것. 누구든지 오직 일, 삶의 목표, 피곤한 인간관계만 쫓다가 순간적으로 인생의 방향을 잃는 경우가 있고, 그렇게 약해진 마음의 지반을 비집고 이단종교가 들어오기 쉽기 때문에 우선 당사자에게 정서적 쉼을 주는 게 좋다. 따라서 함께 여행을 떠난다거나 미술이나 음악 같이 예술에 몰두하거나, 아니면 기존의 생활양식과 전혀 다른 일, 스스로 붙들려 있었던 강박에서 벗어나 한 곳에 집중할 수 있는 새로운 일을 함께 해보는 것도 좋은 방법 중 하나다. 단순화된 인지구조를 넓혀주는 경험이 필요하다. 여기에는 남자와 여자의 접근법이 서로 다르게 적용될 수 있다. 다음 장에서 범죄심리와 관련해서 그 부분을 살펴보도록 하자.

단순화된 인지구조를 넓혀라

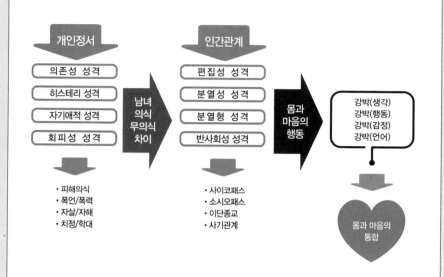

성격(Character)이란 한 개인의 감정과 습관의 집합체로서 그 사람의 품격이고 인격입니다. 성격은 외부에서 들어오는 정보를 이성으로 이해하고, 감정으로 기억하며, 무의식의 감정과 행동의 습관으로 저장하기 때문에, 한 번 만들어진 습관은 비슷한 상황이 올 때 무의식중에 튀어나오게 됩니다. 편집성(Paranoid) 성격은 세상의 모든 정보를 한쪽으로 이해하는 습관을 갖고 있고, 분열성과 분열형, 경계선, 반사회성은 인간관계에 대한 스트레스와 왜곡으로 불안증과 같은 정서를 드러내며, 히스테리와 자기애, 의존성, 회피성, 강박성은 자기 자신에 대한 오해를 통한 정서적 어려움을 갖고 있습니다. 이러한 이상심리는 자신과 타인을 모두 고통스럽게 하는 심리로 발전하며, 결국 폭력과 폭언, 이상 행동으로 이어져 범죄행위로 발전될 수 있습니다. 개인적 정서에 의해 발생하는 범죄는 상태범을 낳고, 인간관계에서 목적을 갖고 일어난 범죄는 목적범을 낳고, 몸과 마음의 일체로 인하여 자신도 모르게 강박적으로 범죄를 일으키면 즉시범이 됩니다. 즉시범의 경우, 강박적으로 자신도 모르게 범죄를 저지르는 것으로 스스로 통제하기가 매우 어렵습니다.

❖ 티치아노 베첼리오(Tiziano Vecellio, 1490~1576)의 「신중함의 알레고리(The Allegory of Prudence, 1550)」.
  영국 런던 국립미술관 소장.

chapter **6**

—

이성 앞에서 날뛰는 또 다른 나의 광기

성심리와 범죄심리의 상관관계

하나의 행동의 결과들은 다시 그 행동이 일어날 개연성에 영향을 미친다.
—B. 프레데릭 스키너—

오랫동안 심리학계에서 '존/조앤 사례'로 통용되어왔던 당사자 데이비드David Peter Reimer는 1965년 캐나다 위니펙의 평범한 그리스도교 가정에서 일란성 쌍둥이 중 형으로 태어났다. 선천적으로 귀두를 덮은 표피가 기형적으로 두터워 소변보는 걸 어려워하자, 의사진의 권유에 따라 데이비드의 부모는 난지 7개월도 안 된 갓난아기에게 포경수술을 해주기로 결정한다. 그런데 이 사소한 결정은 어린 데이비드에게 비극의 서막을 알리는 신호였다. 의사의 실수였는지 기계의 결함이었는지, 불행하게도 수술 도중 아기의 성기가 불에 타면서 형체를 알아볼 수 없을 정도로 완전히 소실되는 비극이 발생한 것. 흉측하게 망가진 아들의 생식기를 보고 망연자실하는 부모에게 존스홉킨스대학병원의 심리학자 머니John Money는 데이비드를 여성으로 성전환 시킬 것을 제안한다. 당시 심리학계에서는 인간의 성별이 부모의 양육 방식과 환경, 교육 방향에 따라 얼마든지 바뀔 수 있다는 이론이 풍미하고 있었고, 머니는 그 분야에서 독자적인 지위를 확보한 선구적인 학자들 중 하나였다. "있으나마나한 음경 쪼가리를 지니고 있느니 차라리 아기가 성의식이 없을 때 여자로 새로운 삶을 살도록 도와줍시다!" 머니는 끈질기게 부모를 설득했다. 그는 학자로서 자신의 이론을 검증해볼 수 있는 절호의 기회를 놓치고 싶지 않았을 것이다. 데이비드의 부모는 훗날 남자 구실도 못하고 평생 고통 속에서 보낼 아들을 생각하며 마지못해 수술에 동의하게 되었다. 상당한 논쟁 끝에 결국 아기의 고환을 제거하기로 합의했고, 후에는 여러 차례 여성의 성기를 성형하는 수술을 호르몬 주사와 병행해서 진행했다.

수술은 성공적이었다. 애벌레가 나비로 변태하는 과정에 비견할만한 비약적 변신이었다. 여성으로 탈바꿈한 데이비드에게는 브렌다Brenda라는 새로운 이름도 붙여졌다. 하지만 부모의 바람과 달리 그의 성장과정은 순탄치 못했다. 하루아침에 흉측한 벌레로 변신했지만 인간의 정서를 고스란히 느꼈던 카프카의 소설 속 어느 주인공처럼, 음경이 없는데도 본능적으로 남자처럼 서서 소변을 보는가 하면, 치마를 거부하고 청바지와 셔츠 같은 중성적인 옷들을 고집했다. 1년에 한 번씩 했던 심리검사에서도 그의 정서는 소녀보다는 소년에 가까웠다. 그는 끊임없이 자신의 성정체성으로 방황했으며, 주기적으로 맞는 여성호르몬 주사를 극도로 꺼렸다. 몸과 마음이 일치하지 않는 자신을 학교 친구들은 놀리거나 따돌렸다. 성역할을 교육한다는 명목 하에 병원에서 그의 쌍둥이 동생과 성인의 섹스 체위를 모의하는 실험을 당했던 정신적 후유증은 예상 외로 컸다. 둘 다 옷이 벗겨진 채 데이비드는 항상 여자 역할을 하면서 동생 밑에 모로 누워 다리를 벌리고 있어야 했다. 이 일 때문인지 훗날 쌍둥이 동생 브라이언은 정신착란증에 조현병까지 왔다.

데이비드의 상태도 전혀 나아지지 않았다. 13세 때, 그는 울면서 부모에게 다시는 머니를 보고 싶지 않다고 말했고, 결국 부모는 서로 무덤까지 가져가기로 약속했던 출생의 비밀을 그에게 털어놓고 말았다. 그 이야기를 듣고 데이비드는 오히려 안도했다고 전해진다. "내가 왜 이렇게 지낼 수밖에 없었는지 드디어 알았어요." 1987년, 그는 다시 성전환수술을 받고 미련 없이 남성으로 되돌아갔다. 자신의 의사와 상관없이 잘려나간 성기는 재건되었고, 호르몬 주사로 봉긋하게 키웠던 가슴은 절제되었다. 이후 1990년 그는 애가 셋 딸린 연상의 이혼녀와 결혼했고 남들처럼 가정을 꾸리기까지 했다. 그러나 행복도 잠시. 남성으로 그리고 여성으로의 삶에서 모두 자유롭지 못했던 데이비드는 끝내 사회에 적응하는데 실패했고, 2004년, 결국 심각한 우울증과 재정적 불안, 가정불화로 자살하고 말았다.

심리의 차이인가, 강자와 약자의 차이인가

    존/조앤 사례는 맹목적인 환경결정론이 우생학적인 개입만큼 무시무시한 결과를 낳는다는 것을 보여주었다. 인간의 심리를 그대로 놔둔 채 성기만 서로 바꾼다고 해서 다른 성역할을 할 것이라는 망상은 언제부터 시작된 것일까? 1835년, 비글호를 타고 갈라파고스 섬으로 갔던 찰스 다윈이 적자생존의 원리를 눈으로 확인하고 '자연선택'이라는 개념을 창안할 때까지만 해도, 그가 가지고 있었던 진화론적 사고가 이후 인류 문명에 어떤 영향을 미칠지 예상했던 사람은 거의 없었다. 당시만 하더라도 종과 종 사이에는 건널 수 없는 장벽이 가로놓여 있었고, 사람들은 인간과 동물은 근본적으로 다르다고 믿었다. 1859년, 야심차게 발표한 『종의 기원』 서문에 다윈은 '이빨과 발톱이 피로 물든 자연'이란 테니슨Alfred Tennyson의 시구를 인용했다. 인간이 소위 '정글의 법칙'이라고 하는 약육강식의 세계로 세상을 바라보기 시작한 시점이었다. 자신의 고깃덩이를 위해 서로를 물고 뜯는 존재, 인간은 동물 이상도 이하도 아니었다. 과연 인간은 동물일까? 진화의 정점에 인간이 있을까?

심리학의 관점에서 말하면, 인간은 동물이 아니다. 단순히 진화를 부정하는 발언이 아니라 진화를 뛰어넘는 단언이다. 인간은 '단순한' 동물이 아니다. 물론 생물학적으로 인간은 동물적 본성을 기반으로 한다. 동물처럼 먹고, 자고, 싸고, 생활하는 1차적 본능을 유지하고 있다. 단 한 끼만 굶어도, 단 하루만 잠을 못자도 우리는 이 기저 본능이 시퍼렇게 살아있음을 절실히 느낄 수 있다. 하지만 역설적으로 이렇게 먹고, 자고, 싸기만 하는 인간을 우리 사회는 '사람'이라고 부르지 않는다. 진화과정 속에서 사피엔스는 유인원과 비교 불가한 지성을 갖췄으며, 사피엔스 사피엔스는 여기에다가 관계를 갖췄다. 동종 동족 속에서 서로 관계를 맺으며 두개골이 커지고 지능이 발달했다. 언어와 문화가 성장하면서 더불어 감정과 정서도 발달했다. 인간은 정글 속에서 살아남는 게 아니라 관계 속에서 살아남는다. 동물은 싸우지 않으면 이길 방도가 없지만, 인간은 싸우지 않고도 이길 방도가 있다. 자고로 싸우지 않고도 이기는 게 강자의 덕목이라고 하지 않던가?

인간은 정글이 아니라 관계 속에서 살아남는다

1960년대 이후 미국이 주도한 진화심리학은 인간을 동물 진화의 연장선에 놓고 인간의 정서와 심리를 동물적 기준에서 질문하고 설명하며 답을 찾았다. 인간이 인간을 자유롭게 연구할 수 없다는 한계 때문에 행동주의 심리학자 스키너Burrhus Frederic Skinner를 비롯하여 대부분의 실험심리학자들은 인간이 아닌 동물을 대상으로 놓고 분석해왔다. 이렇게 동물의 본성만 연구했을 뿐 인간관계를 제대로 들여다보지 못했고, 인간의 이상심리는 모두 동물의 자기 보존적 본능의 연장으로 설명할 수밖에 없었다. 1차적 본능이 내재되어 있는 이상, 인간도 기본적인 욕구를 충족하려는 행동을 하기 마련이다. 하지만 기본적인 욕구만 충족하는 인간은 더 이상 인간의 범주에 끼지 못한다. 동물 실험을 통해 인간의 심리를 파악하는 것에 일정한 한계를 깨달은 행동주의 심리학의 창시자 왓슨John Broadus Watson은 결국 아기를 대상으로 실험을 시도했고, 그의 영향을 받은 스키너 역시 자신의 친딸을 대상으로 특수 제작한 요람을 만들어 비밀리에 각종 실험을 했다는 루머에 평생 시달렸다.

미국에서 발달한 행동주의심리학(behavioristic psychology)은 주로 인간의 내면을 성찰하는 대륙의 정신분석학과 달리 겉으로 드러난 행동을 관찰하고 해석함으로써 인간의 심리를 파악하려는 입장을 갖고 있습니다. 보통 사람은 관찰대상으로 삼기에 그 행동이 매우 복잡하기 때문에 동물들을 가지고 실험을 해서 인간의 심리를 유추해 이론을 정립한다고 해서 '실험심리학'이라고 부르기도 합니다. 대표적인 학자로는 자신이 고안한 상자(box)를 이용해 쥐나 비둘기 실험을 했던 스키너가 있습니다. 그는 실험결과를 바탕으로 인간의 행동을 자극(S)-반응(R)의 상관관계로 설명한 학자로 유명하며, 그가 설계한 조작적 조건화를 통해 특정 감정을 강화(reinforcement)할 수 있다고 믿었습니다. 말년에 그가 저술한 『월든 투(Walden Two)』에는 세계를 거대한 스키너 상자로 바라본 그의 이러한 신념이 잘 나타나 있습니다.

이 대척점에 놓여있는 심리학이 카네기Dale Carnegie 류의 인간관계론이라 할 수 있다. 우리나라에서 한때 엄청난 인기를 누리며 그의 책은 베스트셀러의 반열에 올랐고, 이후 비슷한 내용을 담고 있는 아류가 쏟아져 나왔다. 사실 카네기가 묘사한 것처럼, 인간은 합리적이지 않다. 인간관계는 인과관계로 발생하지 않는다. 제멋대로 행동하는 인간을 어떤 기준과 원칙을 가지고 정리할 수 있겠는가? 스키너 류의 과학적인 접근이 낳은 진화심리학도 불만이지만, 카네기 류의 합리적인 접근이 낳은 관계심리학도 불만이다. 필자는 지금 인간관계론이 지닌 고상하고 합리적인 역할을 부정하는 게 아니다. 인간관계론으로 다 담아내지 못하는 인간 내면의 어두운 측면을 의식해야 한다는 사실을 강조하고 싶을 뿐이다.

인간관계는 인과관계로 발생하지 않는다

무엇이 힘일까? 누가 강자일까? 필자는 아는 것이 힘이라고 생각한다. 자신을 안다는 것은 자신의 심리구조를 이해하는 것이다. 남자는 남성으로서의 심리를, 여자는 여성으로서의 심리를 아는 것이 인생을 살아가는 데 요구되는 진정한 힘이다. 강자와 약자의 차이는 바로 아느냐 모르느냐의 차이다. 프랜시스 베이컨은 "아는 것이 힘scientia est potentia"이라고 말했다. 심리학에서 이 격언만큼 실질적인 조언이 따로 없다. 사람의 심리를 아는 것이 자신의 내적 힘을 기르고 물리적 한계를 뛰어 넘는 공력을 쌓는 첩경이다.

사람들이 흔히 '내공'이니 '실력'이니 말하는 것들의 실체는 자신의 의식/무의식의 내용과 그 밀도를 아는 지식/경험을 지칭한다. 요즘 흔히 취업을 준비하는 대학생들 사이에서 오르내리는 '스펙'이라는 말도 영어 검정시험 점수나 자격증 몇 개를 자신의 이력서에 올리는 수준에서 멈추는 것이 돼서는 안 된다. 대인관계며 회사생활 등 눈앞에 펼쳐진 인생의 험로를 헤쳐 나갈 수 있는 진정한 스펙은 바로 마음공부다. 조금 노골적으로 말하면, 이는 불가佛家에서 흔히 말하는 그 마음공부를 포괄하는/뛰어넘는 개념일 수도 있다. 한 때 자기계발서를 타고 유행했던 '만 시간의 법칙'도 '나를 알고 남을 아는 지식' 속에 수렴되지 않으면 일이관지一以貫之 실로 꿰지 않은 구슬들에 불과하다.

최근 자신이 운영하는 학원에 다니는 여중생과 수십 차례 성관계를 해서 물의를 빚은 학원장 A씨(32세)의 경우, 남자의 성심리를 제대로 이해하지 못해 사건의 가해자로 징역을 살게 되었다. 기혼에 자녀까지 있던 A씨는 3개월간 자신이 운영하던 학원에 다니던 여중생과 30여 차례 성관계나 유사 성행위를 한 혐의로 구속기소 됐다. 그는 다른 원생들이 다 집으로 돌아간 한밤중에 주로 학원 교무실이나 교실 등에서 미성년자인 B양과 성관계를 한 것으로 드러났다. 그는 학원에서 좀 더 편하게 성관계를 하려고 매트와 이불까지 사고 성관계 전후로 야동이나 성관계 동영상을 보여주고 체위를 흉내 내기까지 한 것으로 밝혀졌다. 조사과정에서 A씨는 여중생과 자신이 서로 연인사이라고 강변했다. 그는 B양도 자신을 좋아했고 그녀 스스로 섹스에 동의했으며 그동안 강압에 의한 관계는 한 차례도 없었노라고 주장했다.

필자는 이러한 A씨의 주장에서 평소 그가 가지고 있던 왜곡된 성심리를 읽을 수 있었다. 그의 주장대로 직접 때리거나 물리적인 위력을 행사하지는 않았지만, 현실적으로 성적 자기 결정권을 행사할 만큼 성숙한 사고를 한다고 기대할 수 없는 B양이 지속적으로 자신에게 의존할 수밖에 없도록 심리를 이용해 교묘하게 유도했다. 그러면서 A는 B에게서 그릇된 열정을 느꼈고 제자가 아닌 여자로 착각하게 된 것이다. 유부남인 A는 아내와 자녀에게서 느꼈어야 할 책임감을 방기했을 뿐만 아니라, 자신을 믿고 따랐던 제자의 인생마저 송두리째 망쳐버리고 말았다. 그는 남녀의 성심리의 차이를 깨닫지 못한 정글의 약자로 남고 말았다. 안타까운 것은 그로 인해 아내와 자녀가 평생 받아야할 정서의 상처다!

아이러니한 건 이러한 남녀의 성심리를 가장 잘 이해하고 상담에 접목해야할 심리상담사가 이러한 성범죄를 저지르는 경우다. 사실 치부를 드러내는 이야기가 될 수도 있겠지만, 심리상담을 전문적으로 수행하는 분들 중에 여러 가지 정서적 문제를 가지고 계신 분들이 적지 않다. 평소 사람의 마음을 만지고 상처를 싸매는 직업이지만 이 세계도 다른 업계와 마찬가지로 별의 별 사람들이 다 있기 때문이다.

2018년 9월, 심리상담을 빙자해 20대 여성 내담자를 수차례 성폭행한 심리상담사 김씨(54세)가 이런 경우에 해당한다. 피해여성은 과거 직장에서 겪은 성폭력으로 김씨의 상담소를 찾았다가 재차 봉변을 당했다. 경찰에 따르면, 김씨는 서울 서초에 소재한 자신의 사무실과 서울, 부산 등 숙박업소로 피해자를 불러내어 여러 차례 성폭행했다. 만에 하나 나중에 문제의 소지가 있을 것을 예상하고 미리 법적 근거를 만들기 위해 김씨는 피해여성에게 직접 장소를 예약하게 하는 주도면밀함을 보여주었다. 그가 여성에게 둘러댔던 핑계는 "편안하게 상담하기 위해선 숙박시설이 낫다." "이렇게 하는 것도 과거의 트라우마를 극복하는 방법이다."였다. 조사관에게 김씨는 "합의에 따른 관계였다."며 혐의를 강력하게 부인했지만 구속을 면할 수는 없었다. 원숭이도 나무에서 떨어진다더니, 김씨 역시 왜곡된 성심리를 통해 내담자에게 열정을 느끼는 감정 전이를 피할 길이 없었고, 안타깝게도 마음을 치유하는 고매한 직업에 먹칠을 하고 말았다. 비록 그가 숙련된 상담가로서 오랜 경험을 가졌을지는 몰라도 자신의 내면을 들여다보는 데에는 실패한 정서적 약자임을 자인하고 말았다.

정서적 스트레스와
성범죄

정서적 스트레스는 각종 성범죄를 양산하는 숙주다. 스트레스의 원인을 정확하게 파악하고 적절히 대처하지 않으면 누구라도 신문지상에 오르내리는 성범죄자로 전락할 수 있다. 특히 최근 아동들을 대상으로 하는 성범죄가 빈번히 발생하고 있다. 물론 아동청소년의성보호에관한법률, 소위 '아청법'이 2000년 7월 국회를 통과하여 효력을 발휘하는 실정법으로 제정되었지만 어찌된 영문인지 아동 성범죄는 줄어들 기미가 보이지 않는다.* 2012년 일어났던 나

---

* 아청법 제7조에는 "폭행 또는 협박으로 아동 및 청소년을 강간한 사람은 무기징역 또는 5년 이상의 유기징역에 처한다"고 분명히 명시되어 있다. 기존에 존재했던 청소년보호법을 더 강화한 것으로 초등학생 이전의 연령대에 속한 아동들에게 가해지는 성적 비행과 폭행, 강간을 뿌리 뽑겠다는 의지로 제정되었다.

주 초등학생 성폭행사건 역시 아청법을 정면에서 비웃기라도 하듯 가해자가 자택에서 자고 있는 7세 소녀를 이불로 납치하여 성폭행하고 영산강 강변도로에 버리고 도주해서 자녀를 키우는 많은 부모들의 공분을 샀다. 심지어 그는 평소 피해자 어머니와 잘 알고지내는 이웃지간이었다. 왜 이런 일이 일어날까?

아동 대상 성범죄

나주 초등학생을 납치하여 강간한 가해자 K씨(23세)는 전형적인 역기능가정에서 자라났다. 피해자와 같은 나이인 일곱 살 때 어머니를 여의고 아버지가 재혼을 하면서 K씨는 범죄의 그림자에 들어가게 됐다. 집에 들어온 새어머니는 그가 밥을 많이 먹는다고 밥상을 뒤엎거나, 늦잠을 잔다고 발로 걸어차 고막이 파열되기까지 했다고 한다. 새어머니는 아버지가 자리에 없을 때 대놓고 어린 K를 괴롭혔다. 어쩔 수 없이 그는 예민한 사춘기를 계모 밑에서 눈칫밥을 먹으며 자라야했다. 그렇다고 아버지가 다정하고 살갑게 K를 대하지도 않았다. 당연히 집에서 마음 붙일 곳이 없었던 그는 공부는 뒷전이었고, 불량한 아이들과 어울리며 자잘한 비행을 저지르기 시작했다. 급기야 중학교도 채 다 마치지 못하고 자퇴하고 말았는데, 이게 그가 사회에서 공식적으로 받았던 교육의 전부였다. 이후 K는 뚜렷한 전공이나 기술 없이 거리를 전전했고, 가구공장이나 양식장 등에서 잡일을 하며 푼돈을 벌어 썼다. 이렇게 그는 자신을 거두지 않은 아버지에 대한 원망과 새어머니에 대한 미움이 마음속에 고스란히 저장되어 사회의 범죄자, 인두겁을 쓴 괴물로 커가게 됐다. 결과론적인 이야기지만, 만약 그가 보다 성숙한 내면의 에너지를 갖고 외부의 문제들을 긍정적으로 맞서 나갔다면 어땠을까 하는 아쉬움이 남는 대목이다.

2012년 8월 30일, 사건 당일, 피해자의 어머니가 PC방에서 게임을 하고 있는 것을 확인한 K는 대담하게 그녀의 딸들을 강간하기로 마음먹는다. 평소 인터넷에서 아동포르노를 즐겨 보던 그였다. 아마 그로서는 딱히 세상을 살고 싶지 않다는 자포자기의 심정이었을 것이고, 될 대로 되라는 식의 충동적 결행이었을 확률이 높다. 처음에는 평소 눈여겨봐둔 첫째 딸(12세)을 범행대상으로 노렸으나 집에 침입했을 때 그녀는 보이지 않았고, 계획에 없던 둘째가 방에 누워 자고 있는 걸 발견하고는 대신 그녀를 우발적으로 납치하기에 이른다. 이후 성폭행하는 과정은 여기에 자세히 묘사하기 힘들 정도로 잔인했다. 거세게 반항하는 피해자를 위에서 누른 채 주먹으로 때리고 치아로 물어뜯어 얼굴과 팔뚝에 깊은 상처를 남기기까지 했다. 폭행이 이어지는 동안 피해자는 여러 차례 기절하고 깨어나기를 반복했다. K는 성폭행 뒤 피해자가 움직이지 않자 죽었다고 판단하고 다리 밑에 버리고 그대로 달아났다. 이후 다섯 시간 만에 출동한 경찰에 의해 피해자가 발견되었고, 사건 다음 날 순천의 한 PC방에 숨어있던 K가 긴급 체포되었다. 그는 법정에서 최고형인 무기징역을 선고받았고, 석방 후 전자발찌 착용 30년, 정보 공개 10년, 화학적 거세 5년을 덤으로 받았다. 이 사건을 통해 우리는 법의 유무를 떠나 아동 대상 성범죄는 언제나 우리 주변에 항존하는 위협으로 기승을 부린다는 사실을 알게 되었다.

K는 자신의 범행을 가학적이었던 계모와 우유부단했던 친부에게 돌렸다. 언제나 자신의 처지를 비관했고, 주변 인물들에 대해 험구를 일삼았다. 그는 범죄심리학자에게 입버릇처럼 "내가 운이 없어서 이렇게 걸렸다."는 식으로 마음을 털어놨고, "피해자에게 미안하지 않느냐?"는 질문에도 "걔도 운이 없어서 나한테 당한 거다."라는 답변만 늘어놨다고 한다. 타인에게 공감을 하지 못하는 전형적인 사이코패스 성향을 보인 것. 흉악한 일을 겪고도 가까스로 목숨을 건진 피해자는 정신적 충격에 정신과 치료를 받게 되었고, 지금도 그날의 공포에서 벗어나지 못하고 있다. K가 이런 성범죄에 빠지게 된 결정적인 원인은 극단적인 행동을 표출하게 만든 정서적 스트레스 때문이었다. 그가 자신의 심리를 알았더라면 얼마나 좋았을까?

청소년 대상 성범죄

심리를 알지 못하면 이 세상을 약자로, 심리를 알면 강자로 살 수 있다. 그런 의미에서 파출소장 H씨(40대)가 약자 아니었을까? 필자가 상담했던 그는 특이한 이력으로 기억에 많이 남는다. 경찰대 출신이 아닌 명문대 출신의 경찰관으로 승진하여 소장까지 올라갔다는 점, 그럼에도 불구하고 조직에서 상당한 신망을 얻고 있던 전도유망한 경찰이었다는 점이 H를 지금까지 생각나게 하는 것 같다. 그는 흔히 직업적 성공을 거둔 그 나이의 남성들처럼 자신감에 넘쳐 있었다. 그가 담당한 지역은 조직 내 특별한 인맥이 없었던 그가 상부로 빠르게 올라갈 수 있는 절호의 기회를 제공하는 듯 보였다.

어느 날 관내 술집에서 여자들끼리 술을 먹다가 서로 다투는 사건이 발생했다. H가 책임지고 있는 지역은 주변에 먹자골목이 있어 하루가 멀다 하고 밤마다 주폭사건이 일어난다고 한다. 이날도 그랬다. 단순한 오해로 시작된 다툼은 몸싸움으로 번졌고, 이후 투덕거리며 단란주점 내에 소주병이 날아 다녔다. 보다 못한 술집 주인은 경찰서에 신고를 했고, 당시 파출소 당직이었던 H는 혼자 현장에 출동했다. 경찰차를 몰고 가보니 여자들 넷이 머리끄덩이 잡고 신나게 싸우고 있었고, H는 그들을 가까스로 떼어 놓았다. 이런 경우 보통 파출소로 연행해야 하는데 당시 혼자였던 H는 현장에서 사건을 정리했다고 한다. 그렇게 사건에 연루된 일행들을 다 집으로 보내고 집이 강원도인 J양(21세)만 남게 되었다. 늦은 시각이었기 때문에 그녀를 딱히 보낼 데가 없었다.

J는 매달렸다. "아저씨, 저 갈 데가 없어요. 저 애들 무서워요. 다시 와서 또 때리면 어떡해요?" 어쩔 수 없이 H는 여학생을 파출소 소파에서 재우기로 마음먹었다. 결과론적인 얘기지만, 이때 H가 그녀를 원래 계획대로 파출소로 데려가지 않은 건 인생 최대의 실수였다. 나중에 필자와 상담을 하는데, H 왈, "아, 글쎄 싸울 때는 몰랐는데 걔를 경찰차에 태우고 오는데 백미러로 가만 보니 반반하고 이쁘더라구요. 으이구, 내가 미쳤지. 그 어린애를.... 쩝." 정말 그의 말대로 J는 미성년을 갓 넘긴 '어린애'였다. H는 경찰차를 돌려 상업지구 여관에 방을 잡고 J를 넣어놓고 간다. 이후 파출소로 돌아와 야간근무를 끝내고 퇴근길에 H는 집으로 가지 않고 여학생을 깨워준다는 명목 하에 여관으로 다시 갔고, 거기서 그대로 그녀를 성폭행을 했다.

이후 H는 J에게 800만 원을 주고 사건을 합의하려고 했지만, 사건은 그렇게 쉽게 끝나지 않았다. 대부분의 성폭행 사건이 그렇지만, 이 사건 역시 사실 그때부터 시작이었던 셈이다. H의 부인은 자신과 한 이불 덮고 자던 남편이 성폭행범이라는 사실이 정신적으로 극복이 되지 않았다. 가정이 완전히 망가질 대로 망가진 후, H는 아내를 데리고 필자의 상담소를 찾아왔다. 결국 상담을 받았지만 H는 아내와 관계의 상처를 극복하지 못하고 이혼하고 말았다. 상담을 통해 아내의 무의식으로 들어가 보니 애초에 그녀와 결혼하는 것을 H의 집에서 반대했던 것에 마음의 상처를 안고 있었다. 시부모가 자신을 받아주지 않기 때문에 아내는 큰 정신적 고통을 호소했고, 가정을 꾸린 후에도 남편과 성관계를 거부하고, 상습적으로 짜증을 내거나 남편을 닦달하며 무의식적으로 시어머니에 대한 복수를 실천했던 것이다. 이런 경우에는 남편과 아내 모두 외도에 빠질 위험이 상당히 높아진다. 결국 아내 역시 사교모임에서 만난 다른 남자의 위로를 받으면서 밥 한번 먹고 산 한번 타다가 불륜관계에 빠지고 말았다. 결국 남자의 정서적 스트레스가 한 가정을 송두리째 무너뜨리고 말았다.

근친상간

근친상간 역시 이와 같은 맥락에서 이해할 수 있다. 근친상간을 주제로 한 포르노그래피의 원조격인 「타부」시리즈가 왜 그토록 질긴 유행을 이어가는지 그 이유를 잘 알 수 있다. 필자가 K씨(30대)를 상담했을 때만큼 근친상간의 심리적 원리를 제대로 이해할 수 있었던 사례가 없다. 화물차를 물류회사에 지입해서 일주일 내내 전국 팔도를 돌아다니던 K는 친딸에게 몹쓸 짓을 해서 8년형을 선고받고 지금은 교도소에서 복역 중이다. 운송업에 종사하는 분들이 그렇듯, 매일 일정에 따라 출퇴근이 일정치 않고 일감에 따라 일수가 들쑥날쑥했다. 그래도 거래처에서 만난 어린 아내와 결혼해 가정을 꾸리고 아들과 딸도 낳았다. 살인적인 납기를 맞추고 빠듯한 일정을 소화하느라 점심 먹을 새도 없이 매일 허덕이는 삶이었지만, 며칠 만에 집에 돌아오면 사랑하는 가족들을 볼 수 있다는 보람에 인생을 포기하지 않고 버티며 살았다.

그가 자신의 스트레스에 솔직했다면 얼마나 좋았을까? 언제부턴가 K는 무기력증과 우울감에 정신을 차릴 수 없었다. 운송장을 들고 이리 뛰고 저리 뛰다보면 어느새 하루가 다 가고 가족들과 편안하게 외식 한번 할 수 없이 늘 바빴다. 그 즈음 아내는 은행에서 대출을 받아 가족들이 전세를 살던 집을 조금 무리해서 덜컥 사버렸다. K는 자신과 한마디 상의도 없이 집을 장만한 것도 속상했지만, 가정 내에서 자신의 존재감이 점점 지워지고 있다는 자괴감에 마음이 아팠다. 인정하고 싶지 않지만, 어느새 돈만 벌어다주는 ATM기로 전락한 스스로를 돌아보며 빈속에 찬 소주를 털어 넣고 눈물을 흘리는 날이 점점 많아졌다. K는 경제적으로 어려운 삶으로 스트레스를 받아 몸도 마음도 지쳐가고 있었다.

그런 그를 온전히 반기는 건 열 살 된 딸뿐이었다. "집에 가면 마누라는 계속 돈 벌어오라고 짜증을 내는데, 딸은 늘 방긋방긋 웃어주거든요." 상담소에서 K가 필자에게 했던 말이다. "참 웃겨요. 아내는 내가 아니라 내가 벌어다주는 돈과 사는 거 같아요." 언제부터인지 정확하게 말할 수는 없었지만, K에게 딸은 그간 아내에게서 얻을 수 없는 정서적 교감을 주게 되었다. 그렇다고 그가 딸을 여자로 생각하거나 다른 못된 마음을 먹었던 건 아니었다. 단지 K는 위로가 필요했다. 오랫동안 누적된 일상의 스트레스가 그를 갉아먹었고, 지친 하루를 보내고 집에 돌아온 뒤에도 달달 볶는 아내의 바가지에 정서적 안정을 얻을 수 없었다. 쉼이 없는 가정은 말그대로 지옥이었다. 흔히 가정을 '홈, 스위트 홈Home, Sweet Home'이라고 하지 않는가? 하지만 K에게 가정은 '홈, 스웨트 홈Home, Sweat Home'이었다.

결국 K는 해선 안 되는 범죄를 저지르고 만다. 법정에서 그의 범죄사실을 증언하는 장면은 모 일간지에도 실릴 만큼 충격적이었다. 비 오는 날, 우르르 쾅 번개가 치고 깜깜한 방에 불이 번쩍하고 들어오는데, 옆에 있던 6학년생 아들이 그 몹쓸 짓을 우연히 목격했다. "아빠의 고추가 동생의 엉덩이를 막 비비고 있었어요."그 한 번의 행동으로 K의 가정은 풍비박산이 났다. 혹자는 스트레스를 받는 남자가 무슨 정신이 있어 섹스를 할 마음이 나는지 모르겠다고 말한다. 위의 사례를 듣고는, "저는 스트레스를 받으면 할 마음이 딱 사라지는데, 남자들은 그 와중에도 거기가 서는 게 너무 신기해요."라고 말하는 여성 내담자도 있었다. 여자와 달리 남자는 정서적 스트레스를 몸으로 풀려고 한다. 스트레스의 강도에 성욕이 비례한다. 극한 상황에 빠진 남자 범죄자 중에 자위를 하는 경우가 그런 이유 때문이다. 남성에게 자위는 단순한 성적 행위를 넘어 스트레스를 해결하는 일상적인 스포츠의 하나다. 그래서 미국의 영화감독 앨런Woody Allen은 "자위행위를 모욕하지 마라, 엄연히 내가 사랑하는 사람과의 섹스다."라고 말했다.*

박민규의 소설 『아침의 문』에 보면, 남성 성심리의 중핵을 타고 흐르는 이러한 자위의 정서적 기제가 문학적으로 잘 묘사되어있다. 택배일로 하루하루 살아가는 주인공, 교도소에 있는 아버지와 7년 전 자살한 형, 두 달 전 택배일까지 그만둔 서른 두 살의 실직자 '나'는 5층 옥탑방에서 살아가는 삶에 넌덜머리를 낸다. 살아있다

---

* 미국의 베스트셀러 작가이자 정신과 의사인 싸쓰(Thomas S. Szasz)는 "자위는 인류의 기본적인 성활동의 하나"이며 "19세기에는 범죄였지만, 20세기에는 치유법이 되었다."고 말했다.

는 역겨움을 견디다 못해 인터넷 자살사이트에서 만난 생면부지의 여섯 명과 함께 모여 자살을 시도하지만 둘은 겁을 먹고 돌아가고 용케 셋은 죽었지만 자신은 살아남게 된다. 새벽녘에 저승처럼 먼 길을 떠나는 악몽을 꾸다 가까스로 의식을 찾은 '나'는 화장실에서 볼일을 보다 그 와중에 자위를 한다. 딱히 섹스를 하고 싶어서 성기를 잡은 게 아니다. 구토와 함께 극한의 오한, 죽지 못했다는 모멸감, 생사를 오가는 혼란 가운데 그저 스스로를 위로하고 싶었을 뿐.

> "무릎 위에 잡지를 내려놓고도 나는 한동안 멍하니 변기에 앉아 있다. 뒤를 닦기도 귀찮고, 물을 내리기도 귀찮다. 별 생각도 없이, 나는 자위를 시작한다. 다리를 벌리고 선 잡지의 여자 때문이 아니다. 말하자면 나는, 오히려 천장을 보고 있다. 형광등... 그렇다, 형광등이 보인다. 나는 흔든다. 나를... 흔든다. 회화를 그리거나 자수를 놓듯, 그리고 나는 사정을 한다. 그냥, 그뿐이다. 어떤, 이상한 나라의 지도 같은 얼룩이 흰 피부의 여자와, 모택동의 얼굴을 덮고 있다. 누르스름한, 혹은 푸르스름한 정액의 반도半島, 정충의 섬들을 바라보다 떡이나 지겠지, 나는 잡지를 덮어버린다."
> 박민규, 『34회 이상문학상 작품집, 아침의 문(문학사상)』, 12.

미국 사이코패스 사건들을 들춰보면, 피해자의 시체를 두고 시간을 저지르는 범죄자들도 적지 않다. '어떻게 그런 상황에서 섹스가 생각날 수 있을까?' '대체 그런 급박한 순간에 성기가 작동할 수 있을까?' 남자라면 충분히 가능하다. 그건 남성이 하루에도 수천

번 섹스를 꿈꾸는 성적인 동물이어서가 아니라 성을 감정을 배설하고 해결하는 하나의 기제로 사용할 수 있는 동물이기 때문이다. 어느 유명 여성 법의학자가 TV에 나와 그런 남자들을 사이코패스라고 주장하는 걸 본 적이 있는데, 천만의 말씀이다. 남성의 성심리를 몰라도 너무 모른다. 극도의 스트레스 상황에 빠지면, 남자는 그 스트레스를 해결하려는 본능에 사로잡힌다. 결국 자신이 잡아먹힐 줄 알면서도 자신보다 몇 배나 몸집이 큰 암컷 등위에 올라타는 수컷 사마귀와 같다고나 할까? 목숨을 걸고 자신의 씨를 남기기 위해 곧바로 천적으로 돌변할 배우자와 일생일대의 도박과 같은 교미를 하는 것이다.

스톡홀름증후군의 이면에 작동하는 정서적 기제를 가만히 들여다보면, 남성과 여성이 가지고 있는 이러한 성심리의 차이를 알 수 있다. 인질범은 경찰과 대치하고 있는 상황에서 대놓고 자위를 하거나 인질을 대상으로 성폭행을 자행한다. 그리고 인질은 그런 인질범을 사랑하게 된다. 이 남성 인질범은 위기일발의 상황에서도 상대로부터 성적 암시를 충분히 받을 수 있으며, 어떤 방식이 되었든 그런 긴장상황을 해결하려는 목적으로 성욕을 풀 수 있다. 반면 여성 인질은 인질범에게 정서적으로 동화되어 그가 빠진 딜레마에 동참하게 되고 자연스럽게 감정이입이 되면서 그를 변호하게 된다.

인질이 십대 청소년일 때 이런 메커니즘은 더 자연스럽게 이뤄지며, 좀 더 적극적인 형태로 그루밍까지 가기도 한다.*

> 스톡홀름증후군(Stockholm Syndrome)은 1973년 네 명의 무장 강도들이 스웨덴 스톡홀름 크레디트방켄에서 근무하던 은행 직원들을 인질로 잡고 6일 동안 경찰과 대치한 사건에서 비롯됐는데, 일주일간 함께 있으면서 심리적 동화를 겪은 인질들이 도리어 강도들을 두둔하고 경찰의 진압작전을 비난하는 행태를 보인 현상에서 유래했습니다. 인질극이 끝나고 풀려난 후에도 그들은 인질범들을 옹호하는 발언을 해서 많은 심리학자들의 비상한 관심을 끌었습니다. 이 밖에도 가정폭력에 시달리면서도 남편 곁을 떠나지 않는 아내의 심리나 자신을 학대했던 부모를 도리어 감싸는 자녀의 심리 속에서도 이 증후군을 찾아볼 수 있습니다.

결국 정서적 스트레스는 피할 수 있었던 성범죄를 야기한 촉매가 되었다. K의 사례와 H의 사례에서 볼 수 있듯이, 일상에서 제대로 수행되지 못한 인간관계는 고스란히 가해자의 정서에 균열을 가져왔고, 그 균열이 터져 나오는 지점에 공교롭게 피해자가 자리하고 있었을 뿐이다.

---

* 그루밍(grooming): 성적인 착취를 목적으로 성인이 청소년에게 접근해 친밀감과 신뢰를 형성한 다음, 그에게 성행위를 요구하는 것을 말한다.

제비와
꽃뱀의 차이

　B씨(37세)는 꿈에 부풀어 있었다. 평생의 반려자, 첫 눈에 반한 상대를 만나는 건 동화 속에서나 있을 법한 기적이라고 생각했는데, 그런 일이 자신에게도 일어나게 되다니 도무지 믿을 수가 없었다. 매일 아침 눈을 뜨면서 자신의 팔을 꼬집고 또 꼬집어봤다. 중소기업에 경리로 30대 후반 평범한 노처녀의 일상을 살아가던 B가 하루하루를 꿈결 속에 살아가게 된 사연은 백마 탄 왕자님처럼 그녀에게 J씨(40대)가 나타나면서부터다. J는 만화를 찢고 나온 왕자처럼, 정말이지 세상의 모든 조건을 다 갖춘 남자였다. 그는 훤칠한 키에, 호감 가는 인상, 서글서글한 눈매에 유머감각까지 겸비하

고 있는 일등 신랑감이었다. 게다가 그의 직업은 B가 감히 넘볼 수조차 없는 어마무시한 전문직 종사자였으니, 다름 아닌 서울 강남 한복판에 4층짜리 개인병원을 개원하려고 준비 중인 성형외과 전문의였다. 스크린골프장에서 아는 언니가 소개해준 첫 날부터 입이 떡 벌어지는 조건에다 배우자로서 완벽한 성격마저 갖춘 J에게 B는 급격히 끌렸다.

자신을 호주에서 온 10년차 전문의라고 소개한 J와 그날 바로 모텔로 직행했고, B는 주말 동안 그와 세 번의 격렬한 관계를 갖게 됐다. 보무도 당당하게 마치 몸으로 도장을 찍듯 세상 어떤 다른 여자에게 내 남자는 결코 빼앗기지 않겠다는 선전포고를 한 셈이었다. 둘은 누구라 할 것 없이 급격히 깊은 관계로 발전했고, 초고속으로 결혼날짜까지 잡기에 이르렀다. 한 번의 이혼경력이 있다는 것 빼고는 모든 게 완벽했다. '남자가 그 정도는 흠도 아니지.' 마음을 내려놓고 사랑하는 사이가 되고 보니, 그 작은 흠이 너무도 완벽했던 그 남자를 차라리 인간적으로 보이게 만들어줬다. 주변 지인들도 두 사람의 관계를 거들었다. 직접 뵌 적은 없었지만, 멀리 호주에서 산다는 시누이와도 전화와 카톡을 주고받으며 친밀한 관계를 맺었다. 호주에서 그녀 앞으로 선물까지 날아왔다.

만난 지 한 달 만에 지인들에게 청첩장을 돌리면서 B는 조금씩 결혼이 실감나기 시작했다. 이제 자신도 이 지긋지긋한 가난에서 벗어나 잘 나가는 의사의 아내, 부잣집 마나님으로 떵떵 거리며 살 수 있게 되었다는 생각에 B에게는 하루하루가 감동의 연속이었다. 그녀가 감기에 걸렸다니까 주머니에서 청진기를 꺼내 가슴에 대고 직접 진찰까지 해주는 자상함을 보여줬고, 결혼 날짜를 잡고서는 J가 인사를 드려야겠다며 직접 그녀와 함께 장모의 산소까지 가서 그 앞에서 큰절을 올리며 "귀한 딸을 주셔서 너무 고맙다."고 펑펑 울기까지 했다. '어머나, 이이가 인성까지 갖췄구나.' B는 눈에서 큼지막한 하트 두 개가 뿅뿅 나갔다. 시가 9억이 넘는 신혼집을 장만하겠다고 함께 부동산에 가서 계약서에 사인도 하고, 커튼집에 가서 상위 1%만 사용한다는 주름 잡힌 중세 커튼을 구매하기도 했다. 한창 공사 중인 한남동의 성형외과병원 부지를 함께 둘러보는 것도 잊지 않았다. 전세로 임대하여 1층엔 안내데스크, 2~3층엔 수술실, 4층엔 입원실을 두루 갖출 예정이라는 말을 현장감독으로부터 직접 들었다. 유명 사립대 의대를 졸업한 사람답게 동창명부도 꽂혀 있었고, 졸업사진과 졸업증, 면허증까지 그를 입증할 만한 모든 서류가 버젓이 구비되어 있었다.

　　돌이켜 보면, 모든 게 마치 거짓말처럼 너무나도 술술 풀렸다.

J가 갑자기 "호주에서 누님이 갑상선암이 걸려 쓰러지셨다."고, "자기에겐 부모님 같이 소중한 분"이라고, "누님이 없는 결혼식은 상상할 수도 없으니 미안하지만 두어 달 정도 식을 미뤄야겠다."고 말할 때까지만 해도 B는 그에 대해 털끝만한 의구심도 없었다고 한다. 이미 J에게 병원 인테리어 때문에 급히 융통해 달라고 해서 3천 5백만 원을 송금한 상태였고, 살림을 합치지만 않았을 뿐 거의 하루가 멀다 하고 잠자리를 같이 한 사이였기에, B는 그의 제안을 수용할 수밖에 없었다. 그런데 그때부터 J의 태도가 이상해지기 시작했다. 사소한 것부터 하나씩 그의 말과 행동 사이에 틈새가 생긴 것. 학회 때문에 홍콩에 3일간 출장을 다녀온다던 그가 아침 일찍 통닭을 사서 들고 왔는데, 포장지에 적힌 상호를 보니 경기도 수원시에 있는 치킨집이었다는 것이다. 축지법을 쓰는 것도 아니고 인천국제공항에서 내려서 곧바로 서울에 사는 자신에게 왔는데 어떻게 그 새벽에 수원에 들러 통닭을 사올 수 있는지 B는 놀라웠다. 잦은 말 바꾸기와 거짓말이 쌓이면서 B는 J가 조금 이상하다고 생각했다.

그때 아침 부산으로 출장을 간 J가 갑자기 연락이 두절되었다. 4일 동안 소재를 알지 못해 발을 동동 구르며 실종신고를 내자, 경찰서에서 J가 얼마 전 사기죄로 구치소에 수감되었다는 사실을 알려왔다. 청천벽력 같은 일은 다음에 일어났다. 알고 보니 그의 모든 조건은 다 새빨간 거짓말이었고, 유사한 사기행각으로 전국에 지명 수배를 받고 도망 다니던 사기꾼이었던 것. 더 놀라운 건 자신과 결혼을 전제로 사귀고 있던 와중에도 전국에 다섯 명의 다른 여자와 교제를 하고 있었다는 사실이다. 수법도 동일하여 그중 두 명과는 청첩장까지 돌린 상태였고, 한 명은 이미 임신까지 하고 있었다. 모든 여성에게 이런저런 핑계로 수천만 원씩 돈을 뜯어낸 과정, 있지도 않은 병원 설립 허가증을 보여주며 부지를 둘러보게 한 정황, 지인과 주변 인물들을 동원하여 의심을 무마시키고 피해자들을 안심시켰던 방식 모두 B가 당했던 것과 꼭 같았다. 이 사건은 미혼여성들을 노린 전형적인 혼인빙자간음이었고, J는 전에도 같은 문제를 일으켜 구속 수감된 전력까지 있었다. 철저히 조건을 보고 배우자를 골랐던 B는 욕심에 눈이 멀어 사기꾼의 어설픈 사기행각을 분별해낼 마음의 여유가 없었다.

사람의 욕구를 충족해서 금전적 이득을 취하는 것은 대부분의 사기꾼들이 세우는 핵심전략이다. 여자의 마음을 사는 능력으로 살아가는 제비, 남자의 마음을 사는 능력으로 살아가는 꽃뱀. 둘 다 이성이 무엇을 원하는지 귀신 같이 알고 그 욕구를 감질나게 충족시켜가면서 상대를 농락한다. 위의 사례처럼, 제비는 사랑을 담보로 여자의 몸과 돈을 빼앗는다. 여자의 환심을 사고 자신을 믿게 만든 후에 재산을 빼앗기 때문에 마음의 사기범들이라고 부를 수 있다. 여자의 마음만 일단 빼앗으면 몸과 물질은 그대로 따라온다. B는 자신의 분수에 맞지 않는 상대에게서 후광효과를 느꼈고, J는 철저히 그런 여성들만 표적으로 노렸다.

반면 꽃뱀은 몸을 무기로 남자에게 접근한다. 상대에게서 그릇된 남성의 열정을 일으켜 자신에게 집중하게 만들고 섹스를 무기로 협박과 강요를 일삼는다. 중견 시인으로 활발히 활동하던 박진성 씨역시 꽃뱀의 무고로 큰 정신적, 물질적 고통을 겪어야했다. 2016년 10월 19일, 한 여성이 자신의 SNS에 박씨가 미성년자인 자신에게 성희롱을 했다고 주장했고, 이후 복수의 여성들이 성폭행을 당했다고 주장하면서 사회적으로 큰 파장이 일었다. 당시는 문학계에 성희롱과 관련해 부정적인 여론이 형성되어 있었기 때문에, 박씨가 여러 문학지망생들을 수년 간 상습적으로 성폭행을 가했다는 루머가 일파만파 확산되었다. 이 사건이 아니었다면 박씨를 전혀 알지도 못했을 사람들까지 일어나 그가 발간한 시집들을 불태우고 몇몇 시구들을 조롱조로 인터넷에 올려 풍자했다. 졸지에 시집 발간을 준비중이었던 박씨는 모든 활동을 접고 자택에 숨어있어야 했다. 그때부터였다. 자신을 미성년자로 밝힌 여성이 카카오톡으로 "주실려면 저는 돈이 좋습니다."라고 본색을 드러내며 박씨에게 노골적으로 금품을 요구하고 나섰다.

　　법에서는 꽃뱀의 정의를 보통 공공연한 금전적 요구의 유무로 판단한다. 박씨는 꽃뱀의 협박에 시달리다 2017년 12월 2일, '굿바이'라는 자살을 암시하는 트윗을 남기고 다량의 수면제를 삼켰다. 박씨는 처음부터 자신의 결백을 주장했지만, 흥분한 사람들은 차분히 그의 말을 들어보려고 하지 않았다. 이후 수사가 진척되고 박씨의 주장에 신빙성이 확보되고, 신고한 여성들이 줄줄이 소를 취하하면서 압박감을 느꼈던 최초의 제보자는 "당시 저는 19세였고 입시를 마친 상태였습니다. 제가 성희롱을 당했다고 폭로한 이유는 그저 호기심 때문이었습니다. 트위터에 중독되어 있었고, 어떻게 하면 관심을 끌 수 있을까 고민하다가 장난삼아 트위터에 폭로를 했었는데, 걷잡을 수 없이 퍼져나갔습니다."라며 공식적으로 사과하기에 이르렀다. 그녀는 연이어 "박진성 시인과 그 가족 분들께 정말 죄송한 마음 전합니다. 저는 조용히 숨죽이며 살겠습니다. 한때나마 좋은 스승이었는데 결과가 이래서 정말 죄송스럽고 많이 무섭습니다. 박진성 시인이 부디 제자리를 찾으셨으면 좋겠습니다. 죄송합니다."라는 글을 남기며 선처를 호소했지만, 법의 심판을 피해갈 수 없었다. 수원지검은 그녀가 박씨를 허위 고소하여 죄질이 좋지 않지만, 초범이고 불안한 정신상태를 보이는 점 등을 고려해 기소를 유예했다고 밝혔다. 스스로 '장난삼아' 꾸며낸 일이라고 둘러댔지만, 정황상 박씨에게 금품을 요구하려 했던 점으로 보아 그녀는 초보 꽃뱀이 분명해 보인다. 몸이 무기인 꽃뱀은 상대가 틈을 보이는 순간 범죄자로 돌변한다. 어둠에 웅크리고 있던 그 여자의 자아가 눈을 뜨고 기지개를 켠다. 이제 활개를 펼칠 시간이 온 것이다.

소유와 집착,
그리고 데이트폭력

04

"그 끝없는 고독과의 투쟁을 혼자의 힘으로 견디어야 한다. 부리에, 발톱에 피가 맺혀도 아무도 도와주지 않는다. 숱한 불면의 밤을 새우며 홀로서기를 익혀야 한다." 서정윤 시인의「홀로서기」의 한 대목이다. 시집으로는 보기 드물게 300만 부나 팔리며 공전의 히트를 기록한 서씨의 홀로서기는 80년대를 살았던 사람들의 마음 한 복판에 '홀로 선다는 것'의 화두를 깊이 묻어주었다. 필자를 포함하여 그 시기에 학창시절을 보냈던 사람들 중에 그의 시 한두 편이 적힌 책받침이나 공책을 하나쯤 갖지 않은 이가 없을 정도였으니 말이다. 그 즈음 변진섭의「홀로 된다는 것」이 발매되면서 그

둘은 묘한 랑데부를 이루며 사람들의 가슴 속에 '혼자'에 대한 묘한 울림을 주었던 것으로 기억한다. 이후 필자가 상담학을 공부하고 사람들의 심리를 연구하면서 이 홀로서기라는 시가 이전과 다르게 이해되기 시작했다. 상담에서 바라볼 때, 홀로서기라는 말은 처음부터 이율배반적 언어도단이다. 왜 그럴까? 인간은 애초에 홀로서기를 할 수 없다. 부단히 대상을 희구하고 관계를 열망한다. 거의 모든 이상심리와 범죄심리는 이러한 대상—관계를 관장하는 심리나 뇌에 고장이 나면서 촉발된다. 관계의 상처는 혼자서 해결할 수 없다. 그런데도 이를 혼자서 해결하라고 조언하는 소프트한 심리서, 대중적 인간관계서들이 서점가에 넘쳐난다. 미움 받을 용기? 도대체 왜 그런 용기를 가져야 할까?

필자가 외도로 깨진 가정, 범죄로 무너진 인간관계들을 수습하고 가해자와 피해자들을 면담하고 상담하며 느낀 건 홀로서기라는 시야말로 결코 행복을 향해 우리가 바라보아야 할 목표가 아니라는 깨달음이었다. 바로 그 즈음이었을 것이다. 2013년, 서씨가 담임교사로 근무하던 중학교의 한 여학생을 성추행했다는 의혹이 세간에 터졌다. 순수문학을 지향했던 문단의 대표적인 작가가 그렇게 퇴장하면서, 그의 시로 감수성 짙은 사춘기를 보낸 많은 독자들은 허탈감에 빠졌다. '여학생 앞에서 거기가 홀로 서서 그 짓을 했냐?'

는 원색적인 비난이 쏟아졌고, '홀로 서는지 알아보기 위해 여중생의 가슴을 만진 것이냐?'는 경멸의 힐난이 도배되었다. 결국 서씨는 검찰에 불구속 기소된 채 불명예스럽게 강단을 떠나고 말았다. 필자는 서씨의 개인적인 추문과 몰락을 통해 홀로서기의 문제를 지적하고 싶은 마음은 없다. 다만 우리는 그 누구를 막론하고 홀로 설 필요가 없으며, 숱한 불면의 밤을 새워도 평생 홀로서기를 익힐 수 없다는 사실을 말하고 싶을 뿐이다.

모 케이블TV 프로그램이 한때 화제였다. 부부들이 함께 출연해 서로의 불만을 솔직하게 털어놓는 토크쇼인데, 그 프로그램에 출연한 부부들은 하나같이 나중에 이혼도장을 찍었다고 호사가들 사이에서 '저주'라는 말까지 나돌고 있다. 필자도 그 이야기를 듣고 나중에 프로그램을 보니 그럴 만도 하겠다 싶었다. 갈등에 빠진 부부의 관계를 개선할 생각을 해야지 전문가랍시고 나와서 자꾸 부부들을 고립시키는 심리학들만 경쟁적으로 나열하니 당연히 출연자들이 '내가 이렇게 양보하고 사는 건 바보 같은 짓이구나.'라는 생각을 갖게 유도하는 듯하다. 당장 앞에서는 속 시원할지 모르겠지만, 관계문제는 분풀이로 해결될 수 있는 게 아니다. 솔직히 현재 심리학의 추세가 그렇기도 한데, 너무나 파편화되고 개인화된 산업화시대에 살다보니 집단이나 관계에서 오는 즐거움과 만족보다는 개인의 욕구와 싱글의 이기적인 삶에서 오는 자유와 도락에 집중하는 콘텐츠가 천지에 넘쳐난다. '소확행'이니 '혼밥'이니, 진득한 타인과의 관계보다는 개인의 말초적 욕구를 먼저 강조하는 문화가 퍼져있다. 비록 갈등이 있어도 그 과정을 차근차근 해결하면서 서로 만들어가는 관계보다 아예 처음부터 '혼자가 좋다.'로 시작하는 정서가 편만한 것 같아서 씁쓸했다.

반대로 개인주의가 득세하면서 소위 '관계바보'들이 등장하는 요즘이다. 이른바 관계의 역설인데, '화려한 싱글'이니 '돌싱'이니 홀로서기를 찬양하는 문화가 깊어지면서 그 반작용으로 서로를 건강하게 바라보지 못하고 상대에게 집착하거나 소유하려드는 정서적 변이가 우후죽순처럼 돋아나고 있는 것 같다. 마음을 가둬야 하는데 몸을 가두게 된다. 대상을 소유하려하고 병적으로 집착한다.* 보통 이런 소유욕과 관계집착은 소극적으로는 SNS나 인터넷으로 나타나고, 적극적으로는 스토킹이나 감금 및 데이트폭행 등으로 불거진다. 필자가 상담한 케이스 중에 A군(20대)이 그런 경우였다. 그는 복학생이었는데 같은 과 D양과 사귀게 되었다. 처음에는 다정다감한 A에게 먼저 끌렸다. D가 그에게 고백을 했고 둘은 연인관계로

---

* 특히 남녀 간의 관계집착이나 관계중독에 관해 자세한 솔루션이 필요한 독자들은 필자의 『그 남자, 그 여자의 바람바람바람』을 참고할 것.

발전했다. 서로 취미도 같았고 대화도 잘 통하다보니 자연스럽게 결혼도 염두에 두기 시작했다. 둘은 대학가 근처의 모텔에서 여느 연인들처럼 자연스럽게 성관계도 즐겼다. A가 자꾸 자신과 섹스를 할 때 휴대폰을 들이대는 게 못마땅하긴 했지만, "하루 종일 니 모습을 보고 싶어서 그래."라는 말에 D는 자신을 얼마나 좋아하면 저럴까 하면서 그냥 넘어갔다. 그때까지 그녀는 아무런 이상한 낌새를 느끼지 못했다.

그런데 언제부턴가 A는 D의 사생활을 지나치다 싶을 정도로 간섭했다. "나 말고 누구랑 만났냐?" "그때 무슨 일 하고 있었냐?" 만났다 하면 형사가 피의자를 심문하듯이 꼬치꼬치 캐물었다. 남자가 함께 동석하는 모임에는 절대 갈 수 없을 정도로 단속하고 나섰다. D는 답답함을 느꼈다. 사랑이 아니라 구속이라고 느껴지기 시작했을 때, D는 A에게 헤어지자고 말했다. 하지만 이별 요구는 죽음의 광시곡이었다. 평소 비밀번호를 공유했던 게 화근이었다. A는 D를 스토킹했고, 그녀의 SNS 계정에 무단으로 들어가 살해협박을 하기도 했다. 손목이 절단되는 사진을 게시하는가 하면, 기괴한 그림들로 도배해서 D는 자신 명의의 SNS를 탈퇴하고 말았다. 도저히 일상생활이 불가능해지자, D의 부모가 나서 사정해도 남자의 기행을 막을 수 없었다. 그녀가 강하게 만남을 거부하고, 그녀의 부모가 그에게 무릎까지 꿇고 빌었는데도 그는 요지부동이었다. 정말 자신의 딸을 죽일지도 모른다는 공포감에 마음 약한 부모는 딸의 신변 보호조차 신청하지 못했다고 한다. 소유와 집착은 결국 데이트폭력으로 이어질 수밖에 없다.

이후 필자가 남자의 과거를 보니, 다섯 살 때 어머니가 집을 나간 결손가정에서 불우한 청소년기를 보냈다는 사실을 알게 됐다. 그 이후 새어머니랑 함께 살았는데 그 과정에서 겪은 마음의 상처는 고스란히 트라우마로 남았고, A는 자기도 모르게 여자에 대한 혐오감을 가지게 됐다. 그는 필자에게 "앉아서 오줌 누는 것들은 믿을 수 없다."며 여성 전체에 대한 강한 거부감을 표출했다. **여성혐오**는 정상적인 여성의 성심리를 이해하지 못하는 데서 기인하는 현상이다. 2018년 3월 부산에서 일어난 폭력사건도 같은 맥락에서 이해할 수 있다. 피해자 여대생이 동갑내기 남자친구와 차 안에서 말다툼을 하다 인근 야산에 끌려가 여러 시간 두들겨 맞는 사건이 CCTV에 찍히면서 세상에 알려지게 됐다. 가해자 남성이 이미 기절한 피해자를 야산에 끌고 가는 장면은 급박했던 당시 상황을 그대로 보여줬다. 당시 폭행으로 피해자 여성은 안와골절과 타박상, 갈비뼈에 금이 간 상태로 발견되어 긴급히 병원으로 후송되었다. 피해자는 "남자친구가 화가 나면 벽이나 가구를 부수거나, 감금하는 게 일상이었다."라며 당시 폭력이 일회성의 우발적인 사건이 아니었음을 주장했으며, 사건 직후 가해자 남성은 현행범으로 체포됐고, 감금치상 혐의로 구속됐다.

앞선 사례에서 결국 A는 남녀관계를 잘 못하는 관계집착을 보였고, 이 관계가 습관처럼 굳어지면서 남녀 사이에 주-종관계가 형성되어 버렸다. 이런 정서는 의처증으로 갈 수 있는 특징을 가지고 있다. 우리는 함께일 때 비로소 인간이다. 인간은 사회적 동물이다. 생존을 위해서 함께 살아야 한다. 소유와 집착은 이런 심리를 잘못 이해해서 만들어진 기형적 행동이다. 소유와 집착은 범죄심리가 좋아하는 방식의 관계맺기다!

여성혐오(misogyny)는 여성에 대한 혐오나 멸시, 또는 반여성적인 사회적, 개인적 편견을 뜻합니다. 이는 성차별, 여성에 대한 부정과 비하, 여성에 대한 언어적–물리적 폭력, 남성우월주의 사상, 여성의 성적 대상화를 포함한 여러 가지 방식으로 나타나며, 고대 세계에 관한 신화뿐만 아니라 여러 종교 신화, 많은 철학자들, 문학가들의 작품 속에서도 발견됩니다. 이런 여성혐오가 발생하는 원인으로는 성의 거부나 성에 대한 죄책감, 남성들이 여성을 이상화함으로써 찬미하는 데에 대한 반발, 여성을 남성에게 종속시키려는 가부장적 욕망 등이 있습니다. 어떤 형식이든 여성을 억압하는 기제로 사용될 수 있는 가능성이 도사리고 있습니다.

상대를 소유의 대상으로 점유하려는 시도는 때로 심각한 범죄로 비화될 수 있다. 그것이 노예제든 축첩제든 역사적으로 인간을 소유물로 전락시키는 관습은 언제나 인간성에 대한 근본적인 물음을 제기할 수밖에 없는 도덕의 사각지대로 인류를 몰아왔고 나아가 가장 잔인한 종류의 범죄가 일어날 가능성을 항상 배태했다. 2018년 10월, 경기도 파주에서 일어났던 사건 역시 이러한 그릇된 소유와 집착의 끝이 아름답게 끝나야 할 인간관계를 얼마나 파괴하는지 보여주었다.

　　특정한 직업이 없었던 D씨(20세)는 약 6개월 전 지인의 소개로 만나 알고 지내던 20대 여성 C씨가 "관계를 정리하고 싶다."는 문자를 보내자 다짜고짜 자신의 집으로 오라고 그녀를 불렀다. 밤도 늦었고 상황도 안 좋아 내키지 않았지만, 그래도 마지막을 좋게 마무리해야겠다는 생각으로 D의 요구에 마지못해 응했던 게 화근이었다. C가 집에 도착하자마자 집에 있던 친구를 내보낸 뒤 갑자기 돌변한 D는 30분 동안 발과 주먹으로 그녀의 얼굴과 몸 등을 무자비하게 구타했다. 그것으로도 화가 풀리지 않았는지 강제로 옷을 벗기고 성폭행을 시도했고, 이후 경찰에 신고하지 못하도록 덜덜 떨고 있던 C의 나체사진을 찍어 협박까지 했다. 당시 취업 면접을 앞둔 C에게 "머리카락을 다 잘라서 면접도 못 가게 해줄까?" "니 인생 완전히 망하게 해줄 수 있다. "고 으름장을 놨다. 이후 널브러져 있는 B를 방에 놔두고 새벽 3시 친구의 연락을 받고 D가 자리를 뜨자, 그녀는 바로 112에 신고했고, 경찰은 그날 D를 긴급 체포하면서 결국 악몽 같았던 하루가 끝났다.

소유와 집착은 범죄자가 좋아하는 방식의 관계맺기다

뚜렷한 직업 없이 하루 종일 빈둥거리며 건달처럼 지냈던 D는 곧 취업을 앞둔 C가 자신보다 사회생활도 잘 하고 곧 직업도 갖게 될 것에 대해 남자로서 자격지심이 생겼을 게 분명하다. 전후 사정을 맞춰보면, C는 의도와 상관없이 D의 남성성에 스크래치가 났고, 거세불안을 느꼈을 개연성이 있다. 평소 D가 가지고 있던 여성에 대한 반감은 큰 열등감과 낮은 자존감에 비례해서 커졌을 것이고, 그 여성혐오는 또 다른 의미에서 소유욕의 다른 이름이기도 했다. 그래서 그녀의 절교에 그는 그렇게 분노하고 폭력을 행사했던 것이다. 앞선 A의 사례와 마찬가지의 해석이 D에게도 충분히 가능하다. 남자의 본능 속에 숨은 어두운 자아는 거친 폭력성을 드러내며 이성을 억압한다. 그런 부정적 심리를 어떻게 제어할 수 있을까? 우리는 이제 그 문제를 풀기 위해 다음 장으로 가야 한다.

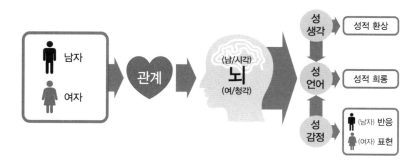

동물은 오로지 종족 번식을 위하여 교미를 합니다. 반면 인간은 단순히 번식만을 위해서 성관계를 갖지 않습니다. 인간에게 섹스는 생물학적 이유를 뛰어넘는 복합적인 목적을 가지고 있기 때문입니다. 인간의 성관계는 인간관계를 통한 정서적 교감과 유대감, 나아가 복잡한 심리적 기제를 충족시키는 감정적 동인을 가지고 있습니다. 이 감정적 동인을 성심리라고 합니다. 성심리는 인간관계에서 가장 근본적이고 원초적인 심리이기 때문에 다른 어떤 심리에 앞서 충족되어야 합니다. 문제는 남자와 여자의 성심리가 다르다는 데에 있습니다. 남녀 모두 상대의 성심리를 이해하지 못할 때 오해와 억측에 의해 일상에서 여러 가지 문제가 생길 수 있습니다. 서로 다르게 발달되는 성심리를 모르고 인간관계 속에서 서로를 배려하지 못한다면 급기야 성범죄로 이어질 수 있습니다. 남녀 심리의 상반성과 다른 사회적 성역할, 성장배경과 사회적 분위기가 모두 행동에 깊은 영향을 미칠 수 있습니다.

❖ 빈센트 반 고흐(Vincent van Gogh, 1853~1890)의 「귀에 붕대를 두른 자화상(Self-Portrait with Bandaged Ear, 1889)」. 영국 런던 코톨드미술관(Courtauld Institute of Art) 소장.

chapter 7

나에게 또 다른 나는 어떤 존재인가

심리적 측면에서 바라본 이중성의 긍정적 기능

선과 악 사이에 전선(戰線)은 모든 사람의 마음을 가로지른다.
―알렉산드르 솔제니친―

달팽이와 은행나무의 공통점은 무엇일까? 둘 다 수컷과 암컷이 한 몸에 있는 생명체라는 점이다. 생태계에는 '암수한몸(단성생식)'이라는 생식방법을 추구하는 동식물들이 있다. 언제 잡아먹힐 줄 모르는 복잡다단한 먹이사슬에서 살아남아 같은 종의 짝을 만나 교미할 수 있는 확률은 인간이 사회 속에서 배우자를 만나는 확률에 비해 절대적으로 낮다. 극소수의 '선택된' 개체만이 짝짓기를 한다. 대부분의 개체들은 교미는커녕 짝한 번 만나보지 못하고 생을 마친다. 해결책이 없을까? 의외로 간단한 방법이 있다. 자신의 몸 안에 짝을 넣어가지고 다니는 것이다. 짝짓기를 할 수 있는 유리한 조건을 찾을 수 없을 때, 암수한몸으로 진화한 동물들은 생존확률을 획기적으로 높일 수 있다. 천적에게 잡아먹힐 위험을 감수하고 교미 상대를 물색하러 쏘다닐 필요가 없다. 물론 이러한 암수한몸의 전략이 마냥 좋은 것만은 아니다. 유전자가 고정되기 때문에 '암수딴몸(양성생식)'인 동물들보다 후대에 우성 형질을 낳기 어렵다. 동일한 DNA를 통해 번식을 하다보면 우생학적으로 열성인자가 대물림될 확률이 많아진다. 한마디로 유전적 다양성을 잃게 될 위험이 남는 것.* 이해가 잘 안 간다면, 지난 2000년 폐지된 동성동본 금혼제도와 비교해보면 좋을 것 같다.

좀 기괴한 상상을 해보자. 인간이 암수한몸이었다면 어땠을까? 인간이 단성생식으로 진화했다면, 애써 배우자를 찾을 필요 없이 내 몸의 일부에서 간편하게 이성異性을 꺼내 후손을 보전했다면, 남성 성기와 자궁이 한 몸에 있어 하루에도 여러 번 은밀한 관계를 통해 손쉽게 DNA를 주고받았다면, 과연 지금보다 더 행복했을까? 생각만 해도 끔찍한 상상이다. 인간이 이처럼 만물의 영장으로 진화할 수밖에 없었던 근본적인 이유는 남녀가 서로 달랐기 때문이

---

* 이러한 이유로 단성생식을 하는 종들 역시 매우 제한적인 경우를 제외하고는 다른 개체와 암수 맞교환의 방식으로 교미를 한다.

다. 더 정확히 말하면, 남자의 심리와 여자의 심리가 서로 상반되고 서로 상보적이었기 때문이다. 인간 공진화의 핵심이 바로 이 **차이**와 **다름**에 있다. 남자와 여자의 영원한 상대성이야말로 사피엔스가 네안데르탈인을 극복하고 궁극적으로 지구의 패자覇者로 군림하게 된 이유의 핵심이었다. 다르기 때문에 다투는 남녀는 서로 같아져서 평화로운 남녀보다 더 위대하다! 차이에서 긍정적인 방향을 찾는다면 스트레스도 행복이 된다.

인간의 성숙을 위한
내 안의
또 다른 나 찾기

『성서』에서는 "믿음, 소망, 사랑 중에 제일을 사랑"이라고 말한다.* 이 말이 대체 무슨 뜻일까? 필자는 이 성구를 이렇게 해석하고 싶다. '믿음과 소망은 혼자서 할 수 있다. 토굴 속에 들어가서도, 선방에 처박혀 있어도, 무엇인가를 믿고 바랄 수 있다. 그런데 사랑만큼은 꼭 상대가 있어야 한다.'고. 짝사랑도 '사랑'이라는 이름이 붙었지만 솔직히 '소망'에 불과하다. 진정한 사랑은—신의 사랑이든, 부모의 사랑이든, 연인의 사랑이든, 친구의 사랑이든—반드시

---

* 『고린도전서』, 13장 13절.

대상(타자)을 필요로 하며, 그 대상과의 인격적인 만남이 전제되어야 한다. 유태계 실존주의 철학자 부버Martin Buber는 『나와 너』에서 사람은 누구나 세계와의 관계에서 두 가지 관계 중 하나에 속한다고 주장했다. '나와 너'의 관계와 '나와 그것'의 관계가 그것인데, 인격적인 만남을 주는 건 오로지 나와 너의 관계에서만 가능하다. 그는 인간이 나와 너의 관계를 잃어버리거나 잊어버릴 때 인간은 소외되고 관계는 파편화되며 공존은 불가능해진다고 보았다. 상대를 물건이나 사물로 대하지 말고 나와 동등한 인격으로 대하자는 그의 주장이 오늘처럼 비인간화된 물질문명 시대에 더 요청된 적이 없다.

실존주의 철학자 사르트르는 『존재와 무』에서 즉자와 대자라는 헤겔의 개념을 대비하여 존재와 실존을 설명한다. 자신을 토대로 하고 다른 어떤 것에 의존하지 않는 존재인 **즉자**being-in-itself는 근본적이고 근원적이며 독자적인 존재다. 즉자는 관계를 필요로 하지 않는다. 늘 존재했으며 앞으로도 존재할 것이다. 즉자는 과거도 미래도, 이전도 이후도 없다. 말 그대로 즉자는 '있음' 그 자체다. 반면 **대자**being-for-itself는 대상을 의식하고, 자신이 의식한다는 사실도 의식하는 그런 존재다. 대자는 영원히 고요한 존재로 있는 즉자를 부정하고 '자신을 향해' 있기로 결심하는 존재다. 대자는 자신을 대상화하며 의식하는 존재다. 그래서, 조금 이해하기 어려운 말

일 수 있겠지만, 즉자에서 대자로 넘어가야 비로소 진정한 '관계'
라는 것이 성립할 수 있다. 사르트르는 대자는 오로지 인간만이 가
능한 존재양식이라고 주장했다. 인간이 차가운 돌덩이 같은 즉자로
존재하지 않고 상대를 찾고, 상대를 필요로 하는 관계적 존재, 대자
로 존재할 때 비로소 인간이 인간으로 거듭난다고 본 것이다.

즉자에서 대자로, 고립에서 관계로

　　인간은 어쩔 수 없이 함께 공존하면서 수많은 문제들을 맞닥뜨
리며 성장하는 대자적 존재다. 옳은 게 옳은 게 아니고 그른 게 그른
게 아니다. 남자에게 좋은 건 여자에게 상처가 되고, 남자에게 상처
는 여자에게 좋은 게 된다. 굳이 헤겔의 변증법을 끌어들이지 않더
라도, 세상의 이치를 들여다보면, 언제나 정상이라고 여겨져 왔던
주장에 반대가 등장하면서 갈등관계가 형성된다. 정설은 늘 끊임없
는 비판을 불러일으키는 주장이다. 비판이 없다면 그 정설도 진리
일 수 없다. 무비판적 상황은 외부의 힘에 의해 그 비판을 억압하고
있거나, 비판할 하등의 가치를 느끼지 못하는 수준의 정설이거나,
둘 중 하나이기 때문이다. 그늘이 없는 양지는 불가능하다. 비슷한
맥락에서, 과학철학자 포퍼Karl Popper는 진리가 최소한 과학적 사실
로 의미가 있으려면 반증이 가능해야 한다고까지 주장했다. 정설과

반대는 대척점에 놓여 한 치의 양보도 없이 대결하다가 대안을 찾게 된다. 정正과 반反의 갈등 가운데 합合이 도출된 것이다. 헤겔은 인간의 역사가 이러한 변증법적 과정이라고 주장했다. 필자는 인간의 심리야말로 변증법적 과정이라고 생각한다.

이와 같은 맥락에서 광기의 철학자 니체는 서구 문화를 낳은 예술, 좁게는 그리스 비극 문학에 아폴로적인 것과 디오니소스적인 것이 함께 조화를 이루고 있다고 주장했다. 그는 『비극의 탄생』에서 그리스-로마신화에 등장하는 두 신화적 인물인 아폴로와 디오니소스를 대비시켜 예술적 충동이 지니는 양면성(상반성)을 설명하려고 했다. 나중에 자세히 설명하겠지만, 물론 이러한 양면성은 지극히 인간의 성향을 반영한 것일 뿐이다. 마치 80년대 만화영화에 등장하는 남자 반 여자 반의 아수라 백작처럼 말이다. 우리는 흔히 겉과 속이 다르거나 말과 행동이 일치하지 않는 사람을 가리켜 "너 정말 이중적이구나!" 힐난하지만, 동의하든 동의하지 않든, 사람은 본래 '이중적인' 존재다. 심지어 한 발 나아가 인간은 '이중적이어야 하는' 존재다. 그리고 그런 인간성을 담아낸 예술 역시 서로 상반되는 예술혼이 드러나야 한다. 어쨌든 니체에 따르면, 이런 두 개의 상이한 예술적 충동은 때로는 뭉쳐지고 때로는 갈라서며 격렬한 정반합의 과정을 거치게 된다.

그럼 아폴로적인 게 무엇이고, 디오니소스적인 건 또 무엇일까? 올림포스의 12신의 하나인 아폴로는 제우스의 아들로 이성의 신이다. 그의 예지력은 미래를 예언하고 신탁을 내는데 탁월성을 보인다. 반면 디오니소스는 술을 관장하는 주신酒神이다. 그 역시 제우스의 아들이었지만 포도주를 만든 신으로써 광기를 상징한다. 이러한 특성을 끄집어내어 니체는 아폴로적인 것을 이지적이고 합리적이며 정적靜的인 충동으로 보았고, 디오니스소적인 것을 환락적이고 본능적이며 동적動的인 충동으로 이해했다. 전자가 고전주의 음악처럼 조화와 규칙, 질서 같은 정제된 예술 형식을 추구한다면, 후자는 낭만주의 음악처럼 야성적이고 다듬어지지 않은 예술 형식을 추구한다고 말했다. 그리고 여기서 가장 중요한 것은 이 두 가지 충동이 마치 동전의 양면처럼 떨어지지 않고 적절한 조화를 이루어야 한다는 점이다.

'불광불급不狂不及', '미치지 않으면 (정점에) 미치지 못한다'는 말도 있듯이, 츠바이크Stefan Zweig는 『천재와 광기』에서 예술가들이 번뜩이는 내면의 광기를 통해 어떻게 천재적인 작품들을 남겼는지 추적한다. 천재와 광인은 이음동의어와 같다. 물론 양극단에서 중용을 취한다는 게 그리 말처럼 쉬운 일은 아니다. 전문적인 성격검사를 실시하면 확연히 드러나지만, 사람은 이성이든 감성이든 개개인마다 어느 한 편으로 쏠릴 수밖에 없다. 이를 **심리적 경향**이라고 한다. 그래서 어쩌면 인간은 이러한 경향 때문에 신이 될 수 없는지도 모른다. 서로 다른 역의 합일을 완벽하게 구현해내는 존재야말로 신이며, 아폴로적인 것이든 디오니소스적인 것이든, 마치 천형처럼 어느 한 편으로 기울어지는 존재는 불완전한 인간으로 남을 수밖에 없다. 인간 속에 이 두 가지가 다 들어있는 것 아닐까?

나	또 다른 나
이성	광기
아폴로적	디오니소스적
이성적	감성적
합리적	비합리적
정상	비정상
창조	파괴
계산적	충동적
윤리적	비윤리적
예측가능	예측불가능

'내면아이' 개념을 정립한 브래드쇼John Bradshaw는 이렇게 말했다. "나는 '선한 사람'을 자신의 한계를 충분히 의식하는 사람으로 정의한다. 그들은 자신의 강점을 알면서도 자신의 '그림자', 즉 약점도 알고 있다. 다른 말로, 그들은 나쁜 건 없이 좋은 것도 없다는

걸 알고 있다. 선과 악은 진정 하나지만, 우린 의식적으로 그것을 분리시켜서 양극화시켜 버린다."이런 관점에서 보면, 인간관계의 문제는 개인 내면의 양극성으로 수렴되고, 선과 악이라는 그 두 개의 얼굴을 다 인정할 때 건강하고 건전한 성인으로 타인과 적절한 관계를 맺을 수 있음을 깨닫게 된다. 내 안에 긍정과 부정이 언제나 함께 공존하고 있다는 사실을 인정할 때 범죄의 위험으로부터 스스로를 보호할 수 있는 튼튼한 심리를 기를 수 있다.

지나친 결벽으로 인한 죄의식과 피해의식을 갖은 개인은 타인과도 관계를 맺지 못한다. 자신을 용납하지 못하는 완벽주의가 자존감에 끼치는 해악은 이루 말할 수 없다. '나에게는 절대 이런 일이 일어나서는 안 돼.' '내가 이 정도밖에 안 되는 인간이었다니.' 자기 연민과 자기 비하는 서로 등을 마주 기대고 있는 일란성 쌍둥이다. 인간은 완벽하지 않다. 영국 속담에 "인간은 실수를 저지르고, 신은 용서를 베푼다."고 하지 않는가? 옹졸하고 기만적이며 좌충우돌 실수투성이에 단점이 가득한 자기 자신을 직시하고 용납하는 것에서 상담은 시작된다.

착함 콤플렉스에서의
해방

　많은 사람들이 종종 순수함과 순진함, 그리고 착함을 혼동하는 것 같다. 하긴 요즘 어법으로는 몸매도 '착하다' 가격도 '착하다'고 말하지만, 이 셋은 엄격히 전혀 다른 성격적 특성을 지칭한다. 기본적으로 순진함이란 아무 것도 모르고 살아가는 것이고, 순수함이란 편법을 알면서도 옳은 신념을 가지고 흔들림 없이 살아가는 것이며, 착함은 무작정 참고 자신을 억압하며 살아가는 것이다. 여러분들은 스스로 어떤 범주에 속한다고 생각하는가?

　우리 주변에 흔히 있는 '순진한' 사람들은 세상을 모르니까 사기 당하고, 모르니까 범죄에 연루되며, 모르니까 자신의 권리와 재산을 지키지 못한다. 최근 다큐 프로그램 「사람이 좋다」에서 가수 조관우 씨가 지인에게 사기를 당해 신용불량자로 전락한 경우를 보게 됐다. 그는 지난날을 후회하면서 심경을 밝혔다. "너무 세상을 몰랐고, 너무 사람을 믿었다." 인터뷰 내내 가수로서 반평생 살아오면서 세상물정을 몰랐던 자신을 자책했지만, 두 번째 결혼한 아내와는 결국 이혼했고 자녀들과도 어쩔 수 없이 뿔뿔이 흩어지게 됐다.

자신의 분야에 집중한다는 것이 세상의 다른 부분, 생존에 필수적인 영역에 무지해도 된다는 뜻은 아니다. 반대로 '순수한' 사람들은 세상 이치와 재리에 밝아 '이렇게 하면 나한테 이득이 되겠구나.'를 잘 아는 사람이지만, 그 길이 남에게 피해를 주는 길이기 때문에 비리를 저지르지 않는 이들이다. 흔히 이런 사람들을 두고 '법 없이도 살 사람'이라고 한다. 순수하지 못한 사람들은 세상의 물욕과 이기심에 찌들어 옳은 일을 알면서도 자기 자신은 물론 상대방, 나아가 세상을 믿지 못하고 옳지 않은 길을 선택한다. 전형적인 사기꾼들이 여기에 해당한다. 반면 '착한' 사람은 당장 눈앞의 어려움을 모면하기 위해 자신의 감정을 억압하고 착한 양처럼 순응하며 사는 이들이다. 겉으로 그들은 남들의 좋은 평판을 얻을 수 있지만, 스스로의 삶이 없이 남의 이목에 자신을 저당 잡히며 사는 꼴이 되고 만다.

'순진'하거나, '순수하지 않거나', '착한' 사람의 공통점은 그들 모두 '행복하지 않다'는 사실이다. 순진하면 모르고 살아가니 결국 소중한 것을 지킬 수 없어 행복하지 않고, 순수하지 못하면 다 이루는 삶을 살았다고 해도 궁극적으로 행복하지 않고, 착함은 스스로 병리적인 부분을 끌어안고 살아간다. 흔히 '착한 여자 콤플렉스'라는 말을 들어봤을 것이다. 이 콤플렉스는 어린 시절 엄격한 가풍에서 성장한 여성들에게서 종종 발견되는데, 부모의 명령을 절대적인 법으로 수용하여 내면화한 아이들에게서 나타난다 하여 '착한 아이 콤플렉스'라고도 부른다.

종교적 훈육이나 윤리적 기준이 정밀하여 아이들이 자신의 순수한 욕구를 해결하지 못하고 이런 외부에서 강요되는 잣대에 자신을 맞추는 상황, 비유하자면, 정서적 '프로크루스테스의 침대'에 놓여있는 상황에 빠지게 된다. 부모에게서 "넌 착한 애로구나."라는 칭찬을 듣기 위해 진정 자신이 원하는 욕구는 억압한다. 겉으로는 아무런 문제가 없다. 매우 모범적이고 고분고분하며 말도 잘 듣는다. 문제는 내재된 욕구불만의 분노가 응고되어 있다는 점이다. 이

상태에서 그대로 성장하게 될 때, '착한 여자'나 '착한 남자'로 스스로를 규정하게 되고, 주변의 평판이나 판단에 과도하게 관심을 갖고 일희일비한다. 외부의 시선에 자신을 내어주다 보면 어느새 내면의 욕구를 들을 수 없는 지경에 이르게 되며, 나중에는 '내가 진정 원하는 게 무엇인지' '내 욕구가 좋은 것인지 나쁜 것인지'조차 전혀 분간할 수 없는 단계에 이르게 된다.

어떻게 하면 착함 콤플렉스에서 벗어날 수 있을까? 우선 자신의 내면을 솔직하게 응시하는 법부터 연습해야 한다. 주변의 평가에 사로잡힌 사람들은 상대방의 내면을 들여다보느라 종종 자기 자신의 내면을 들여다보는 걸 까먹는다. 까먹을 게 따로 있지 자신이 뭘 좋아하는지도 까먹을 수 있냐고 반문할지 모르겠다. 필자가 상담했던 한 내담자의 경우, 혼자 있을 때는 이것저것 잘도 결정하다가 옆에 친구라도 한 명 붙는 날에는 자신이 입을 팬티와 브래지어하나 사는 데도 마치 결정장애에 걸린 사람마냥 그 친구가 골라줄 때까지 몇 시간이고 미적미적 기다리는 자신이 너무 밉다고 고백했다. 남의 반응에 몰두하지 말고 무엇보다 자신의 감정에 충실해야한다. 때로 '남이 이러니까'가 아니라 '남이 뭐라든'이라는 어깃장놓는 자세가 중요하다. 이런 사고의 전환은 하루아침에 이뤄지지않는다. 로마도 하루아침에 이뤄지지 않았다! 적어도 6개월 이상은 소위 '나―응시법'을 일상에서 실험해볼 것을 권한다.

또 하나 착함 콤플렉스에서 벗어나는 확실한 비결은 조금 '이기적'으로 하루를 살아보는 것이다. 점심 메뉴에서부터 본인에게 일어난 중요한 대소사를 결정하는 일에 이르기까지 상대의 조언을 금과옥조로 삼는 습관을 과감하게 벗어 던지는 게 무엇보다 필요하다. 남의 의견을 무비판적으로 따라가지 말고 작은 일부터 용기 내어 자신의 목소리를 내보자. 자꾸 남들의 말과 행동에 영향을 받는 사람들일수록 "넌 그렇게 생각해? 나는 이렇게 생각하는데?"라는 관점에서 새롭게 관계를 들여다볼 필요가 있다.

'이기적으로 살라.'는 주문이 상대에게 무례하게 행동하라는 말은 아니다. 불량한 이기주의가 아니라 건강한 이기주의를 가져보라는 말이다. 시작은 먹고 마시는 등 사소한 기호나 문화의 취향부터 시도해보는 게 좋다. 자신의 목소리를 갖고 자신의 감정에 충실한 삶을 살 때 얼굴 표정부터 달라지는 내담자들을 종종 보게 된다. 건강한 이기주의는 우리의 삶에 왜 시급하게 필요할까?

건강한 이기주의의 필요성

이기주의와 이타주의는 서로 반대말이면서도 공통적으로 '이익[利]'이라는 글자를 포함하고 있다. 문제는 그 이익을 자신[己]이 챙기느냐 남[他]이 챙기느냐 하는 것. 남보다 자신의 이익을 먼저 따지는 입장을 이기주의라 하고, 자신보다는 남의 이익을 먼저 챙기는 입장을 이타주의라 한다. 우리는 흔히 이기주의는 나쁜 것, 이타주의는 좋은 것이라는 고정관념을 갖고 있다. 하지만 이타주의라고 해서 모두 좋은 건 아니다. 이타주의에는 감성적 이타주의와 이성적 이타주의가 있기 때문이다. 반대로 이기주의라고 해서 모두 나쁜 것도 아니다. 이기주의에도 불량한 이기주의와 건강한 이기주의가 있기 때문이다. 집단이기주의, 지역이기주의, 국가이기주의는 모두 불량한 이기주의에 속한다. 납골당, 장례식장, 장애인학교, 노인복지시설 등이 지역에 들어오려고 하면 동네 품격이 떨어지고 덩달아 집값도 떨어진다는 이유로 반대하는 **님비현상**을 우리 주변에서 쉽게 볼 수 있다. 심지어는 소방서나 유치원 같이 지역민의 편의를 위한 공공의 목적으로 반드시 지역 내에 있어야 하는 근간시설조차 반대하고 피켓시위를 벌이는 경우도 적지 않아 님비를 넘어 **바나나현상**마저 벌어지는 게 아니냐는 우려가 커지고 있다.* 중증외상센터에 들락날락하는 헬기 소음이 시끄럽다며 민원을 넣는 주민들 때문에 골든아워를 지켜 사고 현장에 도착하는 게 너무 힘들다고 하소연하는 이국종 교수의 이야기를 듣고 아연실색했다.

　　이뿐 아니라 특정 지역 출신을 우대하고 다른 지역 사람을 차별하는 것도 지역이기주의로 볼 수 있다. 특히 우리나라는 경상도와 전라도를 가르는 뿌리 깊은 지역주의가 만연해 있어 본의 아니게 노골적인 차별과 피해를 보는 경우가 종종 있다. 특정 집단의 이익을 위해 단체 행동을 서슴지 않는 집단이기주의나, 자국의 이익

---

* 시위를 벌이는 사람들이 들고 나오는 피켓의 문구에서 비롯된 명칭으로, 님비(NIMBY)는 '내 집 뒤뜰에선 안 돼(Not In My Back Yard).'라는 의미, 바나나(BANANA)는 '아무 근처 어디에서든 어떤 것이라도 절대 짓지 마(Build Absolutely Nothing Anywhere Near Anybody).'라는 의미.

을 위해 지나치게 대결적 관점을 견지하는 국가이기주의 역시 부정적인 이기주의의 단면이다. 불량한 이기주의는 우리 주변에서도 너무 흔히 볼 수 있어 새삼스럽지 않을 정도다. 좀비처럼 자신의 스마트폰만 들여다보며 걷는 아이들, 주변 사람 아랑곳하지 않고 지하철에서 시끄럽게 통화하는 중년 아저씨, 아무렇게나 길에 쓰레기를 버리고 아무데나 침을 찍찍 뱉는 십대 청소년들, 모두가 줄을 서고 있는데 나 먼저 가겠다고 버젓이 새치기를 하는 아줌마, 나만 편하면 된다는 듯 전동차 안에서 다리를 쩍 벌리고 앉아 있는 청년, 이 모두가 불량한 이기주의자들의 모습이다.

하지만 이기주의에는 건강한 이기주의도 있다. 기계적으로 이타적인 사고를 하는 이들은 앞서 말한 착함 콤플렉스에 빠져 자신의 내면에서 울려나오는 목소리를 애써 외면한다. 나를 속이고 남을 챙기는 건 바람직한 이타주의도 건강한 이기주의도 아니다. '에이, 나 하나 참고 말지.' 무턱대고 희생하고 참는 게 능사가 아니다. 결국 꾹꾹 참다가 일순간 폭발해버리고 말기 때문이다. 감정을 참는 데에도 임계점이 있다. 영어속담에도 '지푸라기 하나가 낙타의 등골을 빼놓는다.'는 말이 있다. 내 마음은 감정의 쓰레기통이 아니다. 이 세상에서 제일 중요한 건 결국 나 자신이며, 자신의 행복이 모든 우선순위의 가장 첫 번째 고려대상이 되어야 한다. 자신의 내면에 힘이 있어야 남도 도울 수 있다. 내가 좋으면 좋은 것이고, 내가 싫으면 싫은 것이다. 일찍이 『논어』에서 공자는 '군군신신부부자자君君臣臣父父子子'라고 말했다. "임금은 임금답고, 신하는 신하답고, 아비는 아비답고, 자식은 자식다워야 한다." 자신이 다른 누군가가 아닌 자기 자신의 모습을 갖고 있을 때 비로소 건강한 이기주의는 완성된다.

나를 알고
상대를 안다는 것은?

우리는 얼마나 자신을 알까? 동시에 함께 얼굴을 맞대고 살아가는 상대를 알까?「나를 찾아줘(2014)」는 그런 물음을 한 번쯤 진지하게 던지게 해주었던 영화였다. 프리랜서 기자이자 작가인 닉(벤 에플렉)은 하버드대학 출신의 재색을 겸비한 에이미(로자먼드 파이크)와 5년차 신혼부부다. 둘 사이에 아이가 없는 것만 빼고는 대놓고 "넌 세계적 수준의 성기를 갖고 있어." 할 정도로 원만하게 지낸다. 하지만 결혼 후 갑작스럽게 불어 닥친 경기불황의 여파로 닉과 에이미 둘 다 졸지에 실업자가 되면서 둘 사이에 불행의 먹구름이 끼기 시작한다. 도저히 대도시의 삶을 감당할 수 없게 되자, 닉

은 에이미의 반대에도 불구하고 자신이 나고 자란 미주리로 낙향하
여 동네에 여동생과 함께 자그마한 술집을 차린다. 하지만 대책 없
이 뛰어든 자영업은 막차를 탄 닉의 경제력에 기름을 끼얹는 꼴이
었으니, 하릴 없이 집에 처박혀 비디오 게임을 하는 날만 늘어난다.
전에 없던 부부싸움이 점차 잦아지고, 닉 역시 옆에서 앵앵거리는
에이미에게 슬슬 질려간다. 엎친 데 덮친 격으로 대학 제자이면서
술집에서 알바를 하던 '가슴 큰' 여대생과 바람이 나게 되고, 닉은
에이미와 이혼을 결심한다.

　　다섯 번째 결혼기념일에 맞춰 이혼을 통보하기로 마음먹은 닉
은 당일 아침 아내가 감쪽같이 사라지면서 자신의 모든 계획이 어
그러지는 것을 깨닫는다. 평소 아내에 대해 무관심할 정도로 아는
것이 없었던 닉은 경찰의 질문에 정확한 대답을 하지 못하자 졸지
에 아내 실종사건의 주범으로 몰리고, 아내 에이미는 어릴 적 자신
을 모델로 육아일기처럼 『어메이징 에이미』라는 동화시리즈를 써
서 이름을 날렸던 베스트셀러 작가를 엄마로 둔 덕에 유명인사가
되어 세간의 관심을 끈다. 자극적이고 후끈한 가쉽거리를 찾던 방
송사는 실종사건을 전면에 내세우며 취재에 열을 올리게 되고, 닉
의 일거수일투족을 앞 다투어 TV로 송출하기에 바쁘다. 아내가 실
종되어 생사를 알 수 없는 와중에도 카메라 앞에서 미소를 띠고 있

는 닉을 보고 전문가랍시고 언론 매체 뉴스룸에 나와서 그를 소시오패스로 분석하는가 하면, 닉이 함께 술집을 운영하는 여동생과 그렇고 그런 관계일 수 있다는 억측을 메인 MC가 버젓이 내놓기도 한다.

그러나 이 모든 쇼는 에이미의 치밀한 전략 속에 들어있는 계획의 일부였다. 닉이 자신을 버리고 성성한 20대와 불륜에 빠진 사실을 알게 되면서, 에이미는 복수심에 실종사건을 연출하기로 마음먹은 것이었다. 경찰이 자신이 곳곳에 심어 놓은 거짓 흔적들을 하나씩 발견할 수 있도록 어설픈 상황들을 일부러 설정해놓고 그 덫에 걸려들기를 기다렸을 뿐이다. 난로에 반쯤 타다 남은 그녀의 일기장—물론 조작된 것이지만!—에 적혀있는 한 문장은 남편을 용의선상에 올려놓고 있던 경찰의 심증에 쐐기를 박았다. "내가 꿈꿨던 이상형인 이 남자가 정말 날 죽일지도 모른다." 에이미의 행각은 여기서 그치지 않는다. 상황이 불리하게 돌아가자, 학창시절 한때 자신을 스토킹했던 남자에게 접근하여 그의 별장에서 그를 유혹하여 함께 성관계를 맺고, 마침내 절정에 도달한 남자가 사정을 하자 침대에 숨겨두었던 칼로 눈 하나 깜짝 안 하고 그의 경동맥을 베어 무참히 살해하는 대담한 범죄를 저지른다. 이후 모든 사건을 그 스토커의 단독 인신납치로 몰아가는데 성공한 에이미는 실종된 지

거의 한 달 만에 온 몸에 피를 칠갑하고 울면서(!) 닉에게 돌아온다. 치명적으로 영악한 그녀의 계산은 궁지에 몰렸던 처지를 일순간 역전 드라마로 바꾸었다. 아내가 무섭다는 닉에게 그의 변호를 맡았던 전문변호사는 "이 일을 하면서 많은 사람들을 봐왔지만 당신들 같은 싸이코 커플은 처음 본다."며 혀를 내두를 정도.

이쯤에서 화를 좀 진정시킬 필요가 있다. 이건 비단 영화 속에 등장하는 한 괴상한 여자의 사례로 치부할 수 없다. 에이미의 정신 감정을 하기에 앞서, 우리는 문제를 다른 시각에서 바라보자. 우리가 잘 알고 있다고 생각하는 인간관계, 특히 배우자의 생각을 평소 얼마나 알고 있는가? 우리는 그동안 상대를 이해하고 충분히 배려했다. 진정한 이해와 배려는 무조건 자신을 참고 억압하는 것으로 착각하면서 희생해왔다. 하지만 진정한 이해는 나의 심리를 알고 상대의 심리를 아는 것이고, 진정한 배려는 자발적으로 그 사람의 욕구심리의 입장에서 대하고 행동을 해주는 것이다. 관계를 깨고 싶지 않으니 참고 사는 게 이해라고, 싸우기 싫으니 그냥 입 다물고 지내는 게 배려라고 생각하는데, 그건 커다란 자기 기만에 불과하다. 남녀의 관계는 어느 누구의 일방적인 희생을 통해 평형을 맞출 수 없다. 여성적 측면과 남성적 측면이 관계 속에 함께 조화를 이루고 있어야 한다. 한 인간 속에도 아니무스와 아니마가 함께 조화를 이루고 있는데, 하물며 인간과 인간 사이의 관계에 남녀의 조화가 더욱 필요하지 않을까? 장차 앞으로 아니무스 아니마 사이에서 어떻게 합의점을 끌어낼 것인가를 따지는 게 미래의 심리학의 방향이 될 것이다.

스위스의 정신분석학자 카를 융은 인간 무의식의 심성 안에 아니무스와 아니마라는 원형이 존재한다고 주장했습니다. 아니무스(animus)는 여성의 무의식의 한 부분을 구성하고 있는 남성적 심상을, 아니마(anima)는 남성의 무의식의 한 부분을 구성하고 있는 여성적 심상을 가리킨다고 보았죠. 개인의 차이는 있지만, 융은 이 둘이 내부에서 조화와 균형을 이룰 때 지극히 정상적인 범주에 드는 인간이 된다고 생각했습니다.

이와 관련해서 '조하리의 창Johari's window'은 나와 타인과의 관계 속에서 내가 어떤 상태에 처해 있는지를 보여주고 어떤 면을 개선하면 좋을지를 보여주는 데 유용한 분석틀이다. 조하리의 창은 조셉 러프트Joseph Luft와 해리 잉햄Harry Ingham이라는 두 심리학자가 자신들의 이름을 합성해 1955년 한 논문에서 발표한 이론이다. 조하리의 창은 크게 4사분면의 영역을 설정하고, 각기 자신도 알고 타인도 아는 '열린 창', 자신은 알지만 타인은 모르는 '숨겨진 창', 나는 모르지만 타인은 아는 '가려진 창', 나도 모르고 타인도 모르는 '미지의 창'으로 지칭했다.

	나에게 알려진	나에게 알려지지 않은
남에게 알려진	**공개된 자아** Open Self 나도 알고 남도 아는 자아	**가려진 자아** Blind Self 나는 모르는데 남은 아는 자아
남에게 알려지지 않은	**숨겨진 자아** Hidden Self 나는 알지만 남은 모르는 자아	**미지의 자아** Unknown Self 나도 모르고 남도 모르는 자아

　　간단한 실험 방법이 있다. 사람의 성격을 묘사하는 57개의 단어를 늘어놓고 그 중에서 자신의 성격을 잘 표현해 주는 6개의 단어를 골라낸다. 그리고 이어서 자신을 잘 알고 있는 사람 역시 상대방을 잘 표현해 준다고 여기는 6개의 단어를 각기 골라낸다. 여기서 상대가 어떠한 단어를 골랐는지는 철저히 비밀로 한다. 이렇게 모인 단어를 분류하는데, 자신과 상대가 모두 골라낸 공통 단어는 1사분면인 '공개된 자아'에, 나는 골랐는데 상대가 고르지 않은 단어는

2사분면인 '숨겨진 자아'에, 나는 안 골랐는데 상대가 고른 단어는 3사분면인 '가려진 자아'에, 나나 상대 모두 고르지 않은 단어는 4사분면인 '미지의 자아'에 둔다.

이렇게 정리된 네 개의 영역을 두고 우리는 얼마든지 공개된 자아를 확장할 수 있다. 나를 적극적으로 설명하고 표현하는 과정을 통해 '숨겨진 자아'의 영역을 줄일 수 있다. 상대방에게 마음을 열고 자신의 이야기를 하면 내 마음의 숨겨진 영역은 줄어드는 동시에 나와 상대가 공유하는 지식의 영역인 열린 공간은 늘어난다. 또한 상대방이 나에 대해 이야기해주는 부분을 경청하는 과정을 통해 평소 미처 몰랐던 자신의 '가려진 자아'를 알 수 있다. 이러한 과정을 통해 본격적으로 자신의 공개된 영역을 확대할 수 있다. 물론 이런 과정 중에도 '미지의 자아'를 파악할 수 있는 방법은 부재한다. 이 영역은 무의식의 영역에 속하기 때문이다.

결국 자기 이해는 '나는 이래.'라는 자신의 이미지와 '너는 이래.'라는 상대의 평가가 중첩되는 과정이다. 나 자신을 이해하거나, 인지하거나, 또는 의식하는 모든 행위는 그 자체로 독자적인 과정일 수 없다. 모든 과정에는 타인과의 일정한 관계를 통해, '나'와 '남'이 만나 형성하는 관계의 프리즘을 통해 이해와 교정이 일어나며, 상대가 없다면 '진정한 나'의 완성은 계속 유예된다. 인간은 홀로 인간일 수 없다. 모든 세상의 유행가와 소설, 영화들을 보라. 관계를 통해 갈등하고 고통스러워하다가 더 원숙한 관계와 존재를 만들어가는 이야기 일색이다. 내부의 아폴로와 디오니소스의 균형을 찾는 것처럼, 상대의 아니무스와 아니마의 화해를 찾아야 한다.

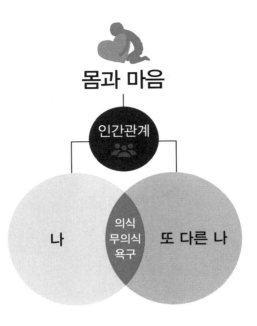

몸과 마음

인간관계

나

의식
무의식
욕구

또 다른 나

'죄는 미워해도 사람은 미워하지 말라.'는 유명한 말이 있습니다. 참 좋은 말입니다
만 현실은 그렇지 않습니다. 죄는 이해해도 사람은 미워하는 게 현실이지요. 죄를 지
은 사람은 나쁜 사람이고 그런 사람은 바뀌지 않을 것이라고 말합니다. 정말 그럴까
요? 어떤 사람은 태어날 때부터 나쁜 사람이고, 누구는 처음부터 좋은 사람이었을까
요? 그렇지 않습니다. 바뀌지 않는 사람은 없습니다. 다만 어떻게 바뀌어야 할지 모
르고, 어떤 도움을 줘야할지 모르는 것이죠. 우리 마음속에는 피해의 감정과 가해의
감정이 동시에 존재합니다. 다만 어떤 대상을 만나느냐에 따라서 피해의 감정이 올
라오기도 하고 가해의 감정이 솟아나기도 할뿐입니다. 긍정과 부정이 동시에 존재하
며 관점과 대상에 따라서 현실로 표출됩니다. 이러한 심리의 기능들에 대하여 모르
고 살면 우리의 삶은 안전하지 않습니다. 이러한 왜곡된 인간관계 속에서 나의 몸과
마음을 지키고 더 나아가서 상대의 몸과 마음을 지키며 살아갈 수 있기 원한다면 인
간의 심리에 대하여 알고 사는 것은 필수입니다.

❖ 폴 고갱(Eugène Henri Paul Gauguin, 1848~1903)의 「후광과 뱀이 그려진 자화상(Self-Portrait with Halo and Snake, 1889)」. 미국 워싱턴D.C. 국립미술관 소장.

chapter 8

내 안의 또 다른 나를 인정하고 다스려라

법과 마음과 범죄의 이상적 관계 맺음

열정의 범죄와 논리의 범죄가 있다. 그 둘의 경계는 분명하지 않다.

―알베르 까뮈―

조금 지났지만, 김지운 감독의 「악마를 보았다(2010)」는 '누가 악마고 누가 천사인가'라는 근본적인 물음을 던지는 범죄영화다.* 이유도 목적도 없이 생면부지의 여자들을 골라 잔인하게 토막 내어 살해하는 연쇄살인범 경철(최민식)과

---

* 사전심의에 두 번이나 불가판정을 받고 반려되었다가 잔인한 장면들을 상당 부분 잘라내고서야 개봉 전날 겨우 '청소년불가' 등급을 받았을 정도로 엽기적인 영화라 안 보신 독자들이라면 마음의 준비를 단단히 하고 시청할 것을 권하고 싶다. 중간 중간 희생자들의 시체를 조각조각 잘라내는 장면이나 인육을 스테이크 썰 듯 먹어치우는 몬도가네식 장면들도 있어 웬만한 비위를 가진 남성들도 견디기 힘든 괴작이다.

졸지에 그에게 임신한 약혼녀를 잃어버리고 간악한 복수를 계획하는 국정원 요원 수현(이병헌), 과연 둘 중에서 누가 진짜 가해자이고 피해자일까? 영화는 이러한 서사적 물음을 바닥에 깐 채 시작한다. 한겨울밤 눈발이 날리는 외만 한적한 도로에 고장난 차 한 대가 서 있고 그 안에 수현의 약혼녀가 그와 통화를 하고 있다. 경호업무 중인 수현에게 약혼녀는 살가운 애정을 표현한다. 견인차를 불러 놓고 기다리는데 옆에 노란 학원 봉고차가 선다. 다름 아닌 경철의 차량인 것. "에구, 차가 퍼졌나 보네, 도와드려요?" 그는 약혼녀에게 다가가 도움의 손길을 내민다. 차 안에서 경계심을 늦추지 않던 약혼녀는 직감적으로 그의 선의에서 살의를 느낀다. "견인차 불렀어요." 경철의 봉고차가 떠나지 않는 것을 불안하게 여기고 헤드라이트를 켠 순간 갑자기 어둠 속에서 나타난 경철이 달려들어 쇠몽둥이로 차 유리창을 부순다. 그 이후 발버둥 치며 살려는 여자를 둔기로 내려치는 도륙 장면은 완만한 필설로 묘사하기 힘들 정도다. 이후 경철의 작업장(도살장)에서 알몸으로 커다란 김장 비닐에 담겨 끌려온 여자는 "아이를 가졌다." "살려 달라."는 애원에도 끝내 도끼로 얼굴을 정통으로 내려쳐 처리한다. 경철의 시체 분해 장면은 마치 정육점 상온실에 거꾸로 매달린 소 돼지를 발골 해체하는 과정으로 착각할 만큼 태연자약하고 질서정연하다. 차라리 광기를 보여야할 상황에도 그의 무덤덤한 표정은 오랜 경험에서 나온 지극히 익숙한 과정으로 느껴지게 한다.

　　우연히 동네아이가 강가에 아무렇지도 않게 버려진 비닐봉지 속에서 여자의 잘린 귀 일부를 발견하게 되고, 실종자 수색으로 하천을 탐침 하던 의경 중 하나가 토막 난 머리를 찾아낸다. 감식반이 그 머리통을 박스에 담아 황급히 옮기는 과정에서 강둑에 걸려 넘어지고, 수현은 눈앞에서 바닥에 나뒹구는 약혼녀의 머리를 보게 된다. 그 순간이 수현으로 하여금 자신의 장래의 아내이자 2세를 잉태하고 있던 여자에 대한 처절한 복수를 다짐하게 한다. 그는 강력계 반장 출신인 장인어른에게서 용의선상에 올라 있는 4명의 전과자들의 정보를 받아 하나씩 추적하고 점차 포위망을 좁혀간다. 결국 그는 경철이 자신의 약혼녀를 살해한 진범임을 알게 되고, 그를 잡아 아킬레스건을 칼로 끊어낸다. 그리고 위치추적기와 도청기 기능이 함께 들어있는 소형 알약을 경철의 몸에 집어넣고 그를 다시 풀어준다. 그는 마치 잡은 벌레를 손바닥 위에 올려놓고 장난치듯 범인을 괴롭히다 풀어주고 그러다가 다시 잡고를 반복하며 새디스트처럼 잔인한 복수의 과정을 즐긴다. 고통에 시달리는 경철은 자신을 빨리 죽이라며 발악한다.

법과
마음 사이

01

　만약 내가 수현과 같은 처지였다면, 어땠을까? 가해자의 사지를 묶어 육시를 하고 죽은 걸 다시 꺼내 부관참시를 해도 모자를 극도의 원한과 분노의 감정을 느낄만한 강력범죄의 피해자라면, 과연 나는 얼마나 잔인해질 수 있을까? 어쩌면 우리는 복수에 눈이 멀어 고집을 피우다 결국 장인과 처제마저 연쇄살인범의 손에 희생되도록 만든 수현의 행동을 마냥 욕할 수만은 없을 것이다. 우리 안에 숨 쉬고 있는 또 다른 자아가 나를 조용히 응시하고 있다는 사실을 잘 알기 때문이다. 이런 생각을 할 때면, 필자는 어렸을 때 TV에서 매 일요일마다 보여주던 외화 연속극 「헐크」가 가끔 떠오른다. 최근 마블 영화의 블록버스터 히어로물에 등장하는 헐크와 달리 CG 가 배제된 아날로그식 분장이 두드러졌던 기억이 새롭다. 감마폭탄을 제작하던 브루스 배너 박사가 폭탄을 제작하는 과정에 뜻하지 않게 폭발 사고가 일어나면서 감마선에 피폭되어 녹색 거인으로 변신하는 능력을 얻게 된다는 설정은 어린 마음에도 상당히 인상 깊었던 것 같다. 특히 외부의 자극에 의해 주인공이 분노하거나 스트레스를 받으면, 참다 참다 결국 괴물로 변신하는 장면이 압권이었다. 그때부터 우리 안에는 다 이런 괴물이 한 마리씩 숨어 있는 건 아닐까 상상했다.

성장하여 학교를 졸업하고 상담가로 생활하면서 어린 시절 헐크를 다시 떠올려본다. 화를 참지 못해서 인간이 야수와 같은 괴물로 변한다는 이야기에서 현대인들은 무엇을 얻을 수 있을까? 법은 마음을 모두 담아내지 못한다. 법은 고작 행동만을 문제 삼는다. 그런데 그 행동이 있기 위해서는 마음이 전제되어야 한다. 마음의 문제로 인해 범죄행위에 노출된 가해자들은 법률의 처벌과정 중에 마음에 대한 공감이나 알아주기가 수용되지 않아서 더 큰 상처를 받게 된다. 법은 행위를 처벌한다. 그런데 처벌에 앞서 행위를 낳았던 마음의 작용을 정확하게 이해한다면 결과로 나타난 행위에 대해 객관적으로 도울 건 돕고, 치료할 건 치료하고, 처벌할 건 처벌하는 게 이어질 것이다. 법을 다루는 법조인들의 절대다수가 남성이기 때문에 문제가 발생한다. 여성운동가들은 여성의 인권으로 들고 나오지만 이 문제를 해결하기 위해서는 서로 다른 마음을 이해하고 인간관계를 만들어가는 성립을 전제하고 그 위에 조사와 판결이 이뤄져야 그들이 말하는 인권이 만들어질 수 있을 것이다. 마음적인 요소들이 부재한 상태에서 행위만 가지고 이야기 한다면 피해자가 가해자가 되고 가해자가 피해자가 될 여지가 있다. 그래서 예방과 치유를 위해서는 내 스스로 범죄에 노출되지 않고 건강한 인간관계를 맺어야 한다.

예방과 치유를 위한
범죄심리 이야기

범죄는 겉으로 드러난 양상, 그 죄로 인해 빚어진 피해 결과를 따지기에 앞서 범죄를 양산해낸 인간의 심리적인 측면, 즉 범죄심리를 면밀히 살펴야 한다. 다행인 것은 최근 서로 다른 심리에 대해 많은 연구들이 이뤄지고 있으며, 일각에서 범죄행위를 교정하는 방식에 심리 치료를 병행해야 한다는 목소리가 나오고 있다는 점이다. 범죄심리를 건드리지 못하면 2차, 3차 범죄를 막을 수 없으며, 이는 고스란히 사회적 비용으로 남게 된다. 처벌도 중요하다. 하지만 범죄심리를 배제하고 처벌과 교정에 방점을 찍으면 안 된다는 것이다. 범죄를 미연에 예방하고 범죄자의 심리를 치유할 수 있는 두 가지 사례를 살펴보자.

경계선성격장애

경계선borderline이란 단어는 국가와 국가, 지역과 지역을 나눌 때 흔히 사용된다. 그런데 심리학으로 넘어오면, 이 단어는 두 가지 층위의 서로 다른 심리적 상태의 중간between에 걸쳐있는 정서를 지칭하는 말로 사용된다. 쉽게 말해, 정상과 비정상을 오락가락한다는 것. 학자마다 여러 가지 정의를 내리지만, 보통 경계선성격장애는 단순한 **신경증**neurosis과 심각한 **정신증**psychosis 사이를 오가는 정신장애를 지칭한다. 즉 어떤 경우에는 단순히 짜증이 많고 성마른 성격인 것 같다가도, 또 어떤 경우에는 그 정도가 지나쳐 일상생활이 불가능한 성격인 것 같은 사람을 이와 같이 부른다. 경계선성격장애의 주요한 특징은 대인관계에 불안한 정서를 가감 없이 드러내며, 자아상에 있어 이상화와 평가절하 사이를 정신없이 오간다. 자신감이 하늘을 찌를 듯 '나는 천재인가봐.' 했다가도 일순간에 '나는 쓰레기야.' 하면서 나락으로 떨어진다. 경계선성격장애를 호소하는 사람은 실제적 혹은 상상 속에서 남에게 버림받지 않기 위해서 미친 듯이 노력한다는 특징이 있다. 보통 남성보다 여성이 더 많은 편이며 성인기에 접어들면서 악화되는 경향이 있다고 알려져 있다. 개인마다 정도와 양상의 차이는 있으나, 다음과 같은 특징들이 두드러지면 경계선성격장애를 의심해볼 수 있다.

- 불안감과 초조함, 우울함, 짜증이 하루에도 여러 번 오락가락하여 마음을 안정시키거나 가눌 수가 없다.
- 이유 없이 화가 치밀고, 아무 것도 아닌 것에 부아가 나며, 한 번 올라온 분노를 잘 다스릴 수가 없어 주변과 다툼이 잦다.
- 친구나 연인, 소중한 사람에게 버림받을지도 모른다는 생각을 지울 수 없고, 실제 그런 일이 일어나기 전에 내가 먼저 절교를 선언하고 싶다.
- 대인관계에 있어 스스로를 대단하게 여기다가도 금세 자신이 보잘 것 없게 느껴져 내 마음을 나도 종잡을 수가 없다.
- 내가 누군지, 어떤 것이 나다운 것인지 잘 모르겠고, 자아상self image이 일정치 않아 상대방에게 "너 오늘 왜 이래?"라는 말을 종종 듣는다.
- 폭식, 과소비, 약물남용, 성관계 등 자신에게 손상을 줄 수도 있는 과도한 행동을 종종 하고, 저지르고 나서는 깊은 자괴감에 빠진다.
- 일처리나 인간관계에 있어 '이건 꼭 이렇게 해야 한다.'는 편집증적인 사고가 있고, 그렇게 일이 되지 않을 때 해리증상이 온다.
- 죽고 싶다는 생각이 종종 들며, 반복적으로 자살을 모방하거나 자살을 암시하는 글들을 SNS에 올린다.

연극성성격장애

가만 보면, 주변에 행동이 부자연스럽고 과도한 표현을 일삼는 친구가 꼭 한둘은 있다. 관계에서 자신이 주목을 받지 못하는 상황을 불편하게 생각하며, 타인의 주목을 받으려고 큰 소리로 웃거나 마치 연극배우처럼 동작이 큰 경우가 있는데, 심하면 연극성성격장애를 의심해볼 수 있다. 연극성histrionic이라는 말은 현재 병리적으로 일종의 히스테리hysteria를 의미하는 말로 과거 연극배우가 자신이 아닌 다른 사람을 연기하는 데에서 유래한 말이다. 자신을 연극적인 방식으로 표현하기를 좋아하고, 필요 이상으로 자신의 감정을 과장해서 표현하는데, 가만 들어보면 말이 피상적인 경우가 많아서 내용에 별로 대단한 게 없다. 이 정도에 그치면 그나마 나은데, 장애가 심해지면, 성적으로 상대방을 유혹하여 자신의 존재를 확인하려 하거나, 알코올중독이나 도박중독에 빠지는 일탈행위를 하기도 한다. 멀리 갈 것도 없이 어릴 때, 아이들이 종종 부모나 주변의 관심을 끌기 위해 괜히 아픈 척 하거나 꾀병을 부리는 경우가 있는데, 이런 행동을 어른이 돼서도 한다고 생각해 보면 아마 이 성격장애의 특징을 잘 이해할 수 있을 것이다. 연극성성격장애가 있는 사람은 자신이 언제나 관계의 중심에 있어야 한다고 생각하기 때문에 주변의 평가나 자신이 속해 있는 집단 구성원들의 평판에 목을 맨다. 대부분 피암시성이 높아서 다른 사람이나 환경에 쉽게 영향을 받고, 실제보다 인간관계를 과장 혹은 과소평가해서 사교적 문제를 일으키는 경우가 종종 있다. 개인마다 정도와 양상의 차이는 있으나, 다음과 같은 특징들이 두드러지면 연극성성격장애를 의심해볼 수 있다.

- 내가 속한 집단이나 모임에서 중심에 있지 않거나 주목 받지 못하는 상황을 유독 불편하게 느낀다.
- 평소에 외모나 겉으로 보여지는 것에 집중하고, 외출할 때는 남들의 관심을 끌기 위해 과도한 노출의 옷, 코스프레에 가까운 옷을 입고 나간다.
- 남들과 말할 때 연극배우가 된 것처럼 말해 주변에서 "넌 말하는 게 부자연스럽다."라는 말을 종종 듣는다.
- 내가 말하면 남들이 웃어줘야 하고, 내 말에 사람들이 적극적인 반응을 보여야 안심이 된다.
- 주변 반응에 감정이 오락가락하고 여기서 이런 말을 하다가 저기서 저런 말을 한다.
- 암시성이 높아서 주변 사람이나 친구들의 영향을 종종 받고, 속내나 내 감정을 숨기고 환경에 맞추려고 하는 경우가 많다.
- 다른 사람과의 관계를 실제보다 더 친밀한 것으로 생각한다.

해결책은 상담을 통해 내담자의 감정을 구체적으로 표현하게 하고 스스로 문제의 본질을 이해할 수 있도록 상담가가 도와주는 것이다.

피암시성(suggestivility)은 주변의 영향을 통해 자신의 행동이나 의식을 맞추어가는 특성을 말합니다. 일정한 사회생활을 하고 있는 사람이라면 누구나 어느 정도의 피암시성을 갖고 있는데, 과도하게 높은 피암시성을 갖는 사람의 경우에는 너무 주변의 평가나 의견에 좌우되는 경향을 보이기도 합니다. 심하면 상대의 언행을 잘못 이해하여 행동으로 옮기는 병리적 현상을 보이는데, 군중심리는 피암시성이 높은 상태라고 할 수 있습니다. 최면은 암시에 의한 치료법이며 피암시성에 의해서 효과가 좌우되기도 합니다.

03 최고의 범죄예방은 마음의 건강

사기꾼들은 보통 어떠한 심리를 갖고 있을까? 사기꾼과 일반인은 종이 한 장 차이라는 말이 있다. 어느 정서적 단계에 이르기까지 성공에 대한 자신의 욕망이 무엇인지 분별하기 힘든 경우가 많다. 내면에서 은밀하게 작동하는 소위 **가면증후군**이라는 심리적 기제 때문이다. 말 그대로 '사기꾼impostor'이 된 것 같은 정서적 증상으로 어림잡아 전 세계 인구의 대략 70%가량이 겪고 있다고 주장하는 보고서도 있다. 남성보다는 여성에게서 주로 나타나고, 도리어 사회적으로 잘 나가고 성공한 사람들일수록 이 증후군으로 고생하는 이들이 많다고 알려져 있다. 미국의 시인인 마야 안젤루나 앨

버트 아인슈타인 같은 유명인사들도 이러한 감정을 겪었다고 토로했을 정도다. 가면증후군을 최초로 언급한 폴린 클랜스 박사는 이를 "지적인 거짓에 대한 내적인 경험"으로 설명했다. 가면증후군을 앓고 있는 사람들은 자신이 성취한 모든 것을 누릴 자격이 없다고 느끼며, 어느 날 자신이 사기꾼이라는 사실이 만천하에 드러날 것이라는 공포감에 짓눌려 산다고 주장한다.

가면증후군(Impostor Syndrome)은 1978년 미국 조지아주립대학의 심리학자 폴린 클랜스(Pauline Clance)와 수잔 임스(Suzanne Imes)가 처음 사용한 용어입니다. 그들은 이 증후군이 남성보다는 성공한 여성에게 많이 발생한다고 보았습니다. 조사 결과 이런 부류의 여성들은 스스로 똑똑하지 않고 실력이 형편없는데도 주변 사람들이 그 사실을 모르고 자신을 과대평가한다고 생각했습니다. 그 여성들은 자신이 운으로 성공했다는 것을 들키지 않으려고 지나친 성실성과 근면함을 보였고, 심지어는 상사에게 칭찬받거나 인정을 받기 위해 자신의 직관이나 성적 매력을 사용하기도 했다는 점입니다. 자신감을 보이면 타인에게 거절당할 것이라는 비합리적 신념 때문에 자신감을 보이기를 꺼려하는 특성을 지니고 있습니다. 많은 사람들이 걸리는 증후군으로 할리우드의 여배우 엠마 왓슨과 나탈리 포트만, 코미디언 토미 쿠퍼 등의 유명인사들도 가면증후군을 겪고 있음을 고백한 바 있죠.

가면증후군에 걸리는 사람들은 보통 어떤 유형의 사람들일까? 가장 큰 부분을 차지하는 유형이 바로 완벽주의자들이다. 완벽주의자는 자신에게 극도로 높은 기준을 부여하고 그 기대를 충족하지 못한 경우 자신을 심하게 닦달한다. 스스로 슈퍼맨이나 슈퍼우먼이라고 생각하기 때문에 자신이 설정한 높은 기준에 도달하기 위해 끊임없이 자신을 몰아붙인다. 이들은 업무를 통해 역량을 인정받는 것에 중독되어 있는 경우가 많다. 또한 선천적으로 뛰어난 자질을 갖추고 있는 천재형 인간들도 가면증후군에 빠져들기 쉽다. 이들은 스스로 천재라고 판단하기 때문에 아무리 낯선 일이라도 즉시 배울 수 없거나 실적이 나쁘면 공황상태에 빠진다. 보통 이런 부류의 사람들은 수학경시대회나 각종 콘테스트에서 입상했거나 유독 학창시절 우수한 성적을 거두었던 사례가 많다. 가족이나 또래집단에서 가장 똑똑한 학생으로 인정을 받고 칭찬만 듣던 사람들이다. 이 밖에도 기복이 심한 개인주의자나 전문가 집단 내에서도 끝 모르는 불만족이 자꾸 스스로를 채근하여 목표를 높여 잡는 현상이 벌어진다.

이들이 겪는 공통되는 증상은 늘 피곤하다는 점이다. 자신의 성공을 주변 사람들에게 입증하려는 강박증이 심해 과로를 밥 먹듯 한다. 일정한 성과를 내기 위해서 몸으로라도 뛰어야 한다는 생각에 야근을 달고 산다. 이들은 특정 집단의 인정과 평가에 목을 매기 때문에 보통 가족이나 친구들과의 관계를 희생하면서까지 집단의 논리에 스스로를 맡기려고 한다. 언제나 과로는 완벽주의와 관련이 있다. 가면증후군으로 고통을 받는 사람들은 기본적으로 실패를 두려워하기 때문에 새로운 일이나 어려운 과제에 도전하려 하지 않는 경향이 있다.

사람을 알면 세상이 보이고, 세상이 보이면 인생이 보인다. 최고의 범죄예방은 자신의 마음을 이해하고 다스리는 것이다. 그런데 무턱대고 솔루션만 요구하는 내담자가 있다. 상담가로서 가장 골치 아픈 부류다. 정서적 문제를 일으킨 자신의 심리에서 요인을 찾지 않고, 빠른 해결책만 찾다보면 상담이 겉돌기 십상이다. 무엇보다 자신의 문제가 무엇인지 진단하고 분석할 수 있어야 한다. 예능 프로그램 「백종원의 골목식당」에서 백종원은 십중팔구 각기 식당이 가진 내재적 원인을 먼저 해결하고 나서 본격적인 골목상권의 문제를 해결하려고 나선다. 필자가 보기에 거의 언제나 솔루션은 과정 중에 마지막에 제공된다. 상담도 마찬가지다. 개인의 심리를 먼저 체크하고 스스로를 돌아다보는 **성찰적 분석**reflective analysis이 모든 상담의 최전방에 위치해야 한다. 그 다음 관계 속에서 발생된 상처의 원인을 이해하고 분석해야 한다. 내가 오해한 것은 무엇인지, 나의 왜곡된 무의식으로 상대를 어떻게 판단했는지, 그래서 상대방과의 관계 속에서 왜 상처를 받았는지 전문 상담가와 면밀하게 분석해야 한다. 그 다음 마지막으로 각기 상처와 스트레스에 알맞은 해결방법을 강구하고 그에 대한 이해를 통해서 반드시 일상 속에서 실천하는 훈련을 해야 한다. '선분석 후실천'의 패턴을 따른다.

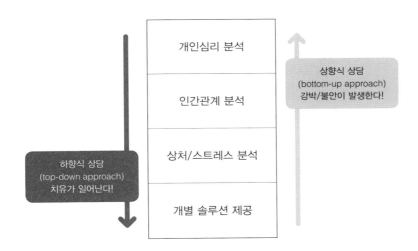

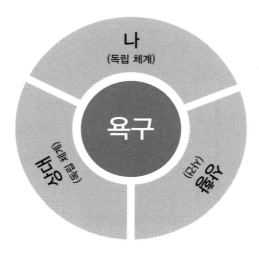

최고의 범죄 예방은 몸과 마음의 건강입니다. 몸과 마음이 건강한 사람은 어떠한 사건에도 흔들림 없이 나와 상대 그리고 상황에 대하여 조화와 균형 잡힌 소통을 할 수 있습니다. 그러나 마음이 불안정하거나 건강하지 못할 때 사건이 발생하면 상대 탓을 하거나 자신의 탓으로 돌리는 경우를 종종 보게 됩니다. 상대 탓을 하는 경우는 사건을 해결함에 있어서 자신과 상황만 중요하게 생각하는 경우입니다. 즉 자기 방어와 변명을 하기 바쁘다 보니 상대에 대하여 무차별적 비난도 서슴지 않게 됩니다. 비난을 하게 되는 의도는 자신을 방어하기 위한 목적도 있겠지만 상대를 바꾸려는 의도도 있습니다. 그러나 상대는 절대 바뀌지 않고 원한 또는 복수심, 억울한 감정이 일어나고 그 과정에서 많은 상처를 받게 됩니다.

나가는 글

심리학자 데이비드 버스David M. Buss는 인간은 악하게 태어난 것도, 선하게 태어난 것도 아닌 생존을 위해 태어났다고 말한다. 그는 『이웃집 살인마』라는 저서에서 생존을 위해 인간은 선과 악을 모두 필요로 했으며, 우리는 모두 오랜 역사의 과정 속에서 경쟁자들을 살해한 살인마들의 후손이라고 주장한다. 살인의 습성이 우리 유전자를 통해 대물림되었다. "살인은 무자비한 행위임에 틀림없지만, 정신질환이나 문화적 환경에 의해 나타난 결과로만 생각할 수 없는 경우가 대부분이다. 살인은 인간이 오랜 진화의 역사 동안 반복적으로 대면해 왔으며, 적응해야만 했던 진화의 압력의 산물이다."* 누구나 악한이 될 수 있다.

스탠포드 감옥실험을 주도했던 짐바르도 교수 역시 자신의 저서 『루시퍼 이펙트』에서 이렇게 내면에 도사리고 있는 '검은 자아'에 대해 정확한 이해를 보여주고 있다. "이 작은 실험이 사회과학자들 사이에서 오래도록 회자될 뿐만 아니라 일반 대중들 사이에 더욱

---

* 『이웃집 살인마(사이언스북스)』, 홍승효 역, 25.

강렬한 인상을 남긴 데에는 뭔가 특별한 것이 있다는 결론이 합리적일 것이다. 나는 이제 그 특별한 것이 인간 본성의 극적인 변화, 지킬 박사를 하이드로 변신하게 만드는 신비의 화학물질이 아니라 사회적 상황의 힘과 그것을 창조하고 유지하는 시스템의 힘에 의한 변화라고 믿는다."* 이 책은 상담심리의 관점에서 이러한 인간의 양면성을 정면에서 다룬 흔치 않은 저작이다.

인간의 역사는 만남에서부터 시작한다. 인간은 또 다른 인간을 만나는 순간 비로소 인간이 될 수 있다. 인간은 만남을 통해 서로의 존재를 확인하고 타인과의 소통을 통해 성장한다. 고립된 인간은 인간이 아니다. 진공 속에 인간은 존재할 수 없다. 무인도에 갇힌 인간, 관계가 단절된 인간은 짐승이자 자동인형에 불과하다. 인간은 인간관계 그 자체이며, 사람은 또 다른 사람과의 관계 속에서 온전히 완성되어 간다. 그러나 오늘날 우리는 개인주의와 독신주의, 비혼, 1인가구의 증가와 소통의 부재가 점점 인간관계를 파편화시키고 자기 자신의 소중함이 관계의 필요성을 압도하는 시대에 살고 있다. 현대 사회에서 건전한 인간관계는 힘들어 지고, 온라인상에 각종 SNS로 서로 엉켜있는 인간은 역설적으로 더욱 고독에 몸부림치며 살아가고 있다.

---

* 『루시퍼 이펙트(웅진지식하우스)』, 이충호, 임지원 역, 403.

월리엄 골딩William Golding은 『파리대왕』에서 무인도에 떨어진 소년들이 지극히 야만적인—아니, 어쩌면 지극히 인간적인—본능에 휩싸여 서로를 적대시하고 공격하는 범죄자의 모습을 적나라하게 보여준다. 오늘날 하루도 빠지지 않고 뉴스에 등장하는 엽기적인 사건 사고의 내용은 대부분 왜곡된 인간관계에서 촉발된 처참한 결과를 그대로 보여준다. 소재불명의 고독감과 원인불명의 고립감은 인간을 금수의 단계로 전락시키며 범죄의 대상을 물색하는 포식자의 본능을 노출시킨다. 차마 입에 담기도 힘든 기괴하고 반인륜적인 범죄는 인간의 이성이 가진 합리적인 능력과 긍정적인 미래에 대한 전도유망한 예언에 조종弔鐘을 쳤다. 인간은 더 이상 호모 사피엔스가 아니라 호모 데멘스가 되었다.

호모 데멘스는 인간관계 훈련이 필요하다. 필자는 많은 임상 경험을 통해 대부분의 트라우마와 범죄가 인간관계의 오해에서부터 출발하고 있다는 사실을 깨달았다. 미성숙한 인간관계로 인하여 발생하는 갈등을 미연에 예방하고, 개인의 성장과 관계의 성숙 그리고 사회적 안전을 위해서 심리교육과 심리상담을 통한 바람직한 인간관계 훈련이 절실하다. 자체적으로 교육 프로그램을 개발하여 각 사례에 적용하여오는 동안, 필자는 인간관계의 조화와 이해를 통해 많은 내담자들이 삶을 바꾸고 파괴적인 문제에서 벗어나는 과정을 오랫동안 지켜보아왔다. 그러면서 마음의 건강이 곧 최고의 행복이고, 건강한 인간관계가 곧 삶의 풍요이자 범죄에서 벗어난 안전한 삶의 원천이 된다는 사실을 깨달았다. 그 과정과 결론, 솔루션을 이 책에 모두 담았다. 이 책을 집필하면서 필자는 정서적 스트레스와 불안, 두려움, 갈등의 심리들이 치유되지 않은 채 방치될 때 일탈과 범죄, 정신증으로 자신과 타인의 삶에 치명적 문제를 일으킨다는 점을 특히 강조했다. 평소 범죄와 심리작용에 대해 진지한 물음과 의문을 가진 분들의 일독을 권한다.

또한 이 책을 수사 현장에 몸담고 있는 분들에게 권하고 싶다. 강력범죄, 강압수사, 오판 등이 발생하는 근본적인 원인은 인간의 심리에 대하여 정확히 모른 채 드러난 행위의 결과만을 가지고 옳고 그름을 따지기 때문이다. 법리를 다투기에 앞서 가해자와 피해자의 심리를 정확하게 이해하고 수사의 방향을 잡는 게 무엇보다 중요하다. 범죄심리는 프로파일러들의 전유물이 아니다. 범죄심리의 이해는 수사에 임하는 누구나 갖추어야할 덕목이다. 결국 인간의 심리를 모르고 범죄를 저지른 사람이나, 범죄심리와 감정의 원칙을 잘 모르고 용의자를 수사하고 판결한 수사관이나 모두 본의 아니게 제2의 피해자를 양산할 수 있다. 자신의 억울함을 호소하며 자살하는 사람들이 늘어나고, 옥중에서 억울함을 호소하는 사람들이 많은 이유도 이러한 이해가 부재한 가운데 일어난 법적 처분이 많기 때문이다. 이제는 인간의 양면적인 심리를 이해하고 인간관계 내에서 서로 배려하는 방식에 대해 상식처럼 알고 살면서 보다 건강한 사회, 성숙한 문화를 만들어가야 한다는 마음에서 책을 집필했다.

　　필자가 상담을 통해 만난 다양한 사례들을 연구하면서 시중에 나와 있는 범죄심리에 대한 책들을 뒤져 보았다. 대부분 지나치게 이론에만 치우쳐 현실적으로 범죄사건에 직접 적용하기 힘든 내용들이 많았다. 개중에 외국의 사례를 소개한 어떤 책들은 한국 실정에 잘 맞지 않아 불필요한 지식의 나열이 되어버린 것들도 적지 않았다. 이런 현실에서 이론과 실제가 잘 조화를 이룬 범죄심리서를 내놓기 위해 욕심을 냈다. 집필의 과정은 지난하고 힘들었지만, 만족스러운 결과물이 탄생한 것 같아 뿌듯하다. 탈고를 하며 이 책이 나오기까지 인생의 희로애락을 함께 나누며 자신의 삶을 절망에서 최고의 행복과 가치로 만든 위대한 나의 내담자들에게 지면을 빌어 감사의 마음을 전한다.

성격 유형 테스트

성격은 곧 인격입니다. 성격이란 한 개인의 정서와 감정의 총집합체로서 한 사람의 품격이기도 합니다. 성격은 외부의 자극과 정보를 정서적으로 이해한 방식이며 밖으로 표출된 표현의 하나입니다. 성격이 좋은 사람은 행복한 사람이며, 성격이 나쁜 사람은 불행한 사람입니다. 본 검사는 한 개인의 인격과 성격을 테스트하는 심리 검사입니다. 가벼운 마음으로 자신의 유형을 한 번 체크해 보세요.

CHECK-UP TEST **편집적 성격**

※ 다음의 특징들 중 적어도 세 가지를 가지고 있다면 편집적 성격장애가 있다고 간주할 수 있다.
  (결과 산출 척도)

결과

당신은 타인의 행동이 악의에 찬 동기를 가지고 있다고 해석하는 등 불신과 의심을 하게 되는 성격의 소유자입니다. 이런 경우 모든 사람들과 적대적 관계를 갖게 되며, 다른 사람들의 진심을 오해하여 당신의 마음과는 다르게 상대에게 상처를 줄 수도 있습니다. 게다가 들어오는 절호의 기회도 의심을 하여 잃습니다. 전문가의 도움을 받으신다면 배려심 있는 심성의 소유자가 되어 삶에서 조화와 균형을 이룰 수 있습니다.

1. 충분한 근거 없이 다른 사람들로부터 이용당하고 있거나 해를 입고 있다고 기대한다.
2. 친구나 동료들의 신의 또는 진실성에 대해 그럴 만한 근거 없이 의문을 가진다.
3. 호의적인 언급이나 사건에서도 숨어 있는 모욕 또는 위협의 의미를 읽는다.
4. 모욕을 당하거나 무시당하면 원한을 품거나 용서하지 않는다.
5. 정보가 자신에게 해가 되는 방식으로 이용될지도 모른다는 근거 없는 두려움 때문에 좀처럼 다른 사람을 믿지 않는다.
6. 다른 사람들에게는 그렇게 보이지 않는데 자신은 인격이나 명성이 공격당하고 있다고 지각하여 즉각 화를 내고 반발하거나 역공격을 취한다.
7. 그럴 만한 근거가 없는데도 배우자나 성적 파트너의 순결을 반복적으로 의심한다.

CHECK-UP TEST **분열성 성격**

※ 다음 특징들 중 적어도 네 가지를 가지고 있으면 분열성 성격장애가 있다고 간주할 수 있다.
　(결과 산출 척도)

결과

> 당신은 사회적 관계로부터 고립되어 정서 표현을 억압하고 있는 인격의 소유자입니다. 억압된 감정은 당신의 감정을 무감정으로 전환시키며 어느 순간 희로애락의 감정을 느끼지 못하게 합니다. 이러한 심리상태를 유지하고 사는 동안 당신의 배우자 또는 가족도 당신에 대한 감정을 억압하며 살아가게 되어 당신을 중심으로 주변 사람들이 불행을 느낄 수 있습니다. 현재 당신의 심리상태는 삶의 방향을 잃고 방황하고 있는 상태입니다. 전문가의 도움을 받는다면 삶의 방향성을 정립하고, 안정적인 인간관계를 유지할 수 있습니다.

1. 친밀한 관계를 바라지도 즐기지도 않는다.(한 가족의 일원이 되는 것도 포함)
2. 거의 언제나 혼자서 하는 활동만 택한다.
3. 거의 어떤 활동에서도 즐거움을 느끼지 못한다.
4. 다른 사람과 성적 경험을 갖고 싶은 욕구를 거의 드러내지 않는다.
5. 다른 사람들로부터 칭찬이나 비판에 관심이 없어 보인다.
6. 가까운 친구나 친한 사람이 없거나 한 명 정도뿐이다.
7. 정서적으로 차갑고 초연하여, 정서의 변화를 보이지 않는다.

CHECK-UP TEST **분열형 성격**

※ 다음의 특징들 중 적어도 다섯 개를 가지고 있으면 분열형 성격장애가 있다고 간주할 수 있다.
　(결과 산출 척도)

결과

> 관계가 가까워지면 급성 불안이 일어나고, 뭔지 모를 불편감을 경험합니다. 게다가 인지 또는 지각의 왜곡으로 자신이 진정 원하는 것이 무엇인지 자각하지 못하며 상대방의 의도도 파악하지 못합니다. 때문에 상황에 맞지 않는 괴이한 행동을 하기도 합니다. 전문가의 도움을 받으신다면 인간관계의 편안함과 자신감이 생기게 될 겁니다.

성격 유형 테스트

1. 부적절한 관계 개념 등 다른 사람의 말이나 미소, 기타 행동들이 자기 자신과 관련이 있다고 생각한다.
2. 친숙해져도 없어지지 않는 부정성과 두려움으로 매사에 불안감을 경험한다.
3. 자신이 마술적인 능력을 가지고 있다는 기묘한 신념이나 사고, 가령, "다른 사람들이 내 감정을 느낄 수 있다."고 생각하는 경향이 있다.
4. 신체적인 착각을 포함한 이상한 지각 경험하게 된다.
5. 기묘한 말과 생각, 가령, 매우 모호하고 장황하여 정곡을 찔러 말하지 못하고, 지나치게 복잡하게 이야기하는 경향이 있다.
6. 평소에 의심이 많은 편이다.
7. 기묘한 또는 괴팍한 행동이나 외모, 가령, 이상한 동작, 혼잣말, 기묘한 말을 즐긴다.
8. 가족을 제외하면 가까운 친구나 친한 사람이 없거나 한 명 정도 있다. 이는 근본적으로 접촉에 대한 욕구가 결여되어 있거나 다른 사람들과 있는 것을 항상 불편해 하거나 괴팍하기 때문이라고 생각한다.
9. 사람들에게 냉정하다는 소리를 자주 듣는다.

CHECK-UP TEST   연극성 성격

※ 다음의 특징들 중 적어도 다섯 개를 가지고 있으면 연극성 성격장애가 있다고 간주할 수 있다.
(결과 산출 척도)

결과

당신은 때에 따라서 매우 지나치게 관심 끌기에 도전을 하고 감정 기복이 매우 심한 편입니다. 관심을 끌려고 하는 욕구가 매우 강하여 자신을 위한 삶보다는 타인의 시선에 맞춘 삶을 살아갑니다. 겉은 화려하지만 마음은 외롭고 공허한 상태입니다. 자신이 주목 받지 못하는 상황이 매우 불편하기도 합니다. 전문가의 도움을 받으신다면 매우 매력적인 성격의 소유자가 됩니다.

1. 정서적 표현이 신속하게 변화하지만 근본적으로 깊이가 없는 편이다.
2. 신체적인 매력에 대한 관심이 지나치게 많다.

3. 부적절하게 성적으로 유혹적인 외모나 행동을 하는 편이다.

4. 집중적인 관심의 대상이 되지 못할 때 마음이 불편하다.

5. 지나치게 인상에 치우친 발언을 하는 편이지만 세부 내용은 결여되어 있다.

6. 일이 정확하게 바라는 대로 풀려 나가지 않는 상황을 견디지 못하는 편이다.

7. 나는 사람과 잘 어울리고 친밀한 관계를 맺고 있다고 생각한다.

8. 자신을 지나치게 극화시켜 과장되게 정서를 표현하는 편이다.

CHECK-UP TEST   연기성 성격

※ 다음의 특징들 중 적어도 다섯 가지를 가지고 있으면 연기성 성격장애가 간주할 수 있다.
  (결과 산출 척도)

결과

과장성, 칭찬에 대한 욕구가 강하여 뒷받침 할 수 있는 성취도 없으면서 최고로 인정받기를 기대합니다. 과도한 찬사와 특권 의식으로 대인관계의 어려움을 경험하기도 합니다. 자기 자신의 목적 달성을 위해서는 다른 사람들 이용하기도 하고, 타인의 능력을 인정하지 않으며 자주 타인을 질투하거나 타인들이 자신에 대해 질투하고 있다고 믿습니다. 조기에 전문가의 도움을 받는 것이 필요합니다.

1. 자신을 지나치게 중요시하는 과대한 인식, 자신의 업적과 재능을 과장하고 다른 사람들에 비해 자신이 우월하다는 인정을 받고 싶고 욕구가 강한 편이다.

2. 무한한 성공, 권력, 아름다움의 환상에 젖어있는 편이다.

3. 자신의 전문성과 독특성에 대한 믿음이 지나쳐 다른 전문가나 지위가 높은 사람(가령, 고용주) 또는 단체만이 이를 자신을 이해할 수 있다고 생각한다.

4. 과도하게 칭송받고 주목받기를 원하는 편이다.

5. 특권의식을 가지고 있어 특별히 호의적인 대접을 기대하며, 자신의 개인적인 기대에 맹목적으로 복종할 것을 기대하는 편이다.

6. 다른 사람들을 이용할 때도 있다.

7. 다른 사람들의 욕구나 감정에 대한 공감 능력이 부족한 것 같다.

성격 유형 테스트

8. 다른 사람들을 시기하거나 다른 사람들이 자신을 시기한다고 생각한다.

9. 행동이나 태도가 거만하고 오만하다는 소리를 종종 듣기도 한다.

CHECK-UP TEST **자기애적 성격**

※ 다음의 특징들 중 적어도 다섯 가지를 가지고 있으면 자기애적 성격장애가 있다고 간주할 수 있다.
(결과 산출 척도)

결과

스트레스 대처 능력에 취약하고 만성적 공허감을 경험하며 인간관계 및 사물에 대해 쉽게 싫증을 느끼는 편입니다. 이들은 상황에 맞지 않게 부적절한 화를 자주 내며 수치심을 느끼게 됨으로써 자신이 나쁜 사람이라고 인식하기도 하여 자해 및 자살 시도도 하게 됩니다. 극심한 스트레스가 발생되면 망상 또는 해리현상으로 기억력이 떨어집니다. 조기에 전문가의 도움을 받는 것이 필요합니다.

1. 실제로 또는 상상 속에서 버림받는 것을 피하기 위해 광적인 노력을 하는 편이다.

2. 불안정하면서도 강렬한 대인관계를 원한다.

3. 지속적이고도 분명하게 혼란스러우며 자신이 사악하다고 느낀다.

4. 성, 약물, 범죄, 무모한 운전 등의 영역에서 나타나는 충동성을 조절하기 힘들다.

5. 반복적으로 자살을 생각하거나 직접 시도 또는 행동으로 옮긴 경험이 있다.

6. 극단적인 우울, 과민성, 또는 불안 감정을 지속적으로 경험하고 있다.

7. 만성적인 공허감을 자주 느끼는 편이다.

8. 부적절한 분노를 통제하지 못하며, 평소 성질을 참지 못해서 반복적으로 신체적 싸움을 한 경험이 있다.

9. 일시적으로 스트레스와 관련하여 망상적인 사고 또는 기억력이 떨어진다.

CHECK-UP TEST **반사회성 성격**

※ 다음의 특징들 중 적어도 세 가지를 가지고 있다면 반사회성 성격장애가 있다고 간주할 수있다.
(결과 산출 척도)

타인의 권리를 무시하고 침범하는 행동을 하며, 법이 정한 행동 양식을 하지 못합니다. 불법적 행동을 지속하며 개인의 쾌락이나 이익을 위해 남에게 반복적으로 거짓말을 합니다. 이러한 심리는 절도나 폭력으로 이어지며 주변에 지나치게 무관심하거나 자신의 행동을 지나치게 합리화합니다. 이러한 인격을 갖게 되는 원인은 어린 시절 역기능 가정, 빈곤한 가족 문화의 영향으로 생존적 방어 수단의 심리가 형성된 것으로서 전문가의 도움을 받는다면 매우 긍정적이고 리더십 있는 성격과 인격이 형성됩니다.

1. 사회적 규준에 동조하지 못하고 매사에 불만이 많은 편이다.
2. 일상생활에서 안전에 대해 잘 생각하지 않는다.
3. 미리 계획을 세우지 않고, 충동적으로 행동을 하는 편이다.
4. 참을성이 없고 공격적인 편이다.
5. 일정한 직업을 갖지 못하고, 채무를 갚지 못한 상태로 늘어나고 있다.
6. 항상 무책임하다는 소리를 자주 듣는다.
7. 어떠한 행동을 하고 난 후 후회하지 않는 편이다.

CHECK-UP TEST 회피성 성격

※ 다음의 특징들 중 적어도 네 가지를 가지고 있다면 회피성 성격장애가 있다고 간주할 수 있다. (결과 산출 척도)

보호 받고 싶은 욕구가 강하여 지나치게 의존적인 삶을 살아갑니다. 지지와 칭찬을 얻기 위해서 무슨 행동이든 다 할 수 있고, 상실하게 되는 것에 두려움이 크다 보니 자신의 반대 의견을 말하지 못합니다. 친밀한 관계가 끝났을 때 필요한 지지와 보호를 얻기 위해서 또 다른 사람을 즉시 찾기도 합니다. 스스로 문제를 해결하는 것에 두려움을 가지며 비현실적인 의존을 하게 됩니다. 이런 경우 조기에 전문가의 도움을 받아야 합니다.

1. 사회적인 상황에서 거절당할 것 또는 비난 받을 것을 미리 예상하고 걱정한다.
2. 친구를 사귀고 싶은 욕구는 많으나 친구가 거의 없다.
3. 자신을 좋아한다는 확신이 없으면 사람들과 관계를 맺지 않으려고 한다.

4. 긴밀한 대인관계 접촉이 필요한 사회적 또는 직업적 활동을 회피한다.

5. 바보처럼 보일까봐, 조롱 당할까봐, 창피한 기분이 들까봐 친밀한 관계를 원하면서도 그러한 관계에 엮이는 것을 억제한다.

6. 스스로 사회적으로 무능하고 호감을 살 만한 자질이 결여되어 있다는 지각 때문에 자존감이 낮다.

7. 쩔쩔매는 모습을 보일까봐 새로운 상황이나 활동을 하기를 지나치게 꺼려한다.

CHECK-UP TEST **강박성 성격**

※ 다음의 특징 중 적어도 네 가지를 가지고 있다면 강박성 성격장애가 있다고 간주할 수 있다.
(결과 산출 척도)

결과

주변이 정리정돈 되어있지 않으면 마음에 불편감을 느끼게 됩니다. 자신의 마음을 통제하고 대인관계의 통제에 집착하는 경향을 보이며, 이로써 융통성, 개방성, 효율성의 상실이라는 대가를 치르게 됩니다. 세부사항에 집착하여 큰 흐름을 읽지 못하고, 지나친 세심함으로 계획된 일을 완수하지 못합니다. 도덕과 윤리 또는 가치 문제에 있어 지나치게 엄격하고 양심적이며 고지식하여 타인이 자신의 방식대로 일을 따르지 않으면 타인에게 일을 맡기거나 같이 일하는 것을 꺼려합니다. 조기에 전문가의 도움을 받으신다면 상당한 능력자가 됩니다.

1. 완벽주의 때문에 일을 완수하지 못한다.

2. 세부사항, 규칙, 목록, 일정 계획에 집착한다.

3. 자신의 일처리 방식을 상대가 정확히 따라 주지 않으면 과제를 대신 맡기거나 일을 함께 하는 것을 꺼린다.

4. 여가활동이나 친구관계를 갖지 않고 일과 생산성에 지나치게 몰두한다.

5. 도덕 또는 윤리의 문제에 있어서 지나치게 양심적이며 융통성이 없다.

6. 돈을 미래의 재앙에 대비해서 모아둬야 할 어떤 것으로 지각하며, 자기 자신 또는 다른 사람을 위해 돈을 쓰는 데 매우 인색하다.

7. 특별히 감정적으로 의미가 있는 것도 아니면서 낡고 쓸모없는 물건을 버리지 못한다.

8. 행동은 전형적으로 경직되어 있고 완고하다.

※ 다음 글을 읽고 자신에게 해당하는 문항의 괄호 안에 √표 하세요.

A B C D E

1. 나는 상대방이 불편하게 보이며 비위를 맞추려고 한다.

2. 나는 일이 잘못되었을 때 자주 상대방의 탓으로 돌린다.

3. 나는 무슨 일이든지 조목조목 따지는 편이다.

4. 나는 생각이 자주 바뀌고 동시에 여러 가지 행동을 하는 편이다.

5. 나는 타인의 평가에 구애받지 않고 내 의견을 말한다.

6. 나는 관계나 일이 잘못되었을 때 자주 내 탓으로 돌린다.

7. 나는 다른 사람들의 의견을 무시하고 내 의견을 주장하는 편이다.

8. 나는 이성적이고 차분하며 냉정하게 생각한다.

9. 나는 다른 사람들로부터 정신이 없거나 산만하다는 소리를 듣는다.

10. 나는 부정적인 감정도 솔직하게 표현한다.

11. 나는 지나치게 남을 의식해서 나의 생각이나 감정을 표현하는 것을 두려워한다.

12. 나는 내 의견이 받아들여지지 않으면 화가 나서 언성을 높인다.

13. 나는 나의 견해를 분명하게 표현하기 위해 객관적인 자료를 자주 인용한다.

14. 나는 상황에 적절하지 못한 말이나 행동을 자주 하고 딴전을 피우는 편이다.

15. 나는 다른 사람이 내게 부탁을 할 때 내게 원하지 않으면 거절한다.

성격 유형 테스트

16. 나는 사람들의 표정, 감정, 말투에 신경을 많이 쓴다.

17. 나는 타인의 결점이나 잘못을 잘 찾아내어 비판한다.

18. 나는 실수하지 않으려고 애를 쓰는 편이다.

19. 나는 곤란하거나 난처할 때는 농담이나 유머로 그 상황을 모면하려는 편이다.

20. 나는 나 자신에 대해 편안하게 느낀다.

21. 나는 타인을 배려하고 잘 돌보아 주는 편이다.

22. 나는 명령적, 지시적 말투를 자주 사용해서 상대가 공격받았다는 느낌을 받을 때가 있다.

23. 나는 불편한 상황에서는 그대로 넘기지 못하고 시시비비를 따지는 편이다.

24. 나는 불편한 상황에서는 안절부절 못하거나 가만히 있지를 못한다.

25. 나는 모험하는 것을 두려워하지 않는다.

26. 나는 다른 사람들이 나는 싫어할까 두려워서 위축되거나 불안을 느낄 때가 많다.

27. 나는 사소한 일에도 잘 흥분하거나 화를 낸다.

28. 나는 현명하고 침착하지만 냉정하다는 말을 자주 듣는다.

29. 나는 한 주제에 집중하기보다는 화제를 자주 바꾼다.

30. 나는 다양한 경험에 개방적이다.

31. 나는 타인의 요청을 거절하지 못하는 편이다.

32. 나는 자주 근육이 긴장되고 목이 뻣뻣하며 혈압이 오르는 것을 느끼곤 한다.

	A B C D E
33. 나는 나의 감정을 표현하는 것이 힘들고, 혼자인 느낌이 들 때가 많다.	☐☐☐☐☐
34. 나는 분위기가 침체되거나 지루해지면 분위기를 바꾸려 한다.	☐☐☐☐☐
35. 나는 나만의 독특한 개성을 존중한다.	☐☐☐☐☐
36. 나는 나 자신이 가치 없는 것 같아 우울하게 느껴질 때가 많다.	☐☐☐☐☐
37. 나는 타인으로부터 비판적이거나 융통성이 없다는 말을 듣기도 한다.	☐☐☐☐☐
38. 나는 목소리가 단조롭고 무표정하며 경직된 자세를 취하는 편이다.	☐☐☐☐☐
39. 나는 불안하면 호흡이 고르지 못하고 머리가 어지러운 경험을 하기도 한다.	☐☐☐☐☐
40. 나는 누가 나의 의견에 반대해도 감정이 상하지 않는다.	☐☐☐☐☐

A : 회유형   B : 비난형   C : 초이성형   D : 산만형   E : 일치형

유형별로 합산하여 가장 많은 개수가 나올수록 그 사람이 평소 사용하는 의사소통 유형이다. 그러나 상황이나 대상에 따라 다른 의사소통 유형을 사용할 수 있다. 역기능적 의사소통을 반복적으로 사용하여 관계를 그르칠 때는 자신의 의사소통을 변화시키도록 노력해야 한다.

내 안에 또 다른 내가 있다

1판 1쇄 발행 2019년 4월 5일
2판 1쇄 발행 2021년 8월 20일

지은이   박수경

발행인   김성룡
코디   정도준
편집   백숭기
디자인   김민정

펴낸곳   도서출판 가연
주소   서울시 마포구 월드컵북로 4길 77, 3층 (동교동, ANT빌딩)
구입문의   02-858-2217
팩스   02-858-2219

※ 이 책은 '그 남자 그 여자의 지킬 앤 하이드'의 개정판입니다